# 合作共建"丝绸之路经济带"高等教育共同体

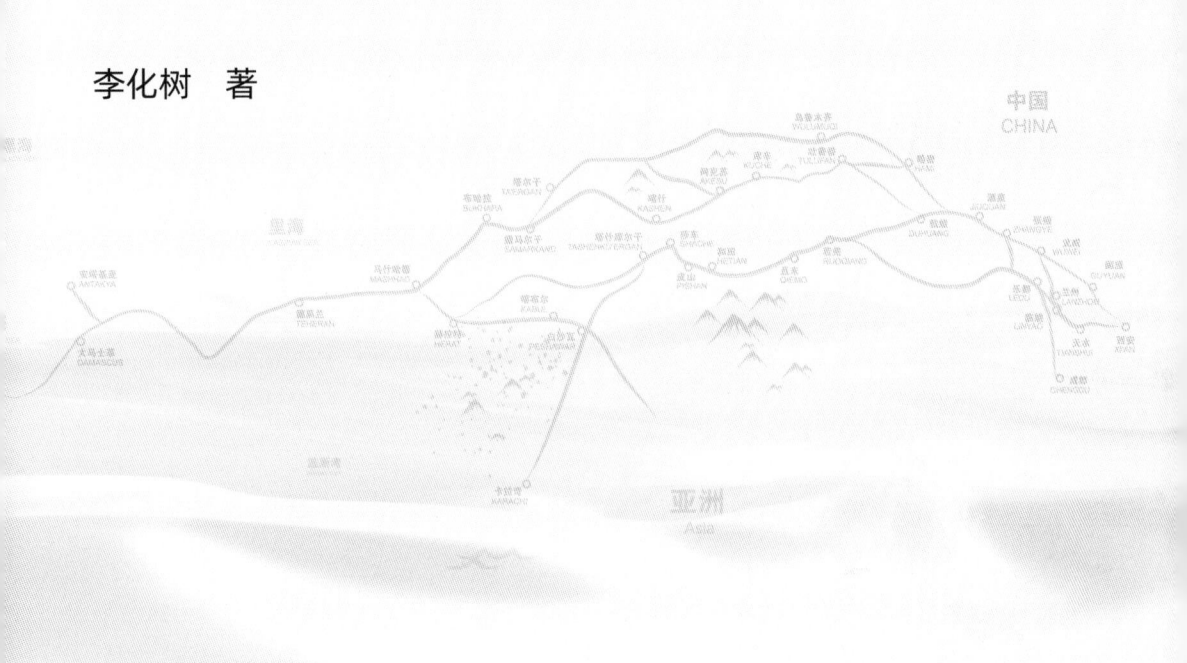

李化树 著

中国社会科学出版社

## 图书在版编目（CIP）数据

合作共建"丝绸之路经济带"高等教育共同体/李化树著.—北京：中国社会科学出版社，2019.12
ISBN 978-7-5203-5539-1

Ⅰ.①合… Ⅱ.①李… Ⅲ.①高等教育—国际合作—联合办学—研究—中国 Ⅳ.①G649.22

中国版本图书馆 CIP 数据核字（2019）第 247723 号

| | |
|---|---|
| 出 版 人 | 赵剑英 |
| 责任编辑 | 刘晓红 |
| 责任校对 | 周晓东 |
| 责任印制 | 戴　宽 |

| | |
|---|---|
| 出　　版 | 中国社会科学出版社 |
| 社　　址 | 北京鼓楼西大街甲 158 号 |
| 邮　　编 | 100720 |
| 网　　址 | http://www.csspw.cn |
| 发 行 部 | 010-84083685 |
| 门 市 部 | 010-84029450 |
| 经　　销 | 新华书店及其他书店 |
| 印刷装订 | 北京市十月印刷有限公司 |
| 版　　次 | 2019 年 12 月第 1 版 |
| 印　　次 | 2019 年 12 月第 1 次印刷 |
| 开　　本 | 710×1000　1/16 |
| 印　　张 | 18.75 |
| 插　　页 | 2 |
| 字　　数 | 281 千字 |
| 定　　价 | 99.00 元 |

凡购买中国社会科学出版社图书，如有质量问题请与本社营销中心联系调换
电话：010-84083683
版权所有　侵权必究

# 前　言

中国与"丝绸之路经济带"国家山水相依，地理相接，人缘相亲，历史交往源远流长。相似的发展目标，共同的发展诉求，将双方紧紧维系在一起。中国与"丝绸之路经济带"国家精诚合作，增强沿线各国人民经济、文化和科技互联互通，传承创新思想，启迪人民心智，凝聚起共同发展的强大合力，谋求自身和地区和平与发展的共同利益，具有深远的区域价值、全球意义。

2013年9月和10月，国家主席习近平访问哈萨克斯坦和印度尼西亚，提出建设"丝绸之路经济带"和"21世纪海上丝绸之路"的倡议，受到国际社会的高度关注与积极参与。五年多来，伴随经济全球化的深入发展，"一带一路"倡议落地生花，中国与世界各国、各地区关系不断深化，与"丝绸之路经济带"沿线国家合作日益密切，合作领域不断扩大，合作层次切实提升，合作关系进入一个全新的发展阶段。

当前，逆全球化和贸易保护主义抬头，国际安全局势恶化，自然灾害频繁发生，海上争夺与对抗凸显，全球性两极分化加剧，地缘政治关系复杂多变，和平与发展受到来自各方面的挑战。如何应对这些挑战，全面落实"一带一路"倡议，巩固"一带一路"倡议五周年成果，强化中国与"丝绸之路经济带"国家教育交流与合作，加强双方不同文明对话，从悠久的历史文化中汲取养分，在现实的建设发展中达成共识，将人文交流合作打造成深化中国—"丝绸之路经济带"国家战略合作伙伴关系的新支柱，夯实睦邻友好的坚实民意基础，搭建民心相通桥梁，最大限度求同化异，增信释疑，寻求利益契合点和叠加点，推进合作交流提档升级，永续发展，对这些问题做出科学回答，需要新的理论进行指导。

推进"丝绸之路经济带"国家高等教育区域合作，构建"丝绸之路经济带"高等教育共同体，既是高等教育国际化的必然趋势，也是地区发展不平衡的现实需要，更是推动"一带一路"倡议与欧盟容克欧元战略投资计划、俄罗斯欧亚经济联盟战略、哈萨克斯坦"光明之路"新经济战略、"非洲发展新伙伴计划"对接的客观要求。推进"丝绸之路经济带"国家高等教育区域合作，构建"丝绸之路经济带"高等教育共同体，有助于通过签署合约，制定政策，建立机制，搭建平台，构建开放、合作、分享、互助、创造的高等教育合作体制机制，促进国际高等教育合作，实现高等教育一体化发展；有助于妥善处理国际之间、国家之间、地区之间高等教育发展的关系，以及做强区域高等教育与建设高等教育强国的关系，以多维视角把握高等教育区域化、国际化发展；有助于认识区域高等教育发展的特殊规律，丰富和发展高等教育学的区域化发展理论、战略联盟理论和制度经济学理论；有助于推动建设中国—"丝绸之路经济带"国家互利共赢的利益共同体和共同发展繁荣的命运共同体，为区域内各国人民谋求福祉，为地区一体化和经济全球化注入正能量，为世界和平与发展做出新的更大贡献。

本书以全面深化中国—"丝绸之路经济带"国家高等教育区域合作为主线，以帕森斯社会行动理论、人类命运共同体理论、战略联盟理论等为观照，综合运用文献研究法、案例分析法、比较研究法等方法，结合制度经济学、地缘政治学、国际关系学和高等教育学等学科理论，坚持理论研究与实证分析相结合、定性研究与定量研究相结合，围绕中国与"丝绸之路经济带"国家高等教育合作这一主题展开研究。

首先，以帕森斯社会行动理论、人类命运共同体理论、战略联盟理论等作为研究的分析视角，提出了"丝绸之路经济带"高等教育区域合作行动分析框架，从行动目标、手段、条件以及规范等结构要素方面对"丝绸之路经济带"高等教育区域合作的行动框架进行设计，进而确立了"丝绸之路经济带"高等教育区域合作行动的价值向度：

文明共存价值：和而不同，筑牢民意根基；人民中心价值：以人为本，强化人力支撑；共赢发展价值：协同创新，推动融合发展；智慧共享价值：智力先行，优化决策谋划；正义平等价值：以义为先，深化价值认同。以此为牵引，确定了本书研究的认识路径和技术路径。

其次，立足于唯物主义认识论的立场，遵循"认识问题—分析问题—解决问题"的认识路线，坚持问题导向，按照问题的逻辑脉络，从经济、社会、文化等层面，基于高等教育政府财政投入、生均财政支出、社会劳动力、师资队伍、老龄化程度、高中教育毛毕业率、文化交流、出入境流动率等要素变量，对比分析"丝绸之路经济带"沿线国家高等教育区域合作的结构性条件，学习借鉴中国—东盟高等教育共同体、非洲联盟高等教育空间、美国大学CIC战略联盟和欧洲联盟欧洲高等教育区域等战略合作成功经验，透视"丝绸之路经济带"沿线国家高等教育的发展现状，深入挖掘行动实践存在的客观现实问题。

最后，基于"丝绸之路经济带"高等教育区域合作的规范冲突、调适与整合，检视"丝绸之路经济带"高等教育区域合作行动，揭示"丝绸之路经济带"高等教育区域合作的政策理路，从政治、经济、文化及教育规范等领域对"丝绸之路经济带"高等教育区域合作行动规范做出调适。从要素、结构与功能的相互关系视角深入剖析了"丝绸之路经济带"高等教育区域合作行动的内在逻辑，结合实际探寻中国—"丝绸之路经济带"国家高等教育区域合作制度框架、机制创新、组织建设、平台搭建等工作行动，提出了中国—"丝绸之路经济带"国家"政府主导、科教支撑、多轮驱动"的高等教育区域合作的模式架构，以期推进中国—"丝绸之路经济带"国家高等教育区域合作行稳致远，走深走实。

# Preface

Interdependent with each other, China and the countries along the "Silk Road Economic Belt" are geographical neighbors and culturally connected with a long history of friendly contacts. Their similar development goals and common development demands has closely bounded them up. Therefore, it is of far – reaching regional value and global significance for China to sincerely cooperate with these countries, boost the economy of each country along the routes, achieve cultural and technological interconnection, inherit innovative ideas, enlighten the people and unite together for mutual development, so as to seek peace at home and within the region as well as common interests.

President Xi Jinping put forward the initiative of building the "Silk Road Economic Belt" and the "21st – century Maritime Silk Road" during his visit to Kazakhstan in Sep. 2013 and to Indonesia in Oct. 2013, which attracted worldwide attention and active participation. Over the past five years, with the further development of economic globalization, the "Belt and Road" initiative has seen a quick return. Since China is developing an ever – deepening relationship with other countries and regions around the world, and making closer contacts with countries along the routes, their cooperation fields has witnessed a continuous expansion, cooperative level has been effectively promoted and partnership has entered a new stage of development.

Presently, with the rise of anti – globalization movement and trade protectionism, the deterioration of the international security situation, and frequent occurrence of natural disasters, maritime rivalries and confrontations are highlighted, global polarization is getting worse, geopolitical relations become complicated, peace and development are challenged from all sides. How to deal with these challenges, fully implement the "Belt and Road" initiative and consolidate its 5th anniversary achievements, strengthen the educational exchanges and cooperation between China and countries along the "Silk Road Economic Belt", promote the communication between different civilizations, and learn from the long history and culture, so as to reach consensus in the course of practical construction and development, to forge cultural exchanges and cooperation into as a new pillar for deepening China's strategic partnership with countries along the routes, to consolidate a solid foundation for public opinion of good – neighborliness and friendship, to bridge between the minds, to seek common ground while resolving differences, to build trust while dispelling doubts, to seek the point of interest convergence and overlap, and to promote the upgrade and a sustainable development of cooperation and exchanges. To answer the above questions scientifically requires the guidance of new theories.

Advancing the regional cooperation of national higher education with countries along the "Silk Road Economic Belt" and constructing a higher education community with shared future is not only an inevitable trend of the higher education globalization, but also the realistic needs out of unbalanced regional development, and also the objective requirements for the "Belt and Road" initiative to interface with Juncker Plan, Russia – led Eurasian Economic Union Strategy, Kazakhstan's Bright Path and NEPAD. Promoting the regional cooperation and building a higher education community with shared future is conducive to building an open, cooperative, sharing, mutual – assistance and creative higher education cooperative mechanism by signing contracts, formulating policies, establishing mechanisms and building platforms, so as to strengthen international higher educational cooperation and realize an integrated development of higher education. It is helpful to properly handle the relationship between international, national and regional higher education development, as well as the relationship between strengthening regional higher education and build the country into one with strong higher education, so as to grasp the regionalization and internationalization opportunity for higher education from a multi-dimensional perspective; It contributes to understanding the special law of regional higher education development, elaborating and developing regionalized development theory of Higher Education, Strategic Alliance Theory and Institutional Economics Theory; It conduces to accelerating the construction of a mutually beneficial community with shared interest and one with shared future and prosperity, so as to seek well-being for people of all countries within the region, inject positive energy into regional integration and economic globalization, and make new and greater contributions to world peace and development.

Taking the comprehensive deepening of the regional cooperation in higher education between China and countries along the routes as the main line, and Parsons' Theory of Social Action as the reference, the project integrates several research methods as literature research, case analysis and comparative research, in combination of institutional economics, geopolitics, international relations, higher education and other subject theories, insists on the combination of theoretical research and empirical analysis and of qualitative research and quantitative research, and conducts a research centered on the higher education cooperation between China and countries along the "Silk Road Economic Belt".

Firstly, from the perspective of Parsonstheory of Social Action, the theory of human destiny community, and the theory of strategic alliance, the project puts forward the framework of Regional Cooperation Action analysis in higher education areas along the Silk Road Economic Belt. The project designs the action framework of Regional Cooperation in higher education in the Silk Road Economic Belt from the aspects of action target, means, conditions and norms. Further more, the future direction of Regional Cooperation in higher education along the Silk Road Economic Belt is established as follows: First, the value of coexistence among civilizations: Harmony but not uniformity, consolidating the public opinion foundation; Second, the people – centered Value: People – oriented, strengthening human support; Third, the value of win – win development: Collaborative innovation, promoting integrated development; Fourth, the value of wisdom and sharing: Intelligence first, optimizing decision – making and planning; Last, the value of justice and equality: Justice first, deepening value identification. With these traction, the project determines the path of understanding and technical paths.

Secondly, based on the standpoint of materialistic epistemology, following the cognitive process of "understanding→ analyzing→ solving issues", insisting on being issue – oriented, and according to the logic of the issue, this project compares, from the perspectives of economy, society and culture, the structural conditions of regional cooperation of higher education in countries along the "Silk Road Economic Belt", learn from the successful experience of strategic cooperation between China – ASEAN higher Education Community, African Union higher Education Space, American University CIC Strategic Alliance and European Union European higher Education region. analyzes the development status of higher education in these countries and dives deep into the objective problems existing in practice, based on several factor variables as government financial investment in higher education, fiscal expenditure per student, labor force, faculty, aging degree, gross graduation rate of high school education, cultural exchange and border crossing rate.

Finally, based on the normative conflict, adjustment and integration of the regional cooperation of higher education on the "Silk Road Economic Belt", this projects examines the regional cooperative action, reveals the policy principles of this cooperation, and puts forward certain accommodation to the regulations of this cooperative action in terms of politics, economy, culture and educational standards. The internal logic of the cooperative action is thoroughly analyzed from the perspective of the interrelationship among factors, structure and function. And the institutional framework, mechanical innovation, organizational construction and platform construction of the regional cooperation are explored combined with the reality. This project puts forward a model framework of this regional cooperation, which is government – led, science – and – education – supported and multi – driven, with a view to improve the regional cooperation into a long – lasting and practical one.

# 目 录

**第一章 绪论** ················································· 1

 第一节 问题的提出 ········································ 1
 第二节 研究综述与问题聚焦 ································ 9
 第三节 核心概念界定 ····································· 37
 第四节 研究思路与研究方法 ······························· 51
 第五节 研究意义 ········································· 55

**第二章 "丝绸之路经济带"高等教育区域合作：
理论基础与分析框架** ··································· 62

 第一节 高等教育区域合作的理论依据 ······················· 62
 第二节 高等教育区域合作行动分析框架 ····················· 82
 第三节 高等教育区域合作行动框架设计 ····················· 87

**第三章 "丝绸之路经济带"高等教育区域合作目标：
行动的价值向度** ······································· 92

 第一节 文明共存价值：和而不同，筑牢民意根基 ············ 92
 第二节 人民中心价值：以人为本，强化人力支撑 ············ 95
 第三节 共赢发展价值：协同创新，推动融合发展 ············ 98
 第四节 智慧共享价值：智力先行，优化决策谋划 ··········· 101
 第五节 正义平等价值：以义为先，深化价值认同 ··········· 103

## 第四章 "丝绸之路经济带"高等教育区域合作的结构性条件：经济、社会、文化 ········· 107

    第一节 高等教育区域合作的经济环境 ········· 107
    第二节 高等教育区域合作的社会环境 ········· 119
    第三节 高等教育区域合作的文化环境 ········· 133

## 第五章 "丝绸之路经济带"高等教育区域合作规范：冲突、调适与整合 ········· 144

    第一节 高等教育区域合作的行动检视 ········· 144
    第二节 高等教育区域合作的政策理路 ········· 163
    第三节 高等教育区域合作的规范调适 ········· 167

## 第六章 "丝绸之路经济带"高等教育区域合作比较：学习与借鉴 ········· 192

    第一节 高等教育区域合作背景 ········· 192
    第二节 高等教育区域合作范式 ········· 199
    第三节 高等教育区域合作启示 ········· 222

## 第七章 "丝绸之路经济带"高等教育区域合作模式：集体行动的智慧 ········· 227

    第一节 高等教育合作的行动机制：要素、结构与功能 ········· 228
    第二节 高等教育区域合作的模式架构 ········· 242
    第三节 高等教育区域合作的战略设计 ········· 254

## 参考文献 ········· 266

## 后　记 ········· 284

# 第一章 绪论

2013年9月和10月,国家主席习近平访问中亚和东南亚,提出建设"丝绸之路经济带"和"21世纪海上丝绸之路"的倡议,受到国际社会的高度关注和积极参与。2013年11月,党的十八届三中全会提出"推进'丝绸之路经济带''海上丝绸之路'建设",这是党中央着眼我国对外开放和战略安全大局、优化区域合作格局,加快向西开放的重大战略举措。在此背景下,探析"丝绸之路经济带"高等教育区域合作,从战略层面系统地探讨区域高等教育合作政策体制与工作机制,建设"丝绸之路经济带"高等教育区,推进区域高等教育一体化发展,在实现经济带政策沟通、设施联通、贸易畅通、资金融通的同时,强化人文交流,推进民心相通,夯实民意基础,共同打造以中国、中亚五国以及俄罗斯为核心区域的跨国带状经济合作区,推动中国与欧亚非国家的共同繁荣发展,努力建设人类命运共同体,具有极其突出的区域价值、全球意义。本绪论试图通过对"丝绸之路经济带"高等教育合作模式和运行机制的研究成果进行收集整理,结合"丝绸之路经济带"高等教育发展实际,为"丝绸之路经济带"高等教育区域合作发展战略设计提供理论参考。

## 第一节 问题的提出

探析"丝绸之路经济带"高等教育区域合作发展战略,是面向新时代推动"一带一路"倡议落地生根的重大举措,是顺应高等教育国际化融合发展的战略选择,是增强"丝绸之路经济带"国家高等教育内生动力、核心竞争力的重要抓手，对推进建设人类命运共同体具有重大价值和意义。

### 一 推动"一带一路"倡议落地生根

2013年9月7日，国家主席习近平在哈萨克斯坦纳扎尔巴耶夫大学发表题为"弘扬人民友谊　共创美好未来"的重要演讲，倡议用创新的合作模式，共同建设"丝绸之路经济带"。他指出，"为了使欧亚各国经济联系更加紧密、相互合作更加深入、发展空间更加广阔，我们可以用创新的合作模式，共同建设'丝绸之路经济带'，以点带面，从线到片，逐步形成从中国、中亚到西亚及欧洲的区域大合作"。①

2013年10月3日，习近平主席在印度尼西亚国会发表题为《携手建设中国—东盟命运共同体》的重要演讲时表示："中国致力于加强同东盟国家互联互通建设，倡议筹建亚洲基础设施投资银行，愿同东盟国家发展好海洋合作伙伴关系，共同建设21世纪'海上丝绸之路'"。"促进青年、智库、议会、非政府组织、社会团体友好交流。中国愿向东盟派出更多志愿者，支持东盟国家文化、教育、卫生、医疗等领域事业发展，倡议将2014年确定为中国—东盟文化交流年"。②国家主席习近平先后提出共建"丝绸之路经济带"和"21世纪海上丝绸之路"（以下简称"一带一路"）的重大倡议，强调相关各国要打造互利共赢的"利益共同体"和共同发展繁荣的"命运共同体"。这一倡议，得到国际社会的高度关注和有关国家的积极响应。

2013年11月9日，中国共产党十八届三中全会在北京召开，会议审议通过《中共中央关于全面深化改革若干重大问题的决定》，明确指出，"推进'丝绸之路经济带''海上丝绸之路'建设，形成全方位开放新格局"，③进一步明确了"丝绸之路经济带""海上丝绸之

---

① 习近平：《弘扬人民友谊　共创美好未来——习近平在纳扎尔巴耶夫大学的演讲》，《人民日报》（海外版）2013年9月9日第1版。

② 习近平：《携手建设中国—东盟命运共同体——在印度尼西亚国会的演讲》，《人民日报》2013年10月4日第1版。

③ 《中共中央关于全面深化改革若干重大问题的决定》，《人民日报》2013年11月16日第1版。

路"建设将成为未来对外开放的重点内容之一。自此,"一带一路"倡议,被列入国家重要议事日程。

2014年11月10—11日,亚太经济合作组织(APEC)第二十二次领导人非正式会议在北京召开,会议主题是:共建面向未来的亚太伙伴关系。会议通过了《北京纲领:构建融合、创新、互联的亚太——亚太经合组织领导人宣言》,就推动区域经济一体化,促进经济创新发展、改革与增长,加强全方位基础设施与互联互通建设等重点议题达成了广泛而深入的共识。《宣言》提出,"鼓励各经济体采取更加便利的移民政策,基于利益共享和互利,切实促进区域内包括商务人员、游客、科研人员、学生、劳务人员的流动"。支持"旨在通过进一步增加学生、研究人员和教育提供者三方面人员流动性,促进亚太经合组织跨境教育的倡议和活动"。"鼓励人员交流,利用网上资源和创新学习实践,推进虚拟学术交流卡"。[①]

2015年3月26日,在博鳌亚洲论坛2015年年会上,国家主席习近平围绕"亚洲新未来:迈向命运共同体"年会主题做主旨演讲,提出"一带一路"建设秉持共商、共建、共享原则,中国愿同所有周边国家商签睦邻友好合作条约,为双边关系发展和地区繁荣稳定提供有力保障。为推进实施"一带一路"重大倡议,让古丝绸之路焕发新的生机活力,以新的形式使亚欧非各国联系更加紧密,互利合作迈向新的历史高度。

2015年3月28日,经国务院授权,国家发展改革委员会、外交部、商务部联合发布了《推动共建"丝绸之路经济带"和21世纪海上丝绸之路的愿景与行动》。[②]该文件指出,"一带一路"贯穿亚欧非大陆,陆上依托国际大通道,以沿线中心城市为支撑,以重点经贸产业园区为合作平台,共同打造新亚欧大陆桥、中蒙俄、中国—中亚—西亚、中国—中南半岛等国际经济合作走廊。海上以重点港口为节

---

① 《北京纲领:构建融合、创新、互联的亚太——亚太经合组织第二十二次领导人非正式会议宣言》,《人民日报》2014年11月12日第3版。
② 国家发展改革委员会、外交部、商务部:《推动共建"丝绸之路经济带"和21世纪海上丝绸之路的愿景与行动》。

点，共同建设通畅安全高效的运输大通道。

2016年3月，联合国安理会第S/2274号决议纳入"一带一路"倡议内容。同年11月17日，联合国大会第A/71/9号决议呼吁国际社会为开展"一带一路"建设提供安全保障环境，并将"一带一路"倡议载入联大决议。"一带一路"建设不仅已成为沿线国的共同行动，也纳入联合国行动，"一带一路"倡议如今已成为国际共识，为"丝绸之路经济带"沿线国家高等教育区域合作夯实了民意基础。

2016年7月13日，教育部印发《推进共建"一带一路"教育行动》指出"教育为国家富强、民族繁荣、人民幸福之本，在共建'一带一路'中具有基础性和先导性作用"。"高等学校、职业院校要立足各自发展战略和本地区参与共建'一带一路'规划，与沿线各国开展形式多样的合作交流"。"聚力构建'一带一路'教育共同体，全面支撑共建'一带一路'"。[①] 这份纲领性文件的出台，从政策层面上肯定了教育在"一带一路"倡议中的地位和作用，而且指明了我国高等教育国际化发展的方向。

2016年9月4—5日，二十国集团领导人第十一次峰会在杭州举办，G20峰会主题为构建创新、活力、联动、包容的世界经济。中国代表发展中国家发声，借助"一带一路"、亚洲基础设施投资银行等与更多国家良性互动，实现与其他国家的共赢。国家主席习近平建议二十国集团创新发展方式，建设开放型世界经济，完善全球经济治理。通过建设"丝绸之路经济带"、21世纪海上丝绸之路、亚洲基础设施投资银行、丝路基金等途径，为全球基础设施投资做出贡献。

2017年5月14—15日，第一届"一带一路"国际合作高峰论坛在北京举行。高峰论坛主题为"加强国际合作，共建'一带一路'，实现共赢发展"。各国领导人参加的圆桌峰会是高峰论坛的重点，主要讨论两个议题：一是加强政策和发展战略对接，深化伙伴关系；二是推进互联互通务实合作，实现联动发展。高峰论坛旨在推动我国对

---

① 教育部：《推进共建"一带一路"教育行动》，http://news.xinhuanet.com/world/2015-03/28/c_1114793986.htm。

外经济合作和深化国内改革、扩大开放紧密融合，同各国一道勾画创新发展、协调发展、绿色发展、开放发展、共享发展的新愿景，推进落实"十三五"规划、全面深化改革及扩大对外开放、实现"两个一百年"奋斗目标的伟大历史进程。

"一带一路"建设是一项系统工程，以政策沟通、设施联通、贸易畅通、资金融通、民心相通为主要内容，涉及经贸、能源、交通以及人文交流与合作等诸多领域。其中，在人文交流与合作领域，强调要广泛开展文化交流、学术往来、人才交流合作、媒体合作、青年和妇女交往、志愿者服务等，扩大相互间留学生规模，开展合作办学，深化沿线国家间人才交流合作。加强科技合作，共建联合实验室（研究中心）、国际技术转移中心、海上合作中心，促进科技人员交流，合作开展重大科技攻关，共同提升科技创新能力。推进"一带一路"建设，在推动经济带经贸合作、能源合作、交通合作的同时，强化人文交流与合作，推进区域高等教育一体化发展，建设"丝绸之路经济带"高等教育共同体，催生丝绸之路高等教育带，打造带动腹地高等教育发展的战略支点，以文化认同推进"丝绸之路经济带"和海上丝绸之路认同，共同打造以中国、中亚五国以及俄罗斯为核心区域的跨国带状经济合作区。深化与中亚、南亚、西亚等国家交流合作，打造大湄公河次区域经济合作新高地，建设面向南亚、东南亚的辐射中心。深化与港澳台合作，打造粤港澳大湾区。发挥海外侨胞以及香港、澳门特别行政区独特优势作用，积极参与和助力"一带一路"建设。依托长江中游城市群、成渝城市群、中原城市群、呼包鄂榆城市群、哈长城市群等重点区域，推动区域互动合作和产业集聚发展，打造重庆西部开发开放重要支撑和成都、郑州、武汉、长沙、南昌、合肥等内陆开放型经济高地。加快推动长江中上游地区和俄罗斯伏尔加河沿岸联邦区的合作。加快"一带一路"建设，有利于促进沿线各国经济繁荣与区域经济合作，加强不同文明交流互鉴，促进世界和平发展；有利于推进西部经济社会全面可持续发展，维护西北边疆安全与稳定，推动中国与欧亚国家的共同繁荣发展；有利于推动中国西部、中国与欧亚国家高等教育国际化发展，进而推动中国、中亚到西亚及欧洲经济社会一体化发展。

"丝绸之路经济带"是"一带一路"建设的重要组成部分,深化中国与"丝绸之路经济带"国家在教育、文化、科技、医卫等领域的合作,构建"丝绸之路经济带"高等教育共同体,夯实双边关系的社会基础和人文基础,是推动"一带一路"建设由倡议到付诸实施的重要举措,必将有力地推进"一带一路"倡议行稳致远,推动建设互利共赢的"利益共同体"和共同发展繁荣的"命运共同体"。

## 二 顺应高等教育国际化融合发展潮流

进入知识经济时代,伴随信息和通信技术的飞速发展,移动互联网、大数据、云计算等现代信息技术被广泛渗透于人类社会的各个领域,全球经贸一体化不断深入,国家之间的关联日趋紧密,经济全球化和区域一体化势不可当。在信息与知识经济占主体的21世纪,旨在培养高级创新人才的高等教育必然要通过加强交流与深化合作进一步走向国际舞台。知识普适性的内在作用与政治经济等外在推力,使高等教育的各要素与社会其他子系统的联系不断加强,全球高等教育资源的有效整合进程日益加快,高等教育要素资源的跨国自由流动,不仅扩大了各国高等教育的国际影响,也有力地提升了高等教育资源综合利用率,更丰富和繁荣了国际教育市场。同时,在商业资本的推动下,跨国界、跨民族、跨文化的教育融合理念也得以形成和发展,跨境合作发展计划、学术交流项目和商业活动广泛开展,高等教育进入了国际化融合发展时代。[1]

2010年,《国家中长期教育改革和发展规划纲要(2010—2020年)》明确提出,"要开展多层次、宽领域的教育交流与合作,提高我国教育国际化水平"。[2] 2015年国务院印发的《统筹推进世界一流大学和一流学科建设总体方案》指出,"加强与世界一流大学和学术

---

[1] Knight, J., "Internationalization of higher education: New directions, new challenges", 2005 International Association of Universities Global Survey Report. Paris: International Associationof Universities.

[2] 《国家中长期教育改革和发展规划纲要(2010—2020年)》,2006a,http://www.gov.cn/jrzg/2010-07/29/content_1667143.htm,2010年7月29日。

机构的实质性合作","加强国际协同创新"。① 2017 年中共中央办公厅、国务院办公厅印发《关于深化教育体制机制改革的意见》,提出"深入推进协同育人,促进协同培养人才制度化"。高等教育国际化,已经上升到一个前所未有的高度,关乎我国"双一流"建设、创新创业实施、创新驱动发展。走改革开放道路,坚持公平发展、互利共赢原则,深化合作,扩大开放,顺应我国经济深度融入世界经济的趋势,对接"一带一路"倡议、欧盟及非盟共同体建设战略,推进高等教育国际化、信息化、智能化发展,成为新时代推动实现中国高等教育现代化的战略选择。

"丝绸之路经济带"国家处于中亚、西亚、南亚等地区,各自历史文化传统、经济社会发展存在较大差异,形成了发展层次各异、水平不一的高等教育体系。"丝绸之路经济带"国家与中国人文交流源远流长,有深厚的文化基础与人文传统,双方开展高等教育合作,能够互相吸收各自优势,探索建立"开放、集成、高效"的高等教育协同创新机制和模式,打造具有广泛利益的高等教育共同体,努力提高高等教育质量,增强高等教育服务区域经济社会发展需要的能力,在世界经济一体化进程中站稳脚跟,发挥区域重要角色作用。

**三 增强经济带国家高等教育内生动力**

发展高等教育,是"丝绸之路经济带"沿线国家经济社会发展的重要支柱。"丝绸之路经济带"沿线国家共 50 个,根据联合国教科文组织(UNESCO)高等教育毛入学率的统计数据,② 截至 2016 年,按三条路线分析,北线除马其顿、波黑、摩尔多瓦共和国、中国、匈牙利、罗马尼亚六个国家外,其余 16 个国家均已进入普及化阶段;中线有 21 个国家处于大众化阶段;南线 5 国中除印度进入大众化阶段外,其他 4 国仍处于精英化阶段。

按照高等教育生均支出占人均 GDP 的比例,"丝绸之路经济带"

---

① 国务院:《统筹推进世界一流大学和一流学科建设总体方案》。
② 联合国教科文组织(UNESCO)高等教育毛入学率的统计只公布到 2015 年,2016 年仅有极少数国家的统计数据。

沿线50国政府对高等教育的投入水平，北线国家中，高等教育生均财政支出占人均GDP比例最高的是摩尔多瓦37.65%，最低的为蒙古10.57%；中线国家比例最高的是科威特109.5%，也是"丝绸之路经济带"沿线国家中最高的，最低的为吉尔吉斯斯坦，仅占5.59%；南线国家最低的是孟加拉国，为25.21%，最高的是不丹，为54.6%。

"丝绸之路经济带"三线中，北线和中线国家的生师比均值相差不大，从1999—2016年其均值主要为15—20，距离世界一流大学6—13.6的水平尚有一段差距。北线高等教育生师比最高的是捷克，达到26.02，高等教育学生与教师人数之比最低的是克罗地亚，1个老师大约辅导10个学生。北线国家之间高等教育生师比差异较小，且变化趋势平稳，可见北线国家高等教育办学条件差距不大且稳定。中线国家高等教育生师比最高的是叙利亚，达到64.41，也是"丝绸之路经济带"沿线国家中高等教育学生与教师人数之比最高的国家。数值最低的是黎巴嫩，只有4.98。南线国家高等教育生师比均值变化幅度大，18年来增长了9.8个百分点。主要是由于印度高等教育生师比增长幅度大，拉高了南线国家的生师比。再由于南线国家近些年来高等教育规模有所扩大，而办学条件又跟不上高等教育的发展，导致其教师资源紧张。最高的是尼泊尔，达到60.01；数值最低的是不丹，生师比为7.75。可见，南线国家高等教育办学条件普遍弱于北线与中线国家。

从上述高等教育毛入学率、高等教育生均财政支出占人均GDP比例和高等教育生师比三个指标，对"丝绸之路经济带"沿线50国高等教育发展水平进行综合评价，50国高等教育发展总体不平衡，存在北线区域国家高、中线和南线区域国家较低的特征。50国高校师资资源与高等教育大众化、普及化发展还存在较大的差距，尤其是南线国家高校师资缺乏较为严重。

为此，强化"丝绸之路经济带"沿线国家高等教育区域合作，调整经济结构，拓展人力需求，转换高等教育发展新动能；扩大教育供给，保障资金供应，提升高等教育发展新动力；增进互联互通，强化合作交流，培育高等教育发展新动脉，多方面推动沿线国家高等教育合作发展，创造新的"发展"增长点，激活"扩放"效应，形成聚合效应，产生溢出效应，努力增强"丝绸之路经济带"沿线 50 国高等教育内生动力和核心竞争力。

## 第二节　研究综述与问题聚焦

"一带一路"建设，是新时代我国深入实施对外开放战略、推进建设人类命运共同体的重大举措。"一带一路"倡议的提出，得到沿线国家积极响应。在中国知网期刊数据库中以"高等教育区域合作"或"高等教育合作"（2005—2017 年）为主题进行检索（精确状态）得到 611 条记录，按主题"丝绸之路经济带"（2005—2017 年）进行检索，精确匹配下得到 4859 条记录；在中国知网硕博学位论文数据库以"高等教育区域合作"或"高等教育合作"为主题进行搜索（精确状态）共得到 148 条记录，按主题"丝绸之路经济带"进行搜索（精确状态）共得到 266 条记录。通过查阅高校图书馆藏书，检索知网、万方、读秀等数据库，收集与"丝绸之路经济带"国家高等教育区域合作主题相关的著作、论文、报纸及政策文件等资料，并进行分析、归纳和整理，以期为本书研究提供有价值的参考借鉴。

### 一　"一带一路"倡议研究

"一带一路"倡议提出后，立即引发学术界广泛关注，并积极展开研究探讨。有关"一带一路"倡议的研究，主要涉及"一带一路"倡议提出的背景、发展定位、面临挑战及实现途径等方面。

（一）关于"一带一路"倡议提出的背景研究

2013 年 9 月和 10 月，中国国家主席习近平在出访哈萨克斯坦和印度尼西亚时分别提出建设"新丝绸之路经济带"和"21 世纪海上丝绸之路"的倡议。[①]"一带一路"旨在借用古代丝绸之路的历史符

---

① 中国共产党新闻网：《正确认识"一带一路"》，http：//www.cpcnews.cn，2018 年 2 月。

号，高举和平发展的旗帜，积极发展与沿线国家的经济合作伙伴关系，共同打造政治互信、经济融合、文化包容的利益共同体、命运共同体和责任共同体。

"一带一路"倡议，是纵观古今交替、把握国内和国际大势做出的重大决策。德国历史学家郝尔曼在20世纪初出版的《中国与叙利亚之间的古代丝绸之路》中，根据新发现的文物考古资料，确定了丝绸之路的基本内涵，即它是中国古代经过中亚通往南亚、西亚以及欧洲、北非的陆上贸易交往的通道，主要分为陆上丝绸之路和海上丝绸之路。当今世界正发生复杂深刻的变化，国际金融危机深层次影响继续显现，世界经济复苏较缓、发展分化，国际投资贸易格局和多边投资贸易规则酝酿深刻调整，各国面临的发展问题依然严峻。"一带一路"倡议，顺应世界多极化、经济全球化、文化多样化、社会信息化的潮流，秉持开放的区域合作精神，致力于维护全球自由贸易体系和开放型世界经济。共商共建"一带一路"，旨在促进经济要素有序自由流动、资源高效配置和市场深度融合，推动沿线各国实现经济政策协调，开展更大范围、更高水平、更深层次的区域合作，共同打造开放、包容、均衡、普惠的区域经济合作架构。共建"一带一路"符合国际社会的根本利益，彰显人类社会共同理想和美好追求，是国际合作以及全球治理新模式的积极探索，将为世界和平发展增添新的正能量。①

张恒龙认为，推进"丝绸之路经济带"建设是中国形成全方位开放新格局的重要战略举措，需要在促进周边区域合作与区域经济一体化的大背景下进行考量，需要在发达国家为削弱新兴市场国家对国际经济秩序的影响力而调整国际贸易规则的背景下进行考量。② 胡必亮认为，"'一带一路'倡议提出的出发点是为了更好地服务于国际和国内发展。国际发展包括促进世界经济回升向好；推进全球化转型升

---

① 中华人民共和国商务部网站：《授权发布：推动共建"丝绸之路经济带"和21世纪海上丝绸之路的愿景与行动》，http://www.fomcom.gov.cn，2015年6月。
② 张恒龙：《"丝绸之路经济带"构想的背景、潜在挑战和未来走势》，《欧亚经济》2014年第4期。

级,构建新型全球化;改进全球治理体系,为世界提供新的公共产品;创建国际合作新模式,促进区域一体化和全球一体化发展;构建人类命运共同体。"① 中国社会科学院学部委员张蕴岭认为,"一带一路"是时代要求,中国对于这个时代的最主流的要求就是持续发展、和平崛起,这是"一带一路"的根本目标。②

(二) 关于"一带一路"倡议内涵、定位的研究

"一带一路"倡议的内涵深刻丰富,学者从不同视角作了解读。有的从空间范围和辐射区域做了探索,有的从区域一体化合作组织关系层面做了思考,有的从历史、现实和未来结合进行研究。

有学者指出,"一带一路"的最大特征是多元开放包容的合作性倡议。同时,"一带一路"是务实合作平台,而非中国的地缘政治工具。"和平合作、开放包容、互学互鉴、互利共赢"的丝路精神,成为人类共建、共享的精神和物质财富。③

学者刘卫东强调:"'一带一路'倡议的科学内涵必须应该是以文化内涵为基础的,显然,'一带一路'使用的是'丝绸之路'的文化内涵,即和平、友谊、交往、繁荣;这就是《愿景与行动》倡导的核心理念……也就是说,'丝绸之路'对于当今社会而言更多的是一种抽象意义的文化符号,而非一种带有强烈具象的空间现象……从这个角度看,中国政府借用'丝绸之路'这个文化符号向世界传递了一种理念,这就是'和平、合作、发展、共赢'"。④

诸多学者除了认同"一带一路"倡议的文化内涵外,还认为"一带一路"倡议更多的是体现国际精神和实现国际意义,主要体现在:"一带一路"倡议不仅让国际交流合作的广度和宽度不断加深,使各方受益丰厚,而且也为世界贡献了应对挑战、创造机遇和强化信心的

---

① 胡必亮:《"一带一路":倡议实施前景》,《中国人口科学》2018年第1期。
② 张蕴岭:《和平崛起是"一带一路"的根本目标》,http://www.shandongbusiness.gov.cn/public/html/news/201502/336641.html。
③ 中国"一带一路"网:《共话丝路》,https://www.yidaiyilu.gov.cn/,2018年5月。
④ 刘卫东:《"一带一路"战略的科学内涵与科学问题》,《地理科学进展》2015年第5期。

智慧与精神力量;"一带一路"倡议为国际化、全球化治理提供了方案,构建了多形式、多层面的交流平台;"一带一路"倡议为全球均衡性发展增添活力、增强动力。英国历史学家彼得·弗兰科潘说:"丝绸之路曾经塑造了过去的世界,甚至塑造了当今的世界,也将塑造未来的世界。"①

关于"一带一路"倡议定位的研究,正如学者王志民所言:"这就意味着我国将在今后相当长时期以'一带一路'为统领,全面深化改革开放,以陆海内外联动、东西双向互济两个重要着力点为支撑,构建全方位对外开放新格局。"② 可见,中国正站在新的历史节点,携手各国共同创造新的光辉前景。"中国政府倡议,秉持和平合作、开放包容、互学互鉴、互利共赢的理念,全方位推进务实合作,打造政治互信、经济融合、文化包容的利益共同体、命运共同体和责任共同体。"③

胡鞍钢等认为,"'丝绸之路经济带'是在古代丝绸之路概念基础上形成的当代经贸合作升级版,具有重要战略意义:在性质上,它是集政治经济、内政外交与时空跨越为一体的历史超越版;在内容上,它是集向西开放与西部开发为一体的政策综合版;在形成上,它是历经几代领导集体谋划国家安全战略和经济战略的当代升级版"。④

(三) 关于"一带一路"倡议影响和意义的研究

"一带一路"倡议的战略目标是要建立命运共同体:包括建立政治互信、经济融合、文化包容的利益共同体、命运共同体和责任共同体,以及欧亚大陆在内的世界各国,共同构建互惠互利的利益、命运和责任共同体。"一带一路"倡议是中国与丝路沿途各国共享共创、共商共建、互联共通的伟大工程和伟大梦想,具体内容包括道路联

---

① 中国共产党新闻网:《正确认识"一带一路"》,http://www.cpcnews.cn,2018年2月。
② 王志民:《"一带一路":新时代新布局》,《国际贸易问题》2018年第2期。
③ 中华人民共和国商务部网站:《授权发布:推动共建"丝绸之路经济带"和21世纪海上丝绸之路的愿景与行动》,http://www.fomcom.gov.cn,2015年6月。
④ 胡鞍钢、马伟、鄢一龙:《"丝绸之路经济带":战略内涵、定位和实现路径》,《新疆师范大学学报》(哲学社会科学版)2014年第2期。

通、贸易畅通、货币流通、政策沟通、人心相通"五通","一带一路"倡议肩负着三大使命：探寻经济增长之道、实现全球化再平衡和开创地区新型合作。

"一带一路"倡议是将中国智慧与世界各国智慧大交融，为各国经济和社会发展提供最好方案。"它是在后金融危机时代，作为世界经济增长火车头的中国，将自身的产能优势、技术与资金优势、经验与模式优势转化为市场与合作优势，实行全方位开放的一大创新。通过'一带一路'建设共同分享中国改革发展红利、中国发展的经验和教训。中国将着力推动沿线国家间实现合作与对话，建立更加平等均衡的新型全球发展伙伴关系，夯实世界经济长期稳定发展的基础。"①

传统全球化沿海地区和内陆地区形成巨大的贫富差距。传统全球化同时形成国际旧有秩序——"西方中心论"，导致一系列不平衡、不合理、不公正的现象和效应。而"一带一路"倡议正在推动全球再平衡。"'一带一路'鼓励向西开放，带动西部开发以及中亚、蒙古等内陆国家和地区的开发，在国际社会推行全球化的包容性发展理念；同时，'一带一路'是中国主动向西推广中国优质产能和比较优势产业，将使沿途、沿岸国家首先获益，也改变了历史上中亚等丝绸之路沿途地带只是作为东西方贸易、文化交流的过道而成为发展'洼地'的面貌。这就超越了欧洲人所开创的全球化造成的贫富差距、地区发展不平衡，推动建立持久和平、普遍安全、共同繁荣的和谐世界。"②

《人民日报》的评论经典概括了"一带一路"倡议的时代意义，指出："'一带一路'有助于实现中国与周边与亚欧国家发展战略的对接，编织更加紧密的共同利益网络，将双方利益融合提升到更高水平"。③

中国的改革开放政策是当今世界最大的创新，"一带一路"倡议作为全方位对外开放战略，融会贯通"经济走廊理论""经济带理

---

① 中国政府网：《"一带一路"的三重使命》，http：//www.gov.cn/，2015年3月。
② 同上。
③ 钟声：《丝路精神，贯穿古今开新篇——聚焦"一带一路"倡议的时代意义》（上），《人民日报》2014年2月25日第3版。

论""21世纪的国际合作理论"等创新经济发展理论、区域合作理论、全球化理论。"一带一路"倡议强调共商、共建、共享、合作原则,完全不同于"马歇尔计划",将给处于新时期的丝路沿途国家的经济和社会合作带来新的发展方向和希望。

(四)关于"一带一路"倡议面临挑战的研究

总体而言,"一带一路"倡议所面临的挑战和风险主要集中体现在政治、经济、文化、教育和安全等几个方面。正如学者郑霄鹏所言,"'一带一路'倡议的推进之路充满了荆棘与坎坷,面临全球地缘政治、投资安全、大国角力、经济风险等诸多挑战。因此,对于'一带一路'倡议的推进实施,其面临的种种潜在的风险,我们必须予以足够的重视,树立风险防控意识,并做到未雨绸缪,妥善应对。"①

廖丽指出,由于许多沿线国家经济增长缓慢,国家之间及国家内部民族与宗教冲突异常激烈,极端宗教势力、暴力恐怖势力和民族分裂势力三股势力相互交织,民主法治极为不健全,政局动荡时有存在,同时还面临种种不确定性。对于"一带一路"倡议而言,地缘政治风险一直存在,经济投资安全风险中,资金来源不确定、债务国违约风险和经营风险是三种最大的经济风险。另外,"一带一路"沿线国家因贸易、投资、知识产权、金融、税务等产生争端的法治化体制机制薄弱。②"一带一路"倡议还面临诸如文化入侵和殖民、教育国际输出问题、倡议的实践落实、非传统安全等挑战。

袁新涛认为,"一带一路"倡议所面临的挑战是:①美国实施"新丝绸之路"战略和主导跨太平洋伙伴关系协定;②俄罗斯实施"欧亚经济联盟"战略和寻求欧亚地区事务主导权;③日本实施"丝绸之路外交"战略和搅局南海围堵中国;④国内省市争打丝绸之路牌

---

① 郑霄鹏:《"一带一路"倡议面临的风险及对策研究》,《河南理工大学学报》(社会科学版)2018年第2期。

② 廖丽:《"一带一路"争端解决机制创新研究——国际法与比较法的视角》,《法学评论》2018年第2期。

引发无序竞争和恶性竞争。①

（五）关于"一带一路"倡议实现途径的研究

"一带一路"倡议，总体来看应从政治、经济、文化、教育、安全等几方面着手实施。刘中民指出，在政治风险方面，需要加强各国间战略互动、避免介入地区大国地缘政治对抗、根据不同国家政治风险实施不同政策的策略。在安全风险方面，要准确判断不同地区安全风险、创造性地推动分歧问题的政治解决、运用新安全观进行塑造等策略，通过解决政治和安全风险来推进"一带一路"建设。②

梅冠群认为，在推进"一带一路"倡议建设的过程中，要着力将重心从达成共识转移到具体的实施行动方案上来。"一带一路"沿线各国应在战略对接、建设规划、行动方案编制、共建沿线自由贸易网络体系、开展国际产能合作、共建互联互通网络、完善"一带一路"建设机制、加强沿线智库合作等方面通力合作、共赢，力争收获一批早期重大建设成果，共同推进"一带一路"建设取得进一步进展。③

张影强、赵天然指出，大数据在"一带一路"倡议实施的过程中扮演着举足轻重的角色，尤其是步入新时代和智能时代，"应着力建立'一带一路'沿线国家信息对接机制，畅通信息跨境流通，打造'一带一路'信息交换平台，推动信息合作共享，以此促进各国将虚拟经济和实体经济有机结合，助力'一带一路'建设。"④

在实施"一带一路"倡议的过程中，文化相通是其中必不可少的一部分。邢丽菊称，"中国应积极倡导不同文化在平等基础上的交流互鉴，丰富促进人文交流的对话机制；加强国际传播能力建设，大力发展文化产业"。⑤

---

① 袁新涛：《"一带一路"建设的国家战略分析》，《理论月刊》2014年第11期。
② 刘中民：《在中东推进"一带一路"建设的政治和安全风险应对》，《国际观察》2018年第2期。
③ 梅冠群：《推进"一带一路"建设的有关建议》，《当代经济管理》2017年第5期。
④ 张影强、赵天然：《大数据助力"一带一路"建设》，《经济研究参考》2017年第72期。
⑤ 邢丽菊：《推进"一带一路"人文交流：困难与应对》，《国际问题研究》2016年第6期。

一切事物的变化发展都离不开能源的推动，在"一带一路"推进的过程中能源动力显得尤为重要。在互联网时代，于明远、范爱军认为，"全球能源互联网能够通过降低成本、优化电力资源配置、推动制造业转型升级、变革传统商业模式、优化生态环境、加强各国之间联系等多种途径推动'一带一路'沿线各国发展。"①

**二 高等教育区域合作研究**

高等教育区域合作是统筹、优化高等教育资源，促进高等教育协调发展、均衡发展的重要基础。近年来，随着世界经济一体化，高等教育大众化、信息化和国际化发展的深入发展，以及高等教育区域化发展全面推进，高等教育区域合作研究成为广大理论工作者广泛关注的焦点。

（一）关于高等教育与区域经济社会发展关系的研究

经济模式的区域性分化是经济发展格局的显著特征，由于地区间的自然条件、人力资源条件及社会文化条件互有不同，再加上不同政治体制、经济制度的调节导向作用赋予各区域差别化的经济职能，因此在不同的地域分布着各具特色的经济发展模式且发展水平各异。高等教育与所处区域经济发展特征的关系极为密切，即便是不局限于院校所在区域经济结构进行人才培养的高等教育单位在终端的人才输送上，还是要面对状况各异的区域经济系统，这就要求区域地方经济社会发展与区域高等教育系统密切联系并相互配合。推进高等教育与区域经济社会的融合发展，不仅是教育事业的单方面需要，更是促进区域经济社会发展所必需。

随着新时代我国高等教育的迅猛发展，我国区域经济社会的发展和世界经济发展均呈现出复苏的良好态势。区域经济发展和高等院校的发展之间存在千丝万缕的联系，这也就意味着，高等教育与区域经济社会的互动关系将越来越受到关注和被广泛的研究，这种天然而广泛的联系势必起到彼此促进的效用。一方面，高等教育为区域经济社

---

① 于明远、范爱军：《全球能源互联网：推进"一带一路"发展新契机》，《理论学刊》2018年第1期。

会提供人才支撑、智力支持，深刻影响着区域经济社会的精神文化发展；另一方面，区域经济社会发展为区域内高等教育的发展提供包括物质、医疗和服务等在内的基本保障。①

（二）关于高等教育区域合作内容的研究

伴随国际化时代的到来，高等教育合作共赢、共享红利、共同繁荣的发展思路，逐渐成为引领高等教育全面深化改革的基本指导思想。

李汉邦等认为，高等教育区域合作的内容包括校际合作和政府合作两个方面，校际合作主要通过同城的合作共同体或教学共同体与同城或跨城的高校开展的"一对一"合作；而政府合作主要是区域内的政府间开展的合作。②

丁金昌将高等教育区域合作内容分为：互补性合作，通过开展院校资源合作，弥补自身欠缺的优质资源；整合性合作，把院校间相同或相近的资源进行整合，以降低成本提高效益；拓展性合作，集聚高校优质资源，协同推进重大项目的开展或者开拓新的领域。③

洪宇提出高等教育区域合作内容主要涉及经济贸易、区域秩序和人文交流三大方面。具体而言，就是经贸与产业合作的专业领域技术支撑人才的培养；跨文化交流的国际复合型人才的培养；迎合创新驱动经济增长的创新创业人才的培养。融合发展推进区域高校联盟建设；协同创新营造区域学术与文化交流圈；产学研合作对接区域性实用型人才培养。④

（三）关于高等教育区域合作模式的研究

高等教育区域合作模式是打造高等教育区域长久、均衡、协调发

---

① 刘炯天：《新时代高校服务国家战略和区域经济社会发展的思考》，《中国高教研究》2018年第4期。

② 李汉邦、李少华、黄侃：《论京津冀高等教育区域合作》，《北京教育》（高教版）2012年第6期。

③ 丁金昌：《区域高职院校校际合作模式的探索与实践》，《中国高教研究》2010年第1期。

④ 洪宇：《高等教育与区域经济协同发展下的知识转移及包容性增长》，《中国成人教育》2017年第6期。

展和实现并服务于国家战略部署的一颗决胜棋子。综观相关学者的研究成果，高等教育区域合作多以政府引领模式、文化驱动模式、科研创新模式、"教—学—研—产—融"启动模式、生态互惠模式等为主。

段从宇、李松林提出，高等教育区域合作的模式选择，可以是同等发展协调区：培育增长极模式；不同协调发展区：梯度推进的模式；全国各省区之间：网格开发的模式。①

严新平等基于资源依赖理论视角，从政府间、大学与地方间及大学与企业间三个层面探讨了高等教育区域合作模式，提出以学校为中心，凝聚办学特色，获得多元化教育资源，共建组织、制度和文化支持体系，促进区域高等教育合作共建、互利共赢。②

陈子季、刘永福从教育哲学的角度对高等教育区域合作模式进行剖析：以微观逻辑为视角的变革性的学校合作模式；以中观逻辑为视角的构筑型区际联动模式；以宏观逻辑为视角的助推区域教育国际化模式。区域教育合作模式实际上就是教育的开放发展要在微观、中观和宏观三重维度上解决内外联动的问题，实现资源、知识、技术、信息、人才、资本等教育要素的自由流动与共享，形成更具有活力的开放型教育体系。③

（四）关于高等教育区域合作机制的研究

从目前高等教育区域合作机制的研究来看，主要合作机制有：建立有效的高等教育科研成果转化机制；建立高效的高等教育运行协调机制；在夯实学校合作的现实基础上，建立校企"联姻"机制；研究和优化校企合作的运行机制和建立区际教育联动的运行机制。与此同时，拓展学校合作的实践方式，确立区际联动的目标系统，发挥区际协同作用，增强高等教育和企业的内生发展动力，建立区域、区际联

---

① 段从宇、李松林：《我国高等教育区域协调发展的路径选择及制度安排：基于资源的视角》，《云南师范大学学报》（哲学社会科学版）2017年第3期。

② 严新平、李志锋：《高等教育合作共建：模式创新与支持体系共建——基于资源依赖理论视角》，《大学》（学术版）2012年第12期。

③ 陈子季、刘永福：《区域教育开放发展的三重逻辑》，《华东师范大学学报》（教育科学版）2018年第1期。

动的动力系统,以此明确战略思路,加强顶层设计,强化科研引领,实施科研项目助推。

白亚楠认为,"政府要充分发挥其搭桥引线的作用,加强高校和企业的对接与互动,积极推动产业结构的调整升级,引导高等教育人才和科研成果进入企业和市场,以凸显高等教育区域合作机制的效用。"①

吴红以教育资源共享为研究视角,从政策保障机制、政府宏观调控机制、管理保障机制、技术保障机制四个方面详细阐述了构建高等教育区域合作机制的具体举措。②

赵楠从加强政府引导和合作伙伴的选择机制、规范运行管理和创新发展机制、加强风险评估和利益分配机制等方面,提出我国校区合作的运行机制和模式。③

(五) 关于高等教育区域合作政策的研究

高等教育的发展始终与区域经济社会的发展相辅相成,而区域合作政策是区域高等教育合作的政治保障。在政策层面上进行研究可以把握住高等教育区域合作的大方向,起到高屋建瓴的作用。

迄今为止,相应的高等教育区域合作政策包括:中国—东盟区域性合作相关政策;京津冀高等教育区域合作相关政策;"一带一路"国际高等教育合作相关政策;中、日、韩高等教育合作相关政策;中国大陆与港澳台高等教育合作相关政策等。④

方泽强提出,政策研究能更好地指导实践,为高等教育区域合作服务,应加强区域高等教育合作发展的政策研究。⑤

郑刚、刘金生认为,要制定"一带一路"教育贸易合作政策,建立一批具有国际竞争力的教育服务贸易机构,使其成为务实合作、共

---

① 白亚楠:《高等教育与区域经济互动发展研究》,《知识经济》2017 年第 4 期。
② 吴红:《区域高等教育资源共享机制构建研究》,硕士学位论文,湘潭大学,2008 年。
③ 赵楠:《高校校区合作路径研究》,硕士学位论文,西北大学,2013 年。
④ 中华人民共和国教育部网站:《国家中长期教育改革和发展规划纲要 (2010—2020 年)》,http://www.moe.gov.cn/,2010 年 5 月。
⑤ 方泽强:《三十年来高等教育区域化研究综述》,《高等理科教育》2014 年第 2 期。

同发展的开放平台,以加强对话、增信释疑,推动教育服务贸易发展。①

(六) 关于高等教育区域合作个案的研究

区域经济一体化发展,催生了区域高等教育的合作发展。京津冀、环渤海、长三角、西北五省区等高等教育区域合作,如火如荼,全面推进。

齐艳杰、薛彦华认为,基于地域经济文化生态的京津冀高等教育区域合作与发展研究,是伴随我国经济社会发展必然遇到的一个重大课题。最为重要的是找到三地合作与发展的相关基点和服务导向,建成适应三地经济社会发展需要的协同合作发展体制和机制,形成适应京津冀发展战略需要的一体化支持服务体系,为三地的社会经济教育发展体系服务。一是要把握京津冀三地的高等教育发展战略定位,寻求三地高等教育的利益共同点;二是明确影响京津冀三地高等教育发展的主要因素;三是确定高等教育区域协同发展的内容、时间范围、人才培养、体制改革、机制创新、项目开发、基地建设、平台融通、资源开发和对接等一系列发展规划。②

尹艳冰指出,环渤海地区凭借其独特的区位优势,已经成为继长江三角洲、珠江三角洲后中国经济发展的第三增长极。为此,立足于环渤海地区高等教育的发展,根据其发展的特点,科学确定环渤海高等教育合作的多元主体系统,从宏观、中观和微观三个层次构建了合作主体的运行机制,并在此基础上构建了多元化的合作模式,即以合作教育为中心的人才培养型合作模式,以提高技术创新能力为宗旨的研究开发型合作模式,以开发高附加值产品为目的的生产经营型合作模式,以产、学、研紧密结合为特征的立体综合型合作模式。③

---

① 郑刚、刘金生:《"一带一路"战略中教育交流与合作的困境及对策》,《比较教育研究》2016 年第 2 期。
② 齐艳杰、薛彦华:《京津冀高等教育一体化进程对策研究》,《北京师范大学学报》(社会科学版) 2017 年第 2 期。
③ 尹艳冰:《环渤海区域高等教育多元化合作模式研究》,《教育与职业》2012 年第 29 期。

巫丽君、王河江结合长三角高等教育区域一体化进程经历的区域教育市场孕育、区域教育合作展开和区域教育聚合体创设三个阶段，总结其演进模式是以政府为主导的多中心治理模式。提出长三角高等教育区域一体化的长远发展必须在全球化的视阈中逐步推进，实现区域一体化向国际化的有效延伸。①

李晨、朱凌结合欧洲"大区域"大学联盟经验指出，高等教育区域合作从具体个案角度而言，"立足区域情境，确立与区域经济发展相容的联盟目标，善选合作伙伴和有效推进资源深度整合，建立特色高等教育品牌带动区域发展"，是最为关乎高等教育区域合作相关者切实利益的必要行动。②

刘俊霞以西北五省区与中亚五国为个案，提出了双边高等教育跨区域合作构想。"中国西北五省区和中亚五国在地缘关系、民族关系、历史文化方面具备成为共同教育空间的条件，在高等教育的跨区域合作发展上有着共同的诉求，在现有发展基础上，其重点应放在共同教育空间域中的国际化教育意识提升、有效合作平台建设及教育质量提升等方面，通过高等教育的跨区域发展，增强区域经济发展中的相互理解和文化包容"。③

### 三 "丝绸之路经济带"高等教育区域合作研究

"丝绸之路经济带"是"一带一路"的重要组成部分，其沿线国家高等教育区域合作，引起广大理论工作者的广泛关注，并形成当前高等教育研究领域的焦点，推出一系列研究成果。

（一）关于"丝绸之路经济带"高等教育区域合作背景的研究

2016年7月，教育部出台的《推进共建"一带一路"教育行动》，明确提出要推进政策、渠道、语言和民心相通，促进学历学位

---

① 巫丽君、王河江：《长三角高等教育区域一体化模式探析——基于历史进程的考察》，《清华大学教育研究》2010 年第 4 期。

② 李晨、朱凌：《面向区域经济大学联盟探索——基于欧洲"大区域"大学联盟经验的思考》，《高等工程教育研究》2018 年第 1 期。

③ 刘俊霞：《西北五省区与中亚五国高等教育跨区域合作构想》，《现代教育管理》2016 年第 8 期。

互认，建立"一带一路"教育共同体，为"一带一路"建设提供文化理解、智力支持、人才支撑。①

《国家中长期教育改革和发展规划纲要（2010—2020年）》提出的"走出去"的高等教育国际化战略与"一带一路"倡议相契合。在世界经济一体化和全球化进程中，高等教育起着基础性与先导性作用，而"一带一路"倡议体现了共商、共建、共享的全球化发展新趋势，高校必须加快对外开放步伐，积极向"一带一路"沿线国家"走出去"。②

周谷平、阚阅认为，建设"一带一路"是国家洞悉全球深刻变化，统筹国内外局势所做出的重大战略决策。其不仅涉及基础设施建设、产业合作、贸易投资等硬实力，也涉及政策、制度、文化、人才等软实力。面对需求与挑战，教育尤其是高等教育应根据"一带一路"倡议的要求，强化区域合作，以"内生"和"外延"为路径，更新观念，完善制度，优化办学，创新实践，切实担负起人才培养的重要使命。③

(二) 关于"丝绸之路经济带"高等教育区域合作要素的研究

综合学者的观点来说，"丝绸之路经济带"高等教育区域合作要素包括政治、经济、民族与文化、学术和国际化五个方面。一是政治要素，其中政治互信是前提，具体包括对外政策、国家和地区认同、国家安全、技术支持和援助、和平与相互理解等；二是经济要素，包括经济增长、人力资源市场、经济竞争、财政动机等；三是民族与社会文化要素，包括文化间的相互理解与认同、公民身份发展、社会和社区团体发展等；四是学术要素，包括院校建设、教学科研国际化、学术视野拓展、形象与地位、质量提高、国际学术标准等；五是国际

---

① 中华人民共和国教育部网站：《推进共建"一带一路"教育行动有关情况》，http://www.moe.gov.cn/，2017年4月。
② 中华人民共和国教育部网站：《国家中长期教育改革和发展规划纲要（2010—2020年）》，http://www.moe.gov.cn，2010年5月。
③ 周谷平、阚阅：《"一带一路"战略的人才支撑与教育路径》，《教育研究》2015年第10期。

化合作，包括国际化课程整合、国际化教师所占比例、合作科研、国际拓展等。①

（三）关于"丝绸之路经济带"高等教育区域合作规范的研究

"丝绸之路经济带"高等教育区域合作规范是建立在高等教育区域间双方政治互信、经济互助、文化互补、教育互学、国际合作互惠的基础上的。具体而言，区域合作规范主要体现在建立具有价值共识和文化认同的法律法规体系和签订契约合约等。王刚认为，要围绕"一带一路"建设中出现的具体而细致的法律问题来建构区域合作的规范。"第一，建立'一带一路'建设中的法律冲突协调机制；第二，建立区域经济合作中的法治保障机制；第三，建立生态及环境保护中的法治合作机制；第四，确立民间组织参与'一带一路'建设的法律地位；第五，推进国内相关立法的修改与完善；与此同时，应当坚持国际法的国内法化和建立地方政府合作法律机制。"②

（四）关于"丝绸之路经济带"高等教育区域合作机制的研究

辛越优、倪好指出，"丝路经济带"高等教育区域合作机制首先是建立在国际化人才培养的运行机制之上的。要把人力资本投入作为推进"一带一路"建设的重要手段，让"优先投资人才资源"的理念始终贯穿于"一带一路"倡议过程中，增加高等教育的经费投入，变革人才培养模式，加大创新发展力度。③ 在顶层设计上，国家层面的积极强化体制机制构建最为重要。同时，各区域政府教育主管部门积极配合顺势而为地起到牵线搭桥的作用。区域内高校应紧抓战略机遇，重视协同效应。

（五）关于"丝绸之路经济带"高等教育区域合作战略的研究

周亚庆等指出，"我国高校与'一带一路'沿线国家的高等教育

---

① 陈·巴特尔、郭立强：《"一带一路"建设背景下我国高等教育国际化的转型与升级》，《国家教育行政学院学报》2018年第3期。
② 王刚：《"一带一路"建设中的法律问题及法治机制构建》，《法学杂志》2017年第2期。
③ 辛越优、倪好：《国际化人才联通"一带一路"：角色、需求与策略》，《高校教育管理》2016年第4期。

国际合作,应该在国家政策和国际形势的引领下进行战略选择。"① 以沿线国家的国情、民情为基础,破除高等教育在经济、文化等方面的壁垒,开展互助型、互利互惠型的高等教育合作,并在此基础上构筑区域化、一体化的高等教育市场,推动多元范式的高等教育国际化版图的形成。在"丝绸之路经济带"倡议持续推进的新时期,区域内高校应积极将"引进来"和"走出去"密切结合,加快推进与"丝绸之路经济带"沿线国家高校的交流与合作,完成辐射"丝绸之路经济带"的生态合作网络的战略布局。

李军红提出,"一带一路"倡议为地方高校教育国际化发展带来新的机遇。地方高校应立足实际,坚持共商共建共享原则,将服务当下与谋划长远结合,围绕人才培养这一核心,以政府、企业为依托,以人文交流为载体,充分发挥学科专业特色和行业优势,推行差异化发展战略,促进沿线国家民心相通,推进地方高等教育"走出去",驱动教育国际化全面发展,实现合作共赢。②

(六) 关于"丝绸之路经济带"高等教育区域合作个案的研究

李盛兵指出,"一带一路"教育共同体的建设是一个多层次的教育合作体系,它涉及中国与"一带一路"沿线国家高等教育的多边合作、双边合作以及院校合作。目前,中国与东盟的高等教育合作较为全面,与南亚、独联体的高等教育合作在"走出去"方面薄弱,与阿拉伯国家联盟的高等教育合作严重不足,与东欧的高等教育合作除孔子学院外都较为薄弱。③

郑圆皓、李金认为,在推进中国与阿拉伯国家联盟高等教育合作中,要采取分类合作策略。针对国际化型国家,扩大学历学位互认规模,加强院校或项目的深度合作;针对传统型国家,深化教学内容,

---

① 周亚庆等:《"一带一路"沿线国家与我国的高等教育战略合作探究——基于大学排行榜视角》,《世界教育信息》2018 年第 3 期。
② 李军红:《"一带一路"背景下地方高校教育国际化发展战略思考》,《国家教育行政学院学报》2017 年第 6 期。
③ 李盛兵:《中国与"一带一路"国家的高等教育合作:区域的视角》,《华南师范大学学报》(社会科学版) 2017 年第 1 期。

加大奖学金比例；针对贫困型、缓慢型国家，支援高等教育基础设施建设，发展远程教育、职业教育；针对战乱型国家，倡导人道主义援助，提高入学门槛。①

周谷平、阚阅提出，推进中国—东盟高等教育合作，便捷人才流动是支撑，完备的参与结构和合作深度是基础，因此要加大语言人才的培养力度，增强专业技术人才的自由流动，继续扩大高等教育合作的涉及面。②

郭强、赵风波认为，当前高标准、高水平地提升中俄跨境高等教育的层次，需要在战略层面上高度重视中俄跨境高等教育，积极打造中俄国际合作办学的特色品牌，成立高等教育国际合作交流示范区，稳步引导国内一流大学赴俄开展境外办学，深入推进高等教育资源集约化发展，从而建构良好的中俄跨境高等教育体系，助推"一带一路"倡议顺利实施。③

陈举在《"一带一路"战略下中国与哈萨克斯坦高等教育合作空间探究》中指出，打造教育共同体是中哈高等教育合作的共同愿景，培养国际化人才是中哈高等教育合作的战略选择，校际合作是中哈高等教育合作的主要载体。④

### 四 "丝绸之路经济带"国家高等教育改革发展研究

总体来看，学者对俄罗斯、印度和以色列的高等教育改革发展研究相对丰富。国内学者关于"丝绸之路经济带"国家高等教育改革发展的研究论著极少。比较有代表性的论著，如赵中建的《战后印度教育研究》对印度高等教育的学校制度问题、效益和扩充问题、师范教育问题等进行了研究。王留栓的著作《亚非拉十国高等教育》以中

---

① 郑圆皓、李金：《中国与阿盟高等教育合作的现状方法与策略》，《华南师范大学学报》（社会科学版）2017年第1期。
② 周谷平、阚阅：《"一带一路"战略的人才支撑与教育路径》，《教育研究》2015年第10期。
③ 郭强、赵风波：《"一带一路"战略下的中俄跨境高等教育》，《中国高教研究》2017年第7期。
④ 陈举：《"一带一路"战略下中国与哈萨克斯坦高等教育合作空间探究》，《教育探索》2017年第1期。

国、印度、菲律宾等十多个国家为研究对象，以这些国家高等教育发展改革为主线，描述和分析了这些国家的高等教育发展的经验和教训。朱勃的《印度比较教育学——启发提问》对"印度高等教育水平低的原因是什么？近来（20 世纪 80 年代前后）发生了什么变化？"以及如何改进印度的高等教育等进行了研究。张建新等的译著《亚太高等教育证书、文凭和学位手册》，对中国、印度、俄罗斯、伊朗等国家的高等教育的分类、高等院校的类型、学习管理、学位文凭的类型进行了研究。米定斯基的《苏联的人民教育》，对苏联人民教育的制度、目的、原则，苏联的高等教育、师范教育等进行了研究。非论著文献资料的研究主要集中在以下几大方面。

（一）关于高等教育改革发展特征的研究

朱桂梅认为，俄罗斯高等教育改革表现出人本取向的特征，如教育目的的人本化、教育课程的人本化和教育方法的人本化。[①] 佟金梅认为，随着市场经济的改革发展，俄罗斯高等教育改革已经走出"象牙塔"，表现出市场化取向的特征。赵中建认为，印度高等教育发展模式表现出向私立为主转型的特征，具体体现在自筹经费的准大学的数量不断增多，受助私立学院向自筹经费学院转制，受助私立学院、公立学院大量开设自筹经费的专业等。宋鸿雁也认为，印度高等教育发展模式正向私有化转型。戴妍、袁利平对印度高等教育发展呈现出的国际化的发展特点和趋势进行了研究。杨晓斐认为，印度高等教育"十二五"规划体现了印度高等教育卓越、扩张和公平的特性。莫玮苇认为沙特阿拉伯的高等教育具有与宗教密切结合，重视职业教育，女子教育迅速发展等特点。刘园的硕士学位论文《沙特阿拉伯王国高等教育发展研究》，对沙特阿拉伯王国高等教育发展的特征进行了研究，并指出，沙特高等教育表现出由"双轨"到"一轨制"、巨额投入与低效矛盾加剧、国际化的发展趋势。[②] 詹姆斯·考夫曼认为阿拉

---

① 朱桂梅：《社会转型期俄罗斯教育改革的人本取向探析》，《社会科学战线》2014 年第 8 期。

② 刘园：《沙特阿拉伯王国高等教育发展研究》，硕士学位论文，西北大学，2012 年。

伯湾的高等教育改革发展呈现出私有化和美国模式至上的特征。饶本忠在《论以色列对西方高等教育模式的移植》中指出，以色列高等教育发展呈现出抛弃以往欧洲精英教育模式转向美国模式的特征。温诚认为，黎巴嫩高等教育发展的独特历史、国内狭小的人才市场需求、自由开放的政策使其高等教育改革发展呈现兼收并蓄的特征。

（二）关于高等教育改革发展面临的问题、成因与对策的研究

徐路对博洛尼亚进程中俄罗斯高等教育改革发展的问题进行了研究，她认为，俄罗斯的高等教育改革存在"民族"与"欧化"摇摆不定，并围绕学士—硕士两级体制杂交式折中、学术流动困难等问题进行了深入研究。圣彼得堡州立大学的 Anatolyevna 和 Yuryevich 教授对俄罗斯高等教育现代化中高校的问题、方向和实现的可能性进行了研究。Sheregi，F. E. 的《俄罗斯的高等职业教育的功能失调》对俄罗斯高等职业教育不能提供熟练的劳动力以满足俄罗斯经济发展需求的问题进行了研究。安双宏、李长吉从性质、原因和对策三个层面对印度高等教育发展过程中面临的财政问题作了探讨。安双宏在其另一篇文章《印度高等教育的经费紧缺及其对策》中，分析了印度高等教育经费来源的主要渠道和经费比例，论证了印度高等教育经费的紧缺状况，并提出了相关对策。安双宏在《印度高等教育规模快速扩充的后果及其启示》一文中对印度高等教育扩充的情况、原因及后果进行了探讨。刘晓、张胤对印度高等教育发展中严重的依附问题作了详尽的探讨。马君对印度高等教育发展面临的基础设施落后、财政投入不足、师资匮乏、质量不高、教育公平保障困难、国际竞争力不强等问题和采取的相应策略进行了研究。郑勤华在分析印度高等教育情况的基础上，探析了印度高等教育扩展的原因，以及"知识失业"的成因，并提出了解决印度"知识失业"的措施。易红郡、王晨曦对印度高等教育大扩充中产生的教育质量下降、办学经费紧张、高级专门人才的失业和外流等问题进行了研究，并探讨了印度政府为解决这些问题所采取的如成立高等教育质量鉴定委员会，多渠道筹措办学经费，采取措施遏制人才外流等改革策略。Shailendra Kumar 的《印度的高等教育贸易》对印度高等教育贸易逆差问题进行了研究，作者认为印度是一个学生输出大国，但是

一个外国学生留学人数非常少的国家，因此作者对产生这一问题的成因进行了研究。Jandhyala B. G. Tilak 的《印度高等教育的包容性有多大》通过抽样调查，对印度高等教育中性别、族群、宗教等的不平等问题进行了研究。菲利普·G. 阿尔特巴赫教授认为，印度高等教育系统中，主流大学是缺乏质量的。[①] Mona Khare 对印度高等教育人才培养与市场脱节导致的青年就业能力问题进行了研究。论者认为，无论是受过高等教育的青年，还是没有受过高等教育的青年都不能满足印度人才的要求，因此要通过通识教育增强青年的就业技能。[②] 莫玮苇的研究发现，沙特阿拉伯王国的高等教育存在教育发展不均衡、低效率和过分依赖外籍教师等问题。俞可对"债务危机"下塞浦路斯和希腊高等教育发展的困境进行了分析。道洛斯·L. 贝科对约旦私立高校发展中面临的问题及对策进行了研究。王文礼对20世纪90年代以色列高等教育发展面临的危机和挑战及其成因进行了探讨。赵慧杰、施枫对以色列高等教育发展的现状以及财政支持减弱、科研持续力不足等问题进行了研究。徐启生对以色列高等教育面临的政府投入削减、学生选择专业失衡等问题进行了研究。朱耀顺、丁红卫等对缅甸高等教育发展的现状和存在的问题进行了分析。

（三）关于高等教育改革发展政策、制度的研究

全国教育科学规划领导小组办公室对俄罗斯"创新型大学发展战略"进行了研究。研究发现，"国家主义"是俄罗斯创新型大学发展战略的典型特征，战略取得了初步的成效，尤其是在资源保障和制度创新两方面。李艳辉、马什金娜对俄罗斯第三代高等教育国家标准的背景、框架、特点进行了研究。李建忠、刘松年对《俄罗斯联邦教育法》进行了研究，并提出其对我国高等教育改革发展的启示。何雪莲对俄罗斯为推动大学创新，创建世界一流大学而实施的企业型大学政策进行了研究。王丽伟对《教育优先发展规划》下俄罗斯"联邦大

---

① Philip G. Altbach, "India's higher education challenges", *Asia Pacific Education Review*, 2015 (4): 503-510.

② Mona Khare, "Employment, Employability and Higher Education in India: The Missing Links", *Higher Education for the Future*, 2015 (1): 39-62.

学"组建政策存在的问题进行了分析。赵伟对俄罗斯"科教一体化"政策的执行及其效果进行了研究,研究发现,该政策对俄罗斯的科学和教育事业的发展以及国家竞争力的增强起到了重要的作用。郑伟、匡瑛对俄罗斯的"国家优先教育工程"进行了述评。再如,李芳、徐明的《俄罗斯高校教师队伍建设的国际化》一文,对俄罗斯出台的一系列有关高校教师国际化政策进行了剖析。孙春梅、肖甦对俄罗斯基于人才战略而实施的一系列高等教育改革举措进行了研究。马君对2012年印度政府出台的《高等教育第十二个五年规划(2012—2017)》进行了研究,他认为,该规划以提升质量、增加教育机会和扩大办学自主权为总体指导原则,构建了一个以卓越、扩张和公平为核心的、以管理范式转换,提高公共财政支持力度和完善质量保障机制为基点的高等教育发展战略框架。张学强、许可峰对印度高等教育"招生预留政策"的发展演变、主要特征和面临的问题进行了研究。盛荔对印度高等教育学生保留政策的合法性和有效性进行了研究。季诚钧对印度大学的"附属制"进行了研究。

(四)关于各类型高等教育改革发展的研究

潘根兴的《土耳其高等农业教育》对土耳其农业教育的承担机构、教学体制、师资队伍、机构的组织机构、基础设施和内部管理等进行了探讨。李广平对土耳其的教师教育进行了研究,他认为,土耳其实现了教师教育的高等教育化与大学化,具有发展的优先性、改革的动态性、改革权力的强迫性三大特征。沈举薇编译的文章《巴勒斯坦的工程教育》介绍了巴勒斯坦工程教育的教职员情况、生源概况、基础设施。贺婷对伊朗伊斯兰共和国初期的女性教育的政策、女性教育的概况及教育对女性就业的影响作了探讨。魏小艾、田东平以技术学士学位和科学学士学位为重点,探析了以色列高等工程教育发展状况以及发展趋势。Arthur M. Feldman 将美国和以色列的本科医学教育优势、劣势和面临的挑战作了对比研究。[①]

---

① Arthur M. Feldman, "Undergraduate medical education in the U. S. and Israel: Contrasts and common challenges", *Isr J Health Policy Res*, 2015 (4): 56.

## （五）关于高等教育投资的研究

张男星在其博士学位论文《俄罗斯高等教育体制变革研究》中对俄罗斯高等教育的财政体制变革进行了研究。① 廖彬彬的硕士学位论文对俄罗斯高等教育财政政策及其实施进行了研究。张颖的硕士学位论文对俄罗斯的高等教育拨款体制改革进行了研究。许适琳等对俄罗斯的"高等教育成本共同分担机制"学费制度改革和"实名制国家财政券"进行了探讨。黄克显对俄罗斯颁布的高等教育助学贷款新规定进行了介绍。陈汉强对俄罗斯高等教育经费渠道多元化进行了分析。叶玮光、孙伟在《俄罗斯高等教育经费资源配置问题》一文中，对俄罗斯高等教育经费资源的构成和国家预算资金不足、预算资金支配不合理、国立大学与私立大学拨款数额缺乏法定标准、高校对财政资金支配的缺乏独立性等问题进行了研究。Elena Platonovaa、Juliy Bogomolovab 等对俄罗斯公立和私立大学的融资问题进行了研究，研究发现因提高竞争力需要，俄罗斯的公立、私立大学都进行积极的融资，但大多数公立大学通过政府协议和国际性校际合作而获得资金，私立大学则主要通过本地居民国际培训项目、创办者长期融资和慈善机构捐赠获得资金。② 孙涛、沈红对印度高等教育助学贷款的改革进行了研究。胡茂波、朱梦玫对印度私立高等教育财政政策的改革进行了探讨。张继明、范跃进的《印度私立高等教育经费政策探析》对印度私立高等教育经费分配的模式与向度、经费来源的发展趋势、绩效评估与管理进行了研究。Anuneeta Mitra 对印度高等教育的公共支出进行了发生率效益分析。欧冰茹的硕士学位论文对土耳其的高等教育学费制度改革进行了研究，包括土耳其高校学费的取消过程、学费的变迁、收费制度存在的问题以及今后的改革建议。何慧敏对以色列高等教育经费体系作了研究。许长青对以色列教育收益率及国家的助学贷款、还款的负担进行了研究。Kalman、Matthew 的《以色列的最新

---

① 张男星：《俄罗斯高等教育体制变革研究》，博士学位论文，华东师范大学，2002 年。
② Elena Platonovaa, Juliy Bogomolovab, "Various Approaches to Financing Russian Higher Education Institutions Integrating into the Global Educational Environment", *Procedia - Social and Behavioral Sciences*, 2015（12）：393-398.

冲突：高等教育支付》对金融危机导致的教育财政削减和由此引发的高等教育质量问题进行了研究。

（六）关于教育教学与人才培养的研究

傅勇、杨华对俄罗斯的产学研协同机制进行了研究，包括目标协同机制、队伍协同机制和资源共享协同机制。付轶男对俄罗斯高等教育课程结构的改革发展进行了研究，她认为，20世纪90年代以来，俄罗斯高等教育课程沿着基础化、人文化、职业化的方向不断发展，并逐渐形成了多维复杂结构。李芳、徐明对俄罗斯高校实施国际联合培养计划的动因、保障基础、实施状况等进行了研究。Tatiana Krasnova 的《一种范式的转变：俄罗斯高等教育的混合式综合学习》对混合式学习模式的特点、价值、教学能力要求、实现手段等进行了研究。

（七）关于高等教育质量的研究

安双宏、程懿对印度高等教育质量作了评析，他们认为，印度高等技术教育取得了举世瞩目的成就，但印度高等普通教育质量不高，办学体制落后、教育投入不足、教育私营化弊端严重等因素严重影响印度高等教育的质量。[1] Galina Motoval 的《俄罗斯和欧洲高等教育的质量保证标准》对俄罗斯高等教育的质量保证标准进行了研究，作者认为俄罗斯高等教育质量保障标准既受欧洲高等教育质量保障标准的指导方针的影响，又具有苏联高等教育质量保障标准的特征。[2] 李政云的《博洛尼亚进程中的土耳其高等教育改革》对土耳其的高等教育质量保障体系，尤其是质量评估体系进行了研究。Farasatkhah、Maghsood 和 Ghazi、Mahmood 的《伊朗高等教育质量的挑战：历史的回顾》对伊朗高等教育质量面临的挑战以时间为线索进行了探究。

（八）关于高等教育评价体系的研究

郭朝红对印度高等教育评估的价值体系进行了深入探讨，她认为

---

[1] 安双宏、程懿：《当前印度高等教育质量评析》，《江苏高教》2012年第2期。
[2] Galina Motoval, "Russian Higher Education and European Standards of Quality Assurance", *European Journal of Education*, 2012（1）: 25–36.

其高等教育评估的价值体系包括注重高校对国家的贡献，培养学生适应全球化发展的各种能力，树立学生正确的价值观，促进信息技术的应用和鼓励追求优秀和卓越五大方面。① 王心言、李志宏对印度高等教育新的评估体系进行了研究，论者认为印度高等教育评估体系虽然具有共性要求，但又尊重学校办学的差异性，体现分类指导，鼓励特色，并且注重实践效果。郭斌、张晓鹏对印度高等院校评估与鉴定的特点进行了研究，其特色体现在两步评估方法、评估申诉制度、累积平均绩点体系等。夏丽萍、韩曾俊的《印度高等教育评估制度探究》对印度高等教育评估的目的、类型、评估委员会的组织结构、评估内容与标准、评估程序和评估制度的特点等进行了研究。

（九）关于"丝绸之路经济带"沿线国家大学改革与发展的研究

刘淑华、刘欣妍认为，俄罗斯的大学内部管理体制已经从管理走向治理，这体现在大学管理的法制化、一长制与会议制相结合、决策主体分散化、权力中心下移。车如山、季红波对印度理工学院精英人才培养的办学理念进行了研究，他们认为，印度理工学院的办学理念包括注重创新人才的培养和实践教学、学校高度自治和学术自由、广泛交流与合作。Sangeeta Angom 以印度的两所私立大学为例，探讨了印度私立大学的使命、所有权、融资、内外部管理、招生的过程与模式、教师地位、基础设施和支持系统等。法海德对伊朗帕亚·莫努尔大学的管理结构、招生、不同学术层次的研究领域、教学体系等进行了研究。伊朗学者汉森·祖尔对伊朗帕亚·莫努尔大学的远距离教育的目标、协调管理与组织机构、辅导制度、入学人数、科学活动、国际交流与合作等进行了研究。马为公对科威特大学的学院设置、师资和教学设施、学术活动等进行了研究。

（十）关于高等教育行政管理体制的研究

刘颖认为，俄罗斯高等教育行政管理体制改革呈现出市场化、高等教育体制的多元化和高等教育行政管理的国际化等特点。周采认

---

① 郭朝红：《印度高等教育评估的价值体系与质量发展理念探究》，《教育理论与实践》2009 年第 31 期。

为，印度教育体制同其政治体制一样是分权的，中央政府对大学的控制是有限的，主要通过大学拨款委员会来实施管理；大学拨款委员会的主要权力是协调和决定大学的教学、考试、研究标准和新大学的建立；对于大学的内部事务，政府无权干涉。因此，印度大学具有高度的自治权。① 安双宏对印度高等教育的政府管理进行了研究。研究发现，在印度中央政府和地方邦政府依法共同管理高等教育，高等教育管理权力主要由一些代理机构实施。这种管理方式导致的政出多门、条块分割给印度实施全国性的高等教育改革造成了极大困难。② 德瓦什·卡普尔、裴宜理对中国、印度两国的高等教育改革中国家所扮演的角色进行了研究。再如，刘园在其硕士学位论文中对沙特阿拉伯王国高等教育体系的行政管理和监管进行了研究。姜勇等对21世纪以来以色列的高等教育"新国家监管体制"进行了研究，他认为，以色列的新监管体制在强化国家管理的同时，尊重市场需求、尊重高校自主地位，注重根据国家战略规划和长期目标发挥政府作用。宋陶立认为，以色列高等教育管理从建国前的"派别"教育管理体系逐渐发展为依法保障自治和高等教育理事会职能凸显的体系。金光（Balgan Altangerel）博士学位论文对中国与蒙古的高等教育行政管理结构进行了深入的比较研究。德钢期木格在其硕士学位论文《蒙古国高等教育发展研究》对蒙古国高等院校行政管理进行了研究。

（十一）其他方面的研究

此外，还有高等教育作用的研究，如黄民兴的《高等教育在沙特阿拉伯社会经济发展中的作用》、姚惠娜的《高等教育与巴勒斯坦民族国家之构建》、于蔚天的《以色列教育立国经验研究》等。招生与就业制度的研究，如叶向阳的《土耳其高等教育中学生的选拔和录取》、张晓东的《俄罗斯将简化高校招收外国学生程序》等。高等教育改革发展历史的研究，如杜岩岩的《俄罗斯高等教育体制的源流考

---

① 周采：《印度高等教育发展及其启示》，《南京师范大学学报》（社会科学版）2008年第2期。
② 安双宏：《印度政府对高等教育的管理》，《比较教育研究》2006年第8期。

察及其创新发展》、张艳杰的《苏联解体20年俄罗斯学位制度改革回眸》，Kaplan、Vera的《俄罗斯高等教育改革的历史》等。影响个体参与高等教育的因素的研究，如 Shaswati Pramanik 对印度影响个体参与高等教育的家庭因素，包括收入、宗教信仰、性别、社会团体等进行了研究。教师流动的研究，如 Ch. Shoaib Akhtara 和 Alamzeb Aamirb 等对巴基斯坦高等教育机构的总奖励与教师流动相关性进行了研究。高等教育咨询的研究，如 Gulnara Dossybayeva 对哈萨克斯坦的高等教育咨询的研究。

### 五 对已有研究的评述

进入21世纪，伴随世界经济一体化、政治体制多元化、高等教育国际化发展，深化高等教育区域合作，提升区域高等教育内生动力和核心竞争力，发挥高等教育在共建"一带一路"中的基础性和先导性作用，成为实现区域经济社会互联互通、推进全球治理现代化、建设人类命运共同体的战略选择。在此背景下，"丝绸之路经济带"高等教育区域合作发展战略研究，成为高等教育研究领域的热点话题。

（一）"丝绸之路经济带"高等教育区域合作发展战略研究取得突出成就

1. "丝绸之路"研究成为一门独立的学科

从古丝绸之路的产生，到"一带一路"建设国家倡议的提出，对"丝绸之路"的研究，成为一项经久不衰的课题。西方对"丝绸之路"的研究，可以说自丝绸之路开通以来便已产生。19世纪以后世界范围内兴起一股探索东方的热潮，"丝绸之路"的研究随之成为一大课题。19世纪末20世纪初，是丝绸之路探险的高潮时期，"丝绸之路"研究进入繁荣发展阶段。20世纪，"丝绸之路"研究成为一门独立的学科。目前，学界围绕"丝绸之路"和"海上丝绸之路"形成了三个相互关联的研究范畴，即"丝绸之路"和"海上丝绸之路"历史问题研究、"丝绸之路经济带"和"21世纪海上丝绸之路"建设问题研究以及"一带一路"倡议研究。

2. 高等教育区域合作研究呈现专门化态势

国外对高等教育区域合作的研究，主要从高等教育合作形式与效率、高等教育合作的有效性、高等教育合作过程、高等教育与经济发展关系、高等教育与区域经济的关系等方面展开。国外的研究，最初始于对大学战略联盟的探讨。随着世界经济一体化发展，区域合作成为必然趋势，高等教育区域合作发展的研究进入繁荣发展阶段。进入21世纪，推进高等教育区域合作发展的研究达到高潮，并呈现专门化、学科化态势。国内关于高等教育区域合作的研究，主要集中在区域发展和高等教育的关系、区域高等教育的均衡发展、学科创设等方面。总体而言，高等教育区域合作研究已形成完整的知识体系。

3. "丝绸之路经济带"高等教育区域合作研究渐趋白热化

2013年9月和10月，国家主席习近平访问中亚和东南亚，提出建设"丝绸之路经济带"和"21世纪海上丝绸之路"（统称"一带一路"）的倡议，受到国际社会的广泛关注与积极响应。2016年7月，教育部发布《推进共建"一带一路"教育行动》，从政策层面肯定了教育在"一带一路"倡议中的地位和作用，为我国高等教育国际化发展指明了方向。在此背景下，"丝绸之路经济带"高等教育区域合作受到国家的高度重视与支持，成为高等教育研究领域的热点话题，研究关注度迅速增强。研究主要集中在"丝绸之路经济带"高等教育区域合作背景、合作要素、合作规范、合作机制、合作战略等方面。

（二）"丝绸之路经济带"高等教育区域合作发展战略研究存在诸多困难

1. "丝绸之路"研究视野存在偏差

有关"丝绸之路"研究成果很多是地方政府主导和驱动的，不可避免地带有典型地方主义色彩。学界从产业、交通、金融等领域对"丝绸之路"一直高度关注，对当代人文交流现象和内容的研究严重不足。将"丝绸之路"置于国际关系的现实中进行前瞻性研究，加强其对世界格局、国际秩序、各国关系影响的研究还不够。

2. 高等教育区域合作研究存在空白

从总体上看，已有研究大致存在如下未解决的问题：一是对高等教育区域合作促进经济发展作用机制的研究，对其合作关系的度量，以及合作对其自身水平影响的定量分析，缺乏深入的研究。二是深度系统的"丝绸之路经济带"区域合作发展战略专题研究还没有。三是区域高等教育合作的政策体制、工作机制、运行模式与绩效评估研究还未涉及。

3. "丝绸之路经济带"高等教育区域合作研究存在缺失

从"一带一路"倡议对高等教育的影响，到实施的教育路径、战略策略，既有宏观层面又兼顾中观、微观层面，涵盖区域高等教育合作发展战略选择、高等教育国际化发展、高等学校人才培养模式创新等多个领域，研究内容涉及面广泛，但还没有专门关于该主题的硕士、博士学位论文，也没有出版该主题相关的学术专著，研究成果形式比较单一。就研究范式而言，目前以定性研究为主，通过实地调查对研究问题进行数据统计分析，以揭示研究问题和归纳研究结论的定量研究滞后。

（三）"丝绸之路经济带"高等教育区域合作发展战略研究的未来展望

1. "丝绸之路"研究应重视宏观判断、整体探索和顶层设计

要着眼世界经济一体化、全球治理现代化大局，突破地区和部门利益局限，坚决避免重复性、同质化现象。强化人文领域研究，积极探索推进"一带一路"倡议落地落实的人文根基。注重前瞻性研究，将"一带一路"倡议置于国际关系的现实中来进行系统探索。

2. 高等教育区域合作研究要凸显多学科、多视野、多范畴的研究特色

基于《全国主体功能区规划》和区域经济一体化发展态势，把跨省域高等教育区域合作作为研究重点，加强协同发展省域高等教育的理论研究和实践研究。致力于区域高等教育合作的政策研究，夯实其政策法规基础。进一步加强区域高等教育合作的比较研究、个案研究，探索区域高等教育合作的新思路和新模式，建立健全区域高等教育合作体制机制，规避区域高等教育合作可能出现的风险，更好地推进区域高等教育发展。

3. "丝绸之路经济带"高等教育区域合作研究亟待进一步深化拓展

在视角方面,从制度经济学、区域经济学、高等教育经济学、比较高等教育学、高等教育生态学等多学科视角,对高等教育区域合作形成立体式、多维度、结构化的"认识图示"。在方法方面,坚持定性与定量方法相结合,以定量研究为主。逐渐由注重内在特质、属性和机理的定性研究阶段,渐趋向统计分析的定量实证研究阶段转变,更为客观地揭示"丝绸之路经济带"高等教育区域合作对区域经济社会贡献率、区域高等教育竞争力等。在范围方面,研究重心从宏观转向微观,从宏大叙事走向微观关注,更加重视具体实践研究、个案研究、比较研究。

## 第三节 核心概念界定

在本书研究中,涉及"丝绸之路经济带"、高等教育区域合作、高等教育共同体等重要概念,为顺利开展本书研究,有必要对这些概念进行界定。

### 一 "丝绸之路经济带"

丝绸之路是世界文明的纽带,它穿越古今,横贯中外,架设起世界各国、各地区之间文化往来、经济互通、文明互鉴的桥梁,创造出世界各民族人民在多元文化中尊重彼此差异,协调各方立场,开展务实合作,推进可持续发展的共同资源和财富。传承、发展丝绸之路精神,加快"丝绸之路经济带"建设,有利于促进沿线各国、各地区政治互信、经济合作、文化交流和社会进步;有利于推进我国经济社会全面可持续发展,维护经济带安全与稳定,推动我国与亚欧非国家的共同繁荣发展,维护世界和平;有利于推动经济带国家高等教育国际化发展,进而推进我国、中亚到西亚及欧洲经济社会一体化发展。

(一)"丝绸之路经济带"的历史渊源

"丝绸之路"(Silk Road)一词,最早出现在1877年普鲁士人李希霍芬（F. von Richthofen）的著作《中国——亲身旅行和研究成果》中，意指"从公元前114年到公元127年，中国于河间地区以及中国与印度之间，以丝绸贸易为媒介的西域交通路线"。① 1910年德国东洋史学家阿尔巴特·赫尔曼的《中国与叙利亚间的古代丝绸之路》一书，把丝绸之路延伸到了遥远的地中海东岸国家叙利亚。

秦汉之前，中原文明的触角，已经开始向西域延伸。早期的交通线，奠定了丝绸之路的雏形。公元前138年，张骞的"凿空之旅"，揭开了延续一千多年丝绸之路发展和兴衰的序幕。公元前60年，汉朝设置西域都护府，保障了丝绸之路的畅通，丝绸之路开始进入兴盛时期。公元73年，东汉班超经营西域再次联通匈奴袭扰隔断58年的丝绸之路，并将其延伸到了欧洲罗马帝国。一条东西方文明的互动交汇带连接起了当时世界最大的城市洛阳和罗马。南北朝时期，战争频繁，丝绸之路总体上仍处于发展和兴盛阶段。隋唐时期，国泰民安，丝路畅通，丝绸之路发展达到了鼎盛阶段，中西文化交流进入高潮。秦汉之际，东海、南海两条航线开通，奠定了海上丝绸之路的基础。唐朝鉴真东渡东瀛，海上丝绸之路日渐兴盛。明代以后，海上丝绸之路得到迅速发展。

丝绸之路，是自古以来，从东亚开始，经中亚、西亚，联结欧洲及北非的东西方交通线路的总称。丝绸之路不仅是千百年来亚欧互通有无的商贸大道，是亚欧、北非大陆进行经济、政治、文化交流的主要交通动脉，更是促进亚欧、北非各国和中国的友好往来、沟通东西方文化的友谊之路。它沟通了东西方世界，推动了中外经济交流和文化交融，以其深刻的内涵和广泛的外延，彪炳人类文明千秋史册。

（二）"丝绸之路经济带"建设倡议的产生

2013年9月7日，国家主席习近平在哈萨克斯坦纳扎尔巴耶夫大学发表题为《弘扬人民友谊　共创美好未来》的重要演讲，倡议用创

---

① 费迪南·冯·李希霍芬男爵（Ferdinand von Richthofen）是德国旅行家、地理和地质学家、科学家。他曾到中国进行过考察，在1877年出版的《中国——亲身旅行和研究成果》（China: The Results of My Travels and the Studies Based Thereon）著作中首次提出"丝绸之路"概念，后逐渐被国际学术界所接受。

新的合作模式，共同建设"丝绸之路经济带"。他指出，"我们可以通过以点带面，从线到片的方式，密切欧亚各国经济联系，深化合作，开拓发展空间，逐步形成从中国、中亚到西亚及欧洲的区域大合作，共同建设'丝绸之路经济带'。"①

2013年10月3日，习近平主席在印度尼西亚国会发表题为《携手建设中国—东盟命运共同体》的重要演讲时表示："中国致力于加强同东盟国家互联互通建设，倡议筹建亚洲基础设施投资银行，愿同东盟国家发展好海洋合作伙伴关系，共同建设21世纪'海上丝绸之路'"。"中国愿支持东盟国家文化、教育、卫生、医疗等领域事业发展，倡议将2014年确定为中国—东盟文化交流年"。② 国家主席习近平先后提出共建"丝绸之路经济带"和"21世纪海上丝绸之路"（以下简称"一带一路"）的重大倡议，强调相关各国要打造互利共赢的"利益共同体"和共同发展繁荣的"命运共同体"。

2013年9月3日，国务院总理李克强参加了第十届中国—东盟博览会和中国—东盟商务与投资峰会，并在参观中国—东盟博览会展馆时强调，"铺就面向东盟的海上丝绸之路，打造带动腹地发展的战略支点"。

2013年11月12日，党的十八届三中全会审议通过的《中共中央关于全面深化改革若干重大问题的决定》，明确指出，"推进'丝绸之路经济带'海上丝绸之路，建设，形成全方位开放新格局"，③进一步明确了"丝绸之路经济带"、海上丝绸之路建设将成为我国未来对外开放的重点内容之一。

2014年11月10—11日，亚太经济合作组织（APEC）第二十二次领导人非正式会议在北京召开，会议主题是：共建面向未来的亚太

---

① 习近平：《弘扬人民友谊 共创美好未来——习近平在纳扎尔巴耶夫大学的演讲》，《人民日报》（海外版）2013年9月9日第1版。
② 习近平：《携手建设中国—东盟命运共同体——在印度尼西亚国会的演讲》，《人民日报》2013年10月4日第1版。
③ 《中共中央关于全面深化改革若干重大问题的决定》，《人民日报》2013年11月16日第1版。

伙伴关系。会议通过的《北京纲领：构建融合、创新、互联的亚太——亚太经合组织领导人宣言》，对于加强亚太地区全方位基础设施与互联互通建设，促进亚太地区经济改革与创新发展，推动区域经济一体化具有划时代的意义。①《宣言》提出，"鼓励各经济体采取更加便利的移民政策，进一步增加学生、研究人员和教育提供者三方面人员流动性，促进亚太经合组织跨境教育的倡议和活动"。"鼓励人员交流，利用网上资源和创新学习实践，推进虚拟学术交流卡"。

2015年3月26日，在博鳌亚洲论坛2015年年会上，国家主席习近平围绕"亚洲新未来：迈向命运共同体"年会主题做主旨演讲，提出"一带一路"建设秉持共商、共建、共享原则，中国愿同所有周边国家商签睦邻友好合作条约，为双边关系发展和地区繁荣稳定提供有力保障。

2015年3月28日，为了加强不同文明交流互鉴，传承和弘扬丝路精神，打造开放、包容、均衡、普惠的区域经济合作架构，促进与亚欧非及世界各国的互利合作，经国务院授权，国家发展改革委员会、外交部、商务部联合发布了《推动共建"丝绸之路经济带"和21世纪海上丝绸之路的愿景与行动》。该文件指出，"一带一路"贯穿亚欧非大陆，陆上以沿线中心城市为支撑，以重点经贸产业园区为合作平台，重点畅通中国经中亚、俄罗斯至欧洲的通道；海上以重点港口为节点，重点畅通中国沿海港口过南海到印度洋延伸至欧洲的通道。②

2015年12月5日，中非合作论坛约翰内斯堡峰会在南非举行，峰会围绕"中非携手并进：合作共赢、共同发展"这一主题，对中非关系发展和各领域务实合作进行了全面规划，共同审议通过《中非合作论坛约翰内斯堡峰会宣言》和《中非合作论坛——约翰内斯堡行动计划（2016—2018）》两个峰会成果文件。峰会提出将非洲梦同中国

---

① 习近平：《倡导推进区域经济一体化　共建互信、包容、合作、共赢的亚太伙伴关系》，《人民日报》2014年11月12日第1版。
② 国家发展改革委、外交部、商务部：《推动共建"丝绸之路经济带"和21世纪海上丝绸之路的愿景与行动》。

梦有效对接，欢迎非洲国家积极参与"一带一路"建设，提高非洲互联互通水平，助推非洲实现非盟《2063年议程》目标，共同打造中非命运共同体。①

2016年9月4—5日，二十国集团领导人第十一次峰会在杭州举办，峰会主题为：构建创新、活力、联动、包容的世界经济。围绕杭州峰会主题，二十国集团领导人就加强宏观政策协调、创新增长方式，更高效的全球经济金融治理，强劲的国际贸易和投资，包容和联动式发展，影响世界经济的其他突出问题等议题展开了讨论。会议通过了《二十国集团领导人杭州峰会公报》《二十国集团创新增长蓝图》，发起《全球基础设施互联互通联盟倡议》。习近平主席主持开幕式、闭幕式，系统阐述了以平等为基础、以开放为导向、以合作为动力、以共享为目标的全球经济治理观，为全球治理体系改革描绘了"中国路线图"。二十国集团领导人第十一次峰会的成功举办，有助于我国参与全球经济治理进程，发挥国际影响力，促进G20与"一带一路"的对接，并且助推中国"十三五"规划的实施。

2017年5月14—15日，"一带一路"国际合作高峰论坛在北京举行，习近平主席出席开幕式并发表题为《携手推进"一带一路"建设》的主旨演讲，强调坚持以和平合作、开放包容、互学互鉴、互利共赢为核心的丝路精神，携手推动"一带一路"建设行稳致远，将"一带一路"建成和平、繁荣、开放、创新、文明之路，迈向更加美好的明天。

（三）"丝绸之路经济带"建设的战略意蕴

从古丝绸之路的产生，到建设"丝绸之路经济带"倡议的提出，"丝绸之路经济带"建设，是实现中国和平崛起目标的重大战略举措，是中国民族复兴的客观需要和应有担当，蕴含深刻的发展内涵，凸显深远的战略意义。

进入21世纪以来，随着冷战的结束，全球化进程加速，特别是

---

① 《北京纲领：构建融合、创新、互联的亚太——亚太经合组织第二十二次领导人非正式会议宣言》，《人民日报》2014年11月12日第3版。

中亚国际战略地位的提升，以美国为首的西方国家在阿富汗、里海等地的利益日渐增多，"丝绸之路"一带成为世界各国竞相争夺的热点地区。古丝绸之路上多条铁路、公路及管道相继投入运营或建设，新亚欧大陆桥物流运输通道建设得到各国的鼎力支持，古丝绸之路重新焕发生机。2000年，我国西部大开发战略的实施，更加凸显了丝绸之路的重要战略地位。丝绸之路的复兴，已然成为历史之必然。为此，西方国家也加强了对丝绸之路战略重要性的研究。美国约翰·霍普金斯大学高等国际研究院中亚高加索研究所弗雷德里克·斯塔尔的《新丝绸之路：大中亚的交通和贸易》、杰弗里·亚特的《东京研讨会：实现新丝绸之路》、安德鲁·库钦斯的《在阿富汗获得成功的关键——现代丝绸之路战略》，以及美国国际战略研究中心罗伯特·D.霍马茨的《美国"新丝绸之路"战略：是什么？走向何方？》[1] 指出，丝绸之路建设对中国能源安全、资源安全能够提供安全保障，有利于扩大安全纵深，消除恐怖主义，化解美国亚太再平衡战略，维护周边稳定；有利于加强中国与沿线国家、地区的经济联系，从而促进和加深其彼此的政治互信，减缓利益冲突，全面深化战略合作，共同打击"三股势力"，为中国西部乃至整个中国提供安全的政治环境和国际环境。同时，有利于增强我国世界经济主导权、话语权，再现中国负责任大国的风范与担当。

当前，从经济发展来看，推进"丝绸之路经济带"建设，有利于促进我国由东部向西部发展战略的梯度转移，推进西部大开发战略的深入实施，实现东西平衡，全面落实协调发展战略理念；有利于解决国内产能过剩，实现产业结构优化升级，加快转变发展方式，推进创新驱动发展；有利于外汇储备更高效益化，人民币国际化，推动亚洲基础设施投资银行、金砖国家开发银行建设，实现贸易畅通，资金融通；有利于对接欧盟容克欧元战略投资计划、俄罗斯欧亚经济联盟战

---

[1] Robert D. Hormats, "The U. S.'s 'New Silk Road' Strategy: What is it? Where is it Headed?", September 29, 2011, http://csis.org/event/uss-new-silk-road-strategy-what-it-where-it-headed.

略、哈萨克斯坦"光明之路"新经济战略、印度尼西亚"全球海洋支点"计划,横贯亚欧非大陆,将活跃的东亚经济圈,发达的欧洲经济圈,以及两者之间发展潜力巨大的广大腹地国家连成一片,形成网络,打造经济合作大走廊、大通道,促进沿线国家、地区经济合作发展。①可以预料,"一带一路"建设成功之日,就是中国复兴崛起之时。

综上所述,按照国家发展改革委员会、外交部、商务部共同发布的《推动共建"丝绸之路经济带"和 21 世纪海上丝绸之路的愿景与行动》文件精神,"一带一路"倡议分为海陆两线、"丝绸之路经济带"和"21 世纪海上丝绸之路"。"丝绸之路经济带"沿线国家共 50 个,依据其地理分布,可分为北线、中线和南线三个区域。北线为中蒙俄经济合作走廊,也称作新亚欧大陆桥,从中国出发,经哈萨克斯坦,穿过俄罗斯南部,再经过乌克兰、白俄罗斯一带,最后经波兰等东欧国家,与西欧相连,主要涵盖中东欧国家,一共 22 个。中线是指中国—中亚—西亚经济合作走廊,从中国出发,经吉尔吉斯斯坦、塔吉克斯坦、乌兹别克斯坦等中亚国家,到土库曼斯坦后,沿着里海沿岸,经土耳其,抵达欧洲,主要涵盖中亚及西亚国家,一共 23 个。南线是中国—中南半岛经济合作走廊,从中国出发,穿过阿富汗、巴基斯坦,经伊朗进入阿拉伯半岛,主要涵盖 5 个南亚国家。②

### 二 高等教育区域合作③

高等教育区域合作,是优化高等教育区域布局结构,加快缩小区域间高等教育差距,促进区域高等教育跨越式发展的基石,是区域政治经济一体化的"外溢"和国家战略发展目标实现的有效途径。高等教育区域合作遵从高等教育规律和教育经济学规律,以社会行动理论、结构功能论、经济地域运动理论、新公共管理理论和委托代理理

---

① Camille Brugier, "China's Way: The New Silk Road", *European Union Institute for Security Studies*, 2014 (14).

② 国家发展改革委、外交部、商务部:《推动共建"丝绸之路经济带"和 21 世纪海上丝绸之路的愿景与行动》。

③ 李化树:《中国—东盟高等教育共同体建设行动框架》,中国社会科学出版社 2017 年版,第 39—43 页。

论等相关理论为指导。坚持多层治理的协调机制，秉持资源共享、优势互补、互利共赢发展理念，着力解决区域合作的内部发展不平衡与外部发展不充分的现实问题，推动高等教育区域发展最优化。

高等教育区域合作，既是高等教育发展的动态行动过程，又是其发展到一定阶段的行动状态。其内涵是指：两个或两个以上的高等院校打破地域和隶属关系的限制，坚持互惠互利、优势互补、利益双赢的原则，按照自然地域的内在联系、民族文化传统以及社会发展需要，①加强互动与合作，整合教育资源，调整教育结构，促进区域高等教育"超常规、跨越式"可持续发展的办学思路与发展模式。高等教育区域合作是顺应世界经济一体化、高等教育国际化潮流，实现高等教育统筹、协调以及均衡发展的必然趋势，有利于实现区域内高等教育资源共享、优势互补、协同发展的目标。

高等教育区域合作涵括四层含义：一是区域高等学校办学模式的选择和服务区域指向的变化；二是强化省级政府决策统筹职能，发挥中心城市辐射带动作用的政策体制变革；三是高等教育与区域经济、社会、政治、文化、生态相适应，互动发展；四是顺应高等教育国际化发展趋势，推进高等教育区域合作，建设高等教育共同体，打造高等教育增长极，提升高等教育质量，增强区域、国家高等教育内生动力，继而推动经济一体化发展。

高等教育区域合作包括四个层次：一是区域内高等院校之间的合作。是同一区域内的合作共同体或教学共同体，同质的高等院校进行联合，实施优质资源共享，降低重复投资的成本，实现"双赢"。二是跨区域高等院校之间的合作。中央政府、地方政府、教育行政部门是区域合作的政策协调者，是主导，而高等院校则是具体措施的实施者，是主体，合作内容包括互补性合作、整合性合作及拓展性合作。三是高等院校与非高等院校组织（政府、科研院所、企业）的合作。主要指产学研合作模式的发展，促进高校知识、技术转化为生产力，

---

① 王鲜萍：《关于高等教育区域合作绩效评价指标体系的探讨》，《江苏高教》2012年第3期。

服务区域经济社会发展。四是跨国家、地区之间的合作。国家元首、政府首脑、相关部门建立多层面、多层次沟通交流、合作协商机制，定期举行会议，研究解决合作事宜，制定合作政策法规，评估合作效益水平，确定下一步合作工作方案。

高等教育区域合作与发展，本质上是承认高校之间的差异而改变合作机制的联合体，为区域社会提供特色教育资源，实现合作与共赢。

高等教育区域合作发展共同体，涵盖了区域合作发展主体、区域合作发展体制、区域合作发展区划、区域合作发展政策、区域合作发展评估等要素，这些要素依据相关原理，按照一定的程序，有效运行运作，继而达成预期的功能目标。

高等教育区域合作发展主体。就其体制而言，区域合作发展存在如下四个相互联系的行为主体：①教育发展者，即对一定区域高等教育合作与发展负主要责任的主体，这自然就是政府，包括地方政府和中央政府。"丝绸之路经济带"高等教育区域合作的主体就是中国政府和经济带国家联盟以及经济带各国政府。②教育投资者，抑或办学者，即投资举办各级各类高等教育机构的主体，主要是政府和个体（企业和个人）。③学校经营者，即承担特定高校教育教学任务的主体，主要是大学校长和教职工。④教育管理者，即对特定区域高等教育发展和运行进行管理的主体，主要是各级政府，包括"丝绸之路经济带"地方政府和中央政府。"丝绸之路经济带"高等教育区域合作的管理者，就是中国政府、经济带国家联盟及经济带国家政府。

在市场经济条件下，政府作为区域合作发展的重要主体，其角色定位是教育合作发展宏观政策的制定者，合作风险防范的调控者，教育经费的提供者。投资区域合作与发展的主体，可以分为政府、个体和社会捐集资者。对中国—东盟高等教育区域合作而言，除了中国政府、经济带国家联盟及经济带国家政府自身努力外，还要争取外部的援助，包括域外国家、国际组织，以及个体援助等。

高等教育区域合作发展体制。所谓区域合作发展体制，是一种体系化的区域合作发展组织制度，是关系到区域合作发展机构设置、隶属关系及职责划分的体系与制度的总称。具体而言，是指区域合作发展的主要责任者及其相互关系，即区域合作发展由谁负责，它们之间的关系怎样。中国—东盟高等教育区域合作发展体制主要有中国、东盟各国各级政府、教育行政部门对区域合作发展的管理体制，区域合作发展组织的管理体制，以及高校自身的管理体制。从宏观层面说，它是政府、社会和高校各要素间的关系运行方式；从微观层面看，它主要包括高校合作办学体制、内部管理体制等。根据政府是区域合作发展的发展者的定义，区域合作发展体制的实质就是确定一定区域的高等教育由哪一级政府或者几级政府负责发展，确定上下级政府之间的关系。在中国—"丝绸之路经济带"沿线国家高等教育区域合作发展过程中，中国、经济带各国政府应当承担主体职责。根据高等教育的层次、类型及区域分布，区域合作发展体制一般存在如下三种模式：

（1）中央政府发展体制。即由中国、"丝绸之路经济带"沿线国家中央政府直接负责中国—"丝绸之路经济带"国家高等教育合作发展，包括确立中国—"丝绸之路经济带"国家高等教育合作发展的目标，制定中国—"丝绸之路经济带"国家高等教育合作发展的政策框架、发展蓝图，加强中国—"丝绸之路经济带"国家高等教育合作发展的评估监督，等等。

（2）地方政府发展体制。即由中国、"丝绸之路经济带"各国地方政府直接负责中国—"丝绸之路经济带"国家高等教育合作发展，包括制定中国—"丝绸之路经济带"国家高等教育合作发展的目标，承担中国—"丝绸之路经济带"国家高等教育合作发展的资金投入，组织中国—"丝绸之路经济带"国家高等教育合作发展的协议协商、会议举办、效益评估，等等。

（3）分级共同发展体制。即按照高等教育的不同层次，由中国、"丝绸之路经济带"各国不同层次的政府在中国、"丝绸之路经济带"国家有关方针、政策的框架内，共同负责中国—"丝绸之路经济带"国家高等教育合作发展。具体而言，即是以一级政府为主，上级政府支持。目前，我国形成了中央和省两级负责，以省为主的高等教育管理体制。我国高等教育管理体制和布局结构发生了深刻变化，初步建立了适应社会主义市场经济体制的高等教育宏观结构和新型高等教育管理体制的框架,为中国—"丝绸之路经济带"国家高等教育合作发展奠定了基础。近年来,高等教育有逐步延伸到市的发展趋势(大多是发展远程高等教育、高等职业教育、高等教育培训),极个别经济发达的县也举办了高等教育。

高等教育区域合作发展规划。区域合作发展规划,包含如下三方面的含义:

(1)按照既定的原则和指标,识别客观存在的区域,划分它们的空间界限,并对各区域的经济社会和高等教育发展的环境进行分析,剖析其优势,查找劣势,分析存在的问题,为区域合作发展规划做好铺垫。对区域进行划分,是实施中国—"丝绸之路经济带"国家高等教育合作发展的前提和基础。一般而言,按照区域的具体条件包括经济社会发展水平和区位因素进行划分。就"丝绸之路经济带"50国而言,大致划分为北线、中线和南线三大区域。就我国而言,大致划分为东部、中部和西部三大区域,三大区域内部还可细分为若干不同的地区。区域划分不一样,其合作的驱动动力就不一样,合作模式的选择也就不一样。

(2)按照一定评价指标体系,依据相关原则、指导思想,对高等教育实践进行划分。高等教育实践的划分,按照实践类型,一般分为普通高等教育、成人高等教育、高等继续教育、电大开放教育和远程网络教育五种。按照办学层次,一般分为研究生教育、大学本科教育、专科教育三个层次。按照高校办学类型,一般分为研究型大学、教学研究型大学、教学型本科院校、高等专科学校和高等职业学校。对高等教育实践进行划分,是为中国—"丝绸之路经济带"国家同类型学校建立战略联盟、推进合作发展提供依据。

(3)根据区域的划分以及高等教育发展的总体要求,对高等教育区域合作发展进行区域间的战略布局规划。这种战略布局规划,是区域生产力发展和高等教育发展的客观需要。高等教育区域合作发展规划的主体,一般而言是政府、企业和大学战略联盟组织,其中,政府的规划最为重要。在我国,目前高等教育由中央和省两级政府进行规划，其中中央政府负责全国高等教育发展的区域总体规划，对中央政府投资的公办高校进行具体的区域布局，对省级政府的省域高等教育发展规划加以指导和把关。相应地，对高等教育区域合作发展，中央政府负责总体宏观规划指导。

本书所指的高等教育区域合作，是指中国—"丝绸之路经济带"国家和区域组织之间、高校校际之间以及高校与其他组织之间，依据区域合作发展主体、区域合作发展体制、区域合作发展规划等要素，通过有效的合作契约，以其特定的战略目标为行动牵引，基于价值认同、身份认同，遵循高等教育合作行动规范，优化高等教育合作行动环境，消除高等教育合作行动障碍，实现高等教育资源最优配置，增强高等教育内生动力、核心竞争力，推进高等教育跨越式发展。

### 三 高等教育共同体[①]

"共同体"一词的英文单词为 Community，其最普遍的意义是"社会"，衍生意义有"居民""地区""区域"等。该词的原义是"团体"，语出拉丁词汇 Communit，意思是"公众团体"。共同体，一般具有三层含义：一是指人们在共同条件下，基于一致的利益驱使所结成的集体。二是由若干国家或者地区，在平等互利、合作共赢原则指导下，为谋求某种共同利益，有可能是"解决问题"，有可能是"使命召唤"，还可能是"随机变量"等，所组成的集体组织，如东盟、欧盟、非盟等。三是在爱情方面，指最具同心力的一个集体。双方具有非常深厚的感情基础。可以做到同声誉，同生死，同生活。任何共同体，就其本质而言，都是利益共同体，这个利益可以是国家利益、民族利益、地区利益，也可以是经济利益、政治利益、文化利益、生态利益，等等。

从社会学视角看，"共同体"一词最早由德国古典社会学家滕尼斯在其著作《共同体与社会——纯粹社会学的基本概念》中提出。滕尼斯将共同体分为血缘共同体、地缘共同体、精神共同体三类。他认

---

[①] 李化树：《中国—东盟高等教育共同体建设行动框架》，中国社会科学出版社2017年版，第35—39页。

为，血缘共同体作为行为的统一体发展、分离为地缘共同体，地缘共同体直接表现为居住在一起，而地缘共同体又发展为精神共同体，作为在相同的方向和意义上的纯粹的相互作用和支配。滕尼斯的"共同体"一词的含义引入中国后，由著名社会学家费孝通等翻译为"社区"，与"社会"一词相对应，"共同体—社会"成为现代性发展的一对常用的变量模式。共同体是一个温馨而舒适的场所，其成员在此彼此信任，相互依赖。然而，共同体不是一个已经获得并分享的世界，而是一个全体成员热切期盼栖息、重新拥有的世界。在这个世界，唯有利益一体化，行动方能一体化。共同体的形成及维系，其制约因素主要有：背景是否一致，目标是否集中，成员是否具有思想独立性，成员之间信息透明度，解散需求是否存在，成员情绪是否稳定，共同体行为所受制约程度，领导人的个人因素，等等。

共同体是一个开放、合作、分享、互助、创造的平台和组织，一般涵括科学共同体、文化共同体、政治共同体、教育共同体，等等。

教育共同体，是政府、学校、企业、社会等以办好教育、提升质量、培养人才为目的，通过制定政策，建立机制，整合资源，协调关系，推进教育改革发展而共同构建的社会组织。教育共同体涵括学习共同体、教学共同体、高等教育共同体等社会组织。在我国，20世纪90年代末期，国内部分著名高校着手合作办学，建设高校教学共同体。1999年，在北京市教委的大力支持下，在1952年院系调整建设的"八大学院"基础上，北京航空航天大学、北京科技大学等13所高校联合成立北京学院路地区高校教学共同体，2002年发展为包括北京师范大学在内的16所高校教学共同体。学院路共同体注重资源共享，强化学生综合素质培养，培育国家急需高素质创新人才，取得了辉煌发展成就。《现代大学教育》2009年第3期徐丹、徐娟撰写的《不为高等教育共同体代言：卡内基高等教育委员会与政策研究理事会的立场及影响》一文，首次使用"高等教育共同体"概念。2010年中国民办教育共同体联盟成立，由全国24个省、自治区、直辖市的303个地市的民办教育行业联盟组建，至今联盟成员已达3500家，形成了国内业界顶尖级的行业组织。2014年4月25日至26日，由应用技术大学（学院）联盟和中国教育国际交流协会主办的产教融合发展战略国际论坛·春季论坛在驻马店举行。会议发布了《驻马店共识》，共同落实国务院常务会议做出"引导部分普通本科高校向应用技术型高校转型"的战略部署，以产教融合发展为主题，探讨"部分地方本科高校转型发展"和"中国特色应用技术大学建设之路"。明确了高校所承担的使命与责任，提出了"统筹规划区域产业转型升级和高校转型发展，推进校企合作，建立地方经济社会与高等教育发展共同体"的战略构想，提出"高等教育发展共同体"概念。

高等教育共同体概念的产生，源于美国科学史和科学哲学家托马斯·库恩关于"科学共同体"定义的提出。高等教育共同体是基于高等教育的特定内涵和特定要求而逐步形成的。在我国，学者们对高等教育共同体还没有一致的释义。高等教育共同体可以描述为：国家、地区、区域之间，以及政府、教育行政部门、学校、企业、社会之间，以办好高等教育，发挥高等教育培养专门人才、推进科学研究、服务经济社会发展、推动文化传承创新功能为目标，通过签署合约，制定政策，建立机制，搭建平台，促进区域高等教育合作，实现高等教育一体化发展而共同构建的社会组织。高等教育共同体一般要签署专门法律政策文件、公约，规范成员合作行为，是具有相同的时代发展背景、模式化思维方式、合作价值认同的政治共同体。它以推进高等教育发展为本，是有着共同的发展利益和价值认同，并努力维护发展共同利益的利益共同体。其成员间通过长期对高等教育事业的参与和投入，达成了改革发展共识，是生死攸关、目标高度统一的命运共同体。高等教育共同体是一个开放、创新、合作、包容、共享的平台，一个社群式的教育生态系统，一个没有域界的教育共同体，一个没有围墙的巨型大学，一个底蕴深厚的文化团体。高等教育共同体的形成与发展，是一个人力资源强国赖以存在的基础和保障。高等教育共同体是以区域高等教育合作为形式的社会组织，具有组织目的性、系统性、有序性、开放性等基本特性。

高等教育共同体是当今世界处于大发展、大变革、大调整时期的必然产物。当今世界多极化、经济全球化、社会信息化、文化多样化深入发展，推进全球治理现代化，构建人类命运共同体，成为中国引领时代潮流的庄严使命。构建人类命运共同体，需要多方面共同努力。加快构建高等教育共同体，深化中国—"丝绸之路经济带"国家高等教育区域合作，增进"丝绸之路经济带"国家互信合作离不开教育这座基石，推进"丝绸之路经济带"国家互利共赢离不开教育这条纽带，推动"丝绸之路经济带"国家交流互鉴离不开教育这座桥梁。"丝绸之路经济带"多数国家仍然是发展中国家，共同的发展阶段、共同的发展诉求，决定了大家在教育特别是高等教育领域有着深入合作的坚实基础。依托"一带一路"倡议，通过政府层面、高校层面和社会层面的教育相互联通、合作交流，携手促进优质教育资源共享，构建"丝绸之路经济带"高等教育共同体，培养具有世界眼光和专业素质的时代新人，为整个经济带的可持续发展提供科学研究和创新技术支撑，推进人类文明的传承与创新，更好地服务于整个亚欧非的经济社会需求，为构建人类命运共同体贡献教育力量，共创人类社会的美好未来。

## 第四节 研究思路与研究方法

本书围绕"丝绸之路经济带"高等教育区域合作发展战略构建的总体目标进行设计，确立其研究的理论依据，厘清研究思路，确定研究方法。

### 一 研究思路

本书的总体思路是，以帕森斯社会行动理论作为研究的分析视角，综合运用文献研究法、比较研究法、历史研究法和案例分析法，坚持历史意识与问题意识的结合，深刻揭示"丝绸之路经济带"高等教育区域合作发展战略设计的基本动因，深入剖析"丝绸之路经济带"高等教育区域合作发展战略设计的行动实践，对"丝绸之路经济带"高等教育区域合作发展战略提出构想，并就"丝绸之路经济带"高等教育区域合作的未来走向进行规划谋划。

具体而言，本书首先对"丝绸之路经济带"高等教育区域合作发展战略设计的理论依据进行阐述，继而从政治、经济、文化、教育和安全多视角对"丝绸之路经济带"高等教育区域合作发展进行宏观背景的战略审视，剖析"丝绸之路经济带"高等教育区域合作发展的行动实践，总结经验教训，着眼长远发展，分别从"丝绸之路经济带"高等教育区域合作发展的基本原则、目标任务、实施内容、战略策略等方面，对"丝绸之路经济带"高等教育区域合作提出战略构想。

进入21世纪，伴随世界经济一体化、政治格局多样化和文化发展多元化，中国积极致力于深化国际合作，推进全球治理改革，建设人类命运共同体。2013年11月9日中国共产党十八届三中全会召开，会议审议通过《中共中央关于全面深化改革若干重大问题的决定》，明确指出，"推进'丝绸之路经济带''海上丝绸之路'建设，形成全方位开放新格局"。① 2015年3月28日，经国务院授权，国家发展改革委员会、外交部、商务部联合发布了《推动共建"丝绸之路经济带"和21世纪海上丝绸之路的愿景与行动》。② 2017年5月14—15日，第一届"一带一路"国际合作高峰论坛在北京举行。论坛以"加强国际合作，共建'一带一路'，实现共赢发展"为主题，共同探讨加强政策和发展战略对接，深化伙伴关系。推进互联互通务实合作，实现联动发展。"一带一路"倡议进入全球合作、协作共赢的崭新阶段。

"一带一路"倡议的提出，迄今已走过五年的发展历程。五年来，全球100多个国家和国际组织积极支持和参与"一带一路"建设，联合国大会、联合国安理会等重要决议也纳入"一带一路"建设内容。"一带一路"建设逐渐从理念转化为行动，从愿景转变为现实，正形成命运相系、利益相融、情感相依的命运共同体、利益共同体和责任共同体。"一带一路"倡议既是中国和平发展的路径选择，也是促进

---

① 《中共中央关于全面深化改革若干重大问题的决定》，《人民日报》2013年11月16日第1版。
② 国家发展改革委、外交部、商务部：《推动共建"丝绸之路经济带"和21世纪海上丝绸之路的愿景与行动》，http://news.xinhuanet.com/world/2015-03/28/c_1114793986.htm。

和实现地区共同发展与繁荣的中国方案。"一带一路"建设以共商、共建、共享为原则，秉持和平合作、开放包容、互学互鉴、互利共赢为核心的丝路精神，通过互联互通、平等合作、互利共赢，开辟区域性、全球性联动发展的新路径，构建多形式平台和伙伴关系网，打造利益深度交融、责任共担的国际关系新格局，实现文明交流互鉴，推动人类社会走向共同发展和进步。

本书正是基于中国"一带一路"倡议的深入实施，从宏观层面，多维理论视角，为"丝绸之路经济带"高等教育区域合作发展提供具有针对性和可行性的战略设计，以促进"丝绸之路经济带"高等教育优质资源的合理流动，推动"丝绸之路经济带"高等教育深化合作，加快发展，为中亚、西亚、南亚以及整个亚欧地区区域政治稳定、地区安全、经济发展、文化繁荣提供人力支撑、智力支持和知识保障。

## 二 研究方法

本书结合宏观与微观背景分析，坚持理论研究与实证分析相结合、定性研究与定量研究相结合，对"丝绸之路经济带"高等教育区域合作发展战略进行规划设计。具体研究方法侧重文献研究法、案例分析法、比较研究法等。

### （一）文献研究法

根据研究目标，对"丝绸之路经济带"高等教育区域合作相关文献进行系统梳理，充分了解国内外有关"一带一路"建设、高等教育区域合作、"丝绸之路经济带"高等教育区域合作、"丝绸之路经济带"高等教育改革发展等研究已经取得的成果，或者已达到的高度，在此基础上产生"丝绸之路经济带"高等教育区域合作发展战略研究命题，设计本书研究技术路线、研究框架。本书文献收集，主要来自互联网、中外文期刊网、联合国开发计划署（UNDP）网站、联合国教科文组织（UNESGO）、经济合作与发展组织（OECD）及世界银行（THE WORLD BANK）、高校图书馆、中国—东盟中心网站、《中国统计年鉴》《中国教育统计年鉴》，检索知网、读秀等数据库，以及查阅各种政策文本等，广泛收集国内外有关"一带一路"建设、高等教育区域合作、"丝绸之路经济带"高等教育区域合作、"丝绸之路经济带"高等教育改革发展等方面的论著、期刊、数据和官方资料,并将英文资料进行翻译。在此基础上,系统整理出"丝绸之路经济带"高等教育区域合作发展的理论依据、体制机制、工作运行和战略架构,以及"丝绸之路经济带"高等教育发展水平、发展环境情况。通过归纳总结、列表分析,对"丝绸之路经济带"高等教育区域合作发展的可行性与必要性进行科学分析与描述,形成有针对性的事实依据和理论依据,为本书做好铺垫。

(二)案例分析法

本书坚持理论与实践相结合,客观地对"丝绸之路经济带"高等教育区域合作的发生、发展、走向进行分析和研究,对区域合作体制机制、政策制度、平台构建作为案例加以描述。具体而言,通过对"丝绸之路经济带"高等教育区域合作的政策制度框架、构建对话合作工作机制、成立区域合作组织团体、搭建合作交流共享平台等进行分析研究,侧重于教育区域合作外部关系协调和内部结构优化研究。外部关系包括"丝绸之路经济带"高等教育与区域社会环境的互动,"丝绸之路经济带"高等教育区域合作的政治、经济、文化、教育和安全战略审视,"丝绸之路经济带"国家各级各类高等教育的协调发展。内部结构包括"丝绸之路经济带"高等教育区域合作的政策制度框架、合作工作机制、合作组织团体、合作交流平台等。通过内外两方面的分析,以增强对"丝绸之路经济带"高等教育区域合作发展的思想认识,提高研究的信度和效度,从而使研究更具有真实性、生动性和丰富性,为本书研究提供辅证,使"丝绸之路经济带"高等教育区域合作的实施策略得以具体化,有助于探讨区域合作在深化"丝绸之路经济带"高等教育合作发展中的影响和作用。

(三)比较研究法

本书基于区域合作的评价标准,对不同区域、不同国家高等教育区域合作、高校战略联盟建设、高等教育共同体构建等进行对比研究,找出其联系和差异,探究其中规律,继而得出科学结论。本书采用比较研究法,就是对同一问题、同一领域在不同国家、地区之间进行比较分析,借鉴别国经验,其他地区的成功实践,构建关于"丝绸之路经济带"高等教育区域合作这一课题的框架。在对中国—东盟高等教育共同体、欧洲联盟高等教育区非洲联盟高等教育空间、美国大学 CIC 战略联盟案例进行分析的基础上，通过对国内外成熟的高等教育区域合作的案例进行数据和文献探讨，开展横向静态性和纵向动态性的对比分析，揭示区域合作的背景，透视其发展历程，剖析其发展动因，总结相关的理论政策和体制机制，结合"丝绸之路经济带"高等教育区域合作现状以及区域分布特点、发展层次水平，探讨"丝绸之路经济带"高等教育区域合作的工作思路、行动框架和战略选择，对推进"丝绸之路经济带"高等教育区域合作提供可操作性实践策略。

（四）政策文本分析法

本课题通过互联网、中外文期刊网、联合国开发计划署（UNDP）网站、联合国教科文组织（UNESGO）、经济合作与发展组织（OECD）及世界银行（THE WORLD BANK）、中国—东盟中心网站等，检索知网、读秀等数据库，收集有关"一带一路"建设、"丝绸之路经济带"高等教育区域合作、"丝绸之路经济带"高等教育改革发展等方面的有效政策文本，综合运用词频分析软件和人工方式提取关键词，采用 CITESPACE 5.0 分析政策文本时间分布、关键词共现网络、高频关键词及其共现关系。基于已经出台的一系列相关法令、协定、办法、条例等政策文本，涵盖宏观层面与"一带一路"相关国际、区域组织的教育合作政策，中观层面与"一带一路"相关国家的教育合作政策，微观层面与"一带一路"相关国家高校的教育合作政策，揭示推进"一带一路"高等教育区域合作的内在逻辑，将政策文本中反映出的推进逻辑与理论分析成果、案例分析发现进行对比，找出存在的不足，提出优化方案，为进一步完善未来的政策路径提供对策建议。

## 第五节 研究意义

在世界多极化、经济全球化、社会信息化、文化多样化深入发展背景下，本书以高等教育区域合作为主线，探究"丝绸之路经济带"

高等教育区域合作发展的战略架构,全方位审视"丝绸之路经济带"高等教育区域合作发展战略设计,揭示高等教育区域合作在深化"丝绸之路经济带"国家战略合作伙伴关系、维护地区安全稳定、推动区域经济一体化中的作用,对于促进"丝绸之路经济带"高等教育交流与合作,提升"丝绸之路经济带"高等教育内生动力、核心竞争力,继而推动中国与欧亚非一体化发展,加快人类命运共同体建设,具有一定的理论指导价值和决策参考意义。

## 一 理论意义

2013年9月、10月,习近平主席先后在哈萨克斯坦和印度尼西亚提出共同建设"丝绸之路经济带"和"21世纪海上丝绸之路"。五年多来,伴随经济全球化的深入发展,"一带一路"倡议落地落实,中国与世界各国、各地区关系不断深化,国际经济合作全面推进。中国与"丝绸之路经济带"沿线国家相互间合作日益密切,合作领域不断扩大,合作层次日益提升,双边合作关系进入一个新的发展阶段。

深化中国与欧亚非合作关系,巩固中国—"丝绸之路经济带"沿线国家关系,建设人类命运共同体、利益共同体、责任共同体,有利于坚定奉行"与邻为善、以邻为伴"的周边外交方针和"睦邻、安邻、富邻"的周边外交政策,全面、深入、持续巩固和加强中国与"丝绸之路经济带"沿线国家之间的战略伙伴关系;有利于推动中国与发展中国家、周边国家的团结合作,提升在国际社会中的话语权、影响力,加快建立国际新秩序,共同应对各种新挑战;有利于推进"丝绸之路经济带"沿线国家在国际事务中不断提高地位,努力发挥平衡协调各方关系的积极作用;有利于进一步促进中国与欧亚非经济一体化发展,提升区域整体竞争力,为区域内各国人民谋求福祉,为世界和平与发展做出新的更大贡献。

当前,逆全球化和贸易保护主义抬头,国际安全局势恶化,自然灾害频繁发生,海上争夺与对抗凸显,全球性两极分化加剧,大国合作竞争关系复杂化,外部环境不稳定、不确定因素增加,地缘政治关系复杂多变,和平与发展受到来自各方面的挑战。如何应对这些挑战,全面落实"一带一路"倡议,巩固"一带一路"倡议五周年成果，强化中国与"丝绸之路经济带"国家教育交流与合作，深化中国与"丝绸之路经济带"国家战略伙伴关系，建设中国与"丝绸之路经济带"高等教育共同体，开拓高等教育合作的新领域，探索高等教育合作新模式，以教育合作为优先方向，将人文交流合作打造成中国—"丝绸之路经济带"国家关系的新支柱；如何将"一带一路"倡议与"丝绸之路经济带"国家发展战略充分对接，积极推进教育、文化等领域的务实合作，强化高等教育动力站、辐射源、人才库独特功能，夯实中国—"丝绸之路经济带"国家深化合作坚实民意根基和人文基础，搭建民心相通桥梁，抓住发展这个最大公约数，造福中国—"丝绸之路经济带"各国人民，让有关国家不断有实实在在的获得感，最大限度求同化异，增信释疑，寻求利益契合点和叠加点，推进合作交流提档升级，永续发展；如何以高等教育合作交流为抓手，加强中国、"丝绸之路经济带"国家不同文明对话，尊重彼此差异，化解中国—"丝绸之路经济带"国家经济发展不平衡、政治体制多元、民族宗教信仰差异大、"三股势力"危害严重等障碍，推动彼此文化认同，价值认知，继而推进财富、资源以及人员的流动，促进不同文明交织交融、交合互鉴和交会共享等，对这些问题做出科学回答，需要新的理论进行指导。因此，对"丝绸之路经济带"高等教育区域合作发展战略的研究，有助于促进区域高等教育理论、战略联盟理论和制度经济学理论的发展，并提供新的研究思路。

在世界经济一体化、文化发展多元化、高等教育国际化的新形势下，我国要实现高等教育普及化，奋力推进高等教育现代化，在切实创新发展理念、继续深化体制机制改革的同时，迫切需要科学处理本土化与国际化关系，学习借鉴国际高等教育发展新范式、新模式。推进"丝绸之路经济带"高等教育区域合作发展，建设"丝绸之路经济带"高等教育共同体，既是高等教育国际化的必然趋势，也是地区发展不平衡的现实需要，更是对接国家"一带一路"倡议、国家主体功能区战略、城乡协调发展战略、西部大开发战略的客观要求。推进高等教育区域合作，有助于认识区域高等教育发展的特殊规律，丰富和发展高等教育的区域化发展理论；有助于通过签署合约，制定政策，建立机制，搭建平台，构建开放、合作、分享、互助、创造的高等教育合作体制机制，促进国际高等教育合作，实现高等教育一体化发展；有助于妥善处理国家之间、地区之间、国际之间高等教育发展的关系，以及做强区域高等教育与建设高等教育强国的关系，以多维视角把握高等教育区域化、国际化发展。开展"丝绸之路经济带"高等教育区域合作发展战略研究，继而探讨我国高等教育区域合作发展，我国与其他国家、地区高等教育合作发展，是对高等教育区域化研究的深化和细化。区域发展成为国家高等教育整体发展的增长极，一体化发展成为国家高等教育国际化发展的增长源，国家之间、地区之间、国际之间如何合作互动，便成为高等教育发展研究的题中应有之义。

## 二 实践意义

高举和平、发展、合作、共赢的旗帜，坚定不移走共同发展、互利共赢的发展道路，推进"一带一路"倡议落地落实，推动建设人类命运共同体，在此背景下对"丝绸之路经济带"高等教育区域合作发展战略进行专题研究，可以为我国统筹区域高等教育交流合作提供决策参考，为推动实现中国高等教育现代化开辟新的路径。

2015年3月28日，国家发展改革委员会、外交部和商务部联合发布《推动共建"丝绸之路经济带"和21世纪海上丝绸之路的愿景与行动》，提出要秉持和平合作、开放包容、互学互鉴、互利共赢的理念，全方位推进务实合作，打造政治互信、经济融合、文化包容的利益共同体、命运共同体和责任共同体。2015年9月28日，习近平主席在第七十届联合国大会发表《携手构建合作共赢新伙伴 同心打造人类命运共同体》的讲话，系统阐述了人类命运共同体的深刻内涵以及实现路径。至此，人类命运共同体理念逐渐为国际社会所广泛接纳、积极拥护。

推进"一带一路"建设是人类命运共同体的重要依托，人类命运共同体是"一带一路"的理想愿景和远大目标。五年来，"一带一路"建设围绕"政策沟通、设施联通、贸易畅通、资金融通、民心相通"，致力于建设中蒙俄、新亚欧大陆桥、中国—中亚—西亚、中国—中南半岛、中巴、孟中印缅六大经济走廊，构建中国—印度洋—非洲—地中海蓝色经济通道，中国—大洋洲—南太平洋蓝色经济通道，以及经北冰洋连接欧洲的蓝色经济通道。

2013年5月，国务院总理李克强访问印度期间，中印共同倡议建设孟中印缅经济走廊，推动中印两个大市场更紧密连接。

2013年9月，国家主席习近平访问哈萨克斯坦，提出共建"丝绸之路经济带"倡议，得到国际社会的积极响应。2014年11月哈萨克斯坦总统提出"光明之路"新经济政策，响应中国"丝绸之路经济带"倡议，并与之相对接。

2013年11月，国务院总理李克强在人民大会堂同欧洲理事会主席范龙佩、欧盟委员会主席巴罗佐共同主持第十六次中国欧盟领导人会晤。双方共同制订《中欧合作2020战略规划》，确定了中欧在和平与安全、繁荣、可持续发展、人文交流等领域加强合作，促进中欧全面战略伙伴关系在未来数年进一步发展的共同目标。

2014年9月，国家主席习近平在出席中俄蒙三国元首会晤时提出把"丝绸之路经济带"同俄罗斯跨欧亚大铁路、蒙古国草原之路倡议进行对接，打造中蒙俄经济走廊。2015年5月，中国与俄罗斯签署《关于"丝绸之路经济带"建设和欧亚经济联盟建设对接合作的联合声明》，宣布启动中国与欧亚经济联盟经贸合作方面的协定谈判。

2015年12月，中国入股欧洲复兴开发银行，中国"一带一路"倡议与"容克投资计划"实现对接，有力地推动了中欧双边展开务实合作，扩大利益融合。数据显示，2017年1月至8月，中欧的双边贸易额达到了3960亿美元，同比增长了10.9%。截至2017年8月，中国累计对欧盟投资达到763亿美元，欧盟累计对华投资1180亿美元。

2015年12月，中非合作论坛约翰内斯堡峰会暨第六届部长级会议签署《中非合作论坛约翰内斯堡峰会宣言》，通过《中非合作论坛——约翰内斯堡行动计划（2016—2018年）》。非盟欢迎中国推进"21世纪海上丝绸之路"，中非双方将推进蓝色经济互利合作，携手推动"一带一路"倡议同非洲联盟《2063年议程》对接，加强人文交流合作，实施"中非高校20+20合作计划"，实现双方振兴与复兴的伟大愿景。据统计，2017年中非贸易额超过1700亿美元，中非贸易占非洲对外贸易的比重约20%，中国对非投资存量总额超过400亿美元。

2017年5月以"加强国际合作，实现共赢发展"为主题的"一带一路"国际合作高峰论坛在北京举行，论坛全面总结了"一带一路"建设的积极进展，共商下一阶段重要合作举措。国家主席习近平宣布启动"一带一路"科技创新行动计划，开展科技人文交流、共建联合实验室、科技园区合作、技术转移4项行动。

五年来，"一带一路"建设从理念转化为行动，从愿景转变为现实，建设成果丰硕。全球100多个国家和国际组织共同参与，88个国家和国际组织与中国签署103份合作文件，形成广泛国际合作共识。联合国大会、安理会、联合国亚太经社会、亚太经合组织、亚欧会议、大湄公河次区域合作等有关决议或文件都纳入或体现了"一带一路"建设内容。政策和规划对接不断强化，一批重大项目取得早期收获，贸易与产能投资合作不断深化，金融服务领域合作得到加强，人文交流逐步扩大。截至2017年，中国在"丝绸之路经济带"亚洲国家建立了20所孔子学院，欧洲国家建立了16所孔子学院，并在北京设立了国际丝绸之路科学院。"一带一路"建设，已成为各方积极参与推进的重要事业，为增进各国民众福祉提供了新的发展机遇。

当前世界局势面临着前所未有的挑战，粮食短缺、资源匮乏、气候变暖、网络攻击、人口爆炸、移民泛滥、环境污染、恐怖主义盛行等全球非传统安全问题不断涌现。如何推动全球治理体制深化改革，如何在新的世界格局下寻找各国利益的最大公约数，如何夯实各国合作交流的人文根基、民意基础，成为当务之急。共筑"丝绸之路"，建设人类命运共同体，符合世界人民的期望，顺应世界发展潮流，是中国梦与世界梦衔接、中国发展同沿线各国发展结合的"中国方案"。

2017年是中国欧盟领导人会晤机制建立19周年和中国欧盟全面战略伙伴关系建立14周年，是新中国与非洲国家开启外交关系67周年。中欧双方愿本着相互尊重、平等互信和互惠互利的原则，全面落实《中欧合作2020战略规划》，继续深化和平、增长、改革、文明四大伙伴关系。中非愿本着共商共建共享的原则，2018年9月在北京共同举办中非合作论坛峰会，深化中非全面战略合作伙伴关系，在更高水平上实现中非合作共赢、共同发展，促进南南合作和全球伙伴关系发展，为世界和平、稳定与发展注入正能量。中欧、中非致力于深化互信，聚焦合作，交流活动异彩纷呈，合作关系全面深化。中国与"丝绸之路经济带"沿线国家关系迎来提质升级新机遇。中国愿同"丝绸之路经济带"沿线国家一道，进一步加强政策沟通、战略对接和务实合作，以教育合作为优先方向，深化政策沟通、道路联通、贸易畅通、货币流通、民心相通等全方位合作，落实好中欧、中非行动计划，将人文交流合作打造成双边关系的新支柱，夯实民意和社会基础，为中欧、中非合作注入新动力，创造新机遇。

推动中国和"丝绸之路经济带"沿线国家共建丝绸之路，推进实施中国—欧盟、中国—非盟命运共同体，将为中国—欧盟、中国—非盟战略合作带来新的机遇。在此背景下探讨"丝绸之路经济带"高等教育区域合作发展战略，深化对中国—欧盟、中国—非盟高等教育区域合作的认识，有助于推进我国与周边国家、地区立足双方优势特色，强化高等教育区域合作，充分发挥高等教育的溢出效应和倍增作用，极大地增进沿线国家对"丝绸之路经济带"建设的认同感、归属感，进而增进各类人员的区域流动，增强"丝绸之路经济带"高等教育的整体实力，提高"丝绸之路经济带"高等教育的国际竞争力和吸引力。因此，本书通过对"丝绸之路经济带"高等教育区域合作发展战略设计的探讨，在尊重经济带各国、各地区地域特点、文化传统、宗教信仰的基础上，加强与欧盟、非盟等周边地区的合作，探索"南—南"区域高等教育合作与发展的新模式，为世界其他地区、国家高等教育合作提供范例，对进一步落实《国家中长期教育改革和发展规划纲要（2010—2020年）》所确定的"扩大教育开放"目标，深入实施《关于深化教育体制机制改革的意见》，全面启动《中国教育现代化2035》，努力推进我国高等教育现代化，具有十分突出的现实意义。

# 第二章 "丝绸之路经济带"高等教育区域合作：理论基础与分析框架

现代结构功能主义创始人塔尔科特·帕森斯认为，社会行动是主体朝向目标的动作，其基本特征是具有目标导向性、意志性和规范性。人类命运共同体理论应新时代发展所需，抛弃以往所有"联盟"形式的排他性、对立性，确立了"和平、发展、公平、正义、民主、自由"的理念，主张人类个体、国家主体与命运共同体相互承认、相互包容，全体成员命运与共、合作共赢。20世纪末经济全球化所催生的战略联盟理论认为，企业联盟的基本逻辑是战略需要与社会机会。促进企业资源交换与共享，实现资源价值的最大化，使企业保持竞争优势地位。推进"丝绸之路经济带"高等教育区域合作，建设"丝绸之路经济带"高等教育共同体，正是经济带沿线国家以塔尔科特·帕森斯的社会行动理论、人类命运共同体理论、战略联盟理论等为观照，基于价值认同、文化认同，互利合作，资源共享，朝向既定目标的单元行动、社会团体行动和社会共同体行动。它契合了当今世界发展到新的历史阶段多边主义的时代大势，回应了现实社会发展困境对新的发展模式的呼唤与诉求。社会行动理论、人类命运共同体理论和战略联盟理论不仅为我们分析"丝绸之路经济带"高等教育区域合作提供了新的视角，也为设计经济带等教育区域合作发展战略提供了新的可能与思路。

## 第一节 高等教育区域合作的理论依据

当今世界，伴随区块链、大数据、人工智能的迅猛发展，国家与国家之间、地区与地区之间相互依赖的程度不断加深，世界进入一个互联互通，你中有我、我中有你的世界。国际规则制定、全球事务治理、世界命运掌管，需要各国携手合作，提出治理方案，谋划治理行动。塔尔科特·帕森斯社会行动理论、人类命运共同体理论、战略联盟理论等，突出强调在全球化进程中，社会团体行动要秉持共同价值理念，遵循行动规则合约，完善行动体制机制。社会团体行动过程，是一个基于共同利益的自主利益者使用共同的规则、规范和结构，对共同面对的问题作出行为或者决定而进行互动的过程。塔尔科特·帕森斯社会行动理论、人类命运共同体理论、战略联盟理论等，为推进"丝绸之路经济带"高等教育区域合作、推动共建"丝绸之路经济带"高等教育共同体提供了理论依据。

## 一　塔尔科特·帕森斯社会行动理论：目标、手段、条件、规范

在20世纪的社会学思想家中，塔尔科特·帕森斯是一位为人仰慕却也为人所争论的思想家。塔尔科特·帕森斯的理论经历了20世纪70年代的质疑——20世纪80年代中期的复兴——至今新功能主义的巨大影响，其依旧熠熠生辉，并焕发出日益强大的生命力。

### （一）塔尔科特·帕森斯理论的缘起

美国早期的社会学主要是通过数据收集和相关的经验材料来解决社会现实问题，其实质是移植的名家辈出的欧洲的理论。这些舶来的理论，不仅难以用统一的理论解释很多社会现象，更造成了彼此间的冲突。国外的意识形态和社会思潮所带来的冲击，使美国社会学陷入了困境，为了改造其面貌，学者开始了一场向本土化发展的探索之旅。

20世纪40—50年代，美国社会动荡不安、阶级矛盾尖锐，为了维护社会稳定以及现有的行为规范和生活模式，避免发生冲突或损耗，实现个人与社会的和谐共生，社会学家试图从理论上寻找问题解决的答案。

应时代变革之需，1937年塔尔科特·帕森斯（T. Parsons）的《社会行动的结构》（以下简称《结构》）问世，提出了"唯意志论的行动理论"。此书的出版对现代社会学理论意义之大，影响之远，被看作是现代社会学理论的第一次综合，以至于后来美国出现的所有的

社会学分支理论都与此书相关联,并最终形成了具有重要影响力的功能分析主义学派。然而,随着20世纪60年代全球局势的动荡,塔尔科特·帕森斯的理论已越来越难解释出现的社会现实问题,逐渐受到民众的质疑和批评。20世纪70年代"谁还在读塔尔科特·帕森斯"甚嚣尘上,《结构》一书被人们所冷落。而到80年代中期,随着新功能主义的快速发展,人们又重燃了对塔尔科特·帕森斯理论的探索,并深究其意义,使其再次迸发出强大的生命力。

(二)唯意志论行动理论的理路

第一次世界大战之后,随着社会学奠基者涂尔干、韦伯和齐美尔相继离世,欧洲的社会学遭受了巨大冲击,欧洲社会的知识分子对古典社会学乐观主义信念彻底失去信心,转而投向或激进或虚无的哲学思潮,由此,社会学发展的中心发生转移,由欧洲大陆向美国发展。然而,此时的美国社会学正遭受到社会达尔文主义残余思想和本能主义理论、实用主义的个人主义形式以及持续的反哲学偏见的困扰。到20世纪30年代,西方社会动荡不安、社会矛盾尖锐并陷入严重的经济危机之中,西方盛行的自由主义意识形态和理论体系所暴露出来的弊端,已难以调和社会的各种矛盾,对社会秩序的规范更显得无能为力。为此,为了变革美国社会学的面貌,塔尔科特·帕森斯阐发一种与功利主义不同的,能够对当时所处时代出现的严重社会危机做出合理解释的新型自由主义理论体系。①

塔尔科特·帕森斯认为,这门抽象理论新体系的创立,其最大的功用在于如何解释现代工业社会性质及其经济秩序问题。他提出,其一,社会学是一门关于秩序问题的科学,即探寻是什么使社会整合在一起?其二,对社会行动分析是解决秩序问题的前提。因而,必须保持行动的基本自由,这是避免霍布斯利维坦式解决方法的有效方式,即所谓的"唯意志论"。②

---

① 吕付华:《社会秩序如何可能:试论塔尔科特·帕森斯社会秩序理论的逻辑与意义》,《甘肃行政学院学报》2012年第6期。
② [美]亚历山大:《新功能主义及其后》,彭牧、史建华、杨渝东译,译林出版社2003年版。

为此，塔尔科特·帕森斯以韦伯的理论为基础，以"分析实在论"为理论框架，以目的论理性行动结构模式为基本单元，同时引入迪尔凯姆在《社会分工论》中相关观点，从规范主义的立场来解决社会秩序问题。①

塔尔科特·帕森斯通过深入考察构成社会行动的各要素，对以往理论进行了批评和综合，并提出单元行动是所有社会行动的基本单位。在其分析框架中，行动单元都可以分解为以下要素：一是目标，行动者根据所处情景设定行动目标，再选择和运用适当的手段或方式来实现这些目标，即他们所希望达到的预期状态，社会文化的价值观念体系的形成是其终极目标，该体系主要由社会成员共有的信仰构成；二是手段，在情境状态中，行动者能够控制利用的、促成目标实现的工具性要素，同一目标可以通过多种不同的手段和方式实现；三是条件，指情境状态中，行动者难以控制和改变的一些阻碍目标实现的客观要素，这些客观要素既有自然物质条件也有社会条件；四是规范取向，即行动者在确立目标、选择手段、实现目标时，他们应遵循的社会标准和行动规则是构成社会秩序的基础。他强调，开展行动研究时必须同时关注以上四个因素。由此，一个前后一致的关于社会行动的概念构架得以成形。②

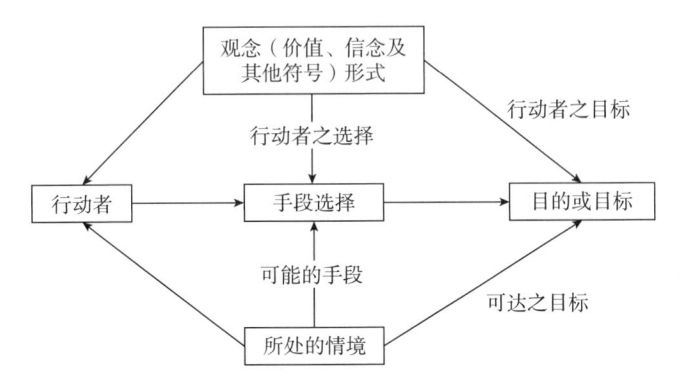

图 2-1 塔尔科特·帕森斯的社会行动框架

---

① 吕付华：《社会秩序如何可能：试论塔尔科特·帕森斯社会秩序理论的逻辑与意义》，《甘肃行政学院学报》2012 年第 6 期。

② 同上。

### (三) 唯意志论行动理论的要义

像塔尔科特·帕森斯在《社会行动的结构》的开头提出，理论在不断进化。自己主要讨论一种具体的理论体系的形成过程。他选取了四位理论家的理论进行探讨。选择的标准是：①同行动理论有关。②他们差不多是同时代的人但彼此之间无直接影响。③四位都是杰出的理论家，声名卓著。[1]

通过对以往行动理论的评析，塔尔科特·帕森斯将其分为三类：功利主义类型、实证主义类型和理想主义类型。他的唯意志理论来自对这三种传统的批判与综合，他试图对社会秩序做出新的解释。

古典经济学的相关理论将功利主义表现得淋漓尽致。它集中讨论了特定行动目标与手段之间的关系，并对能够帮助实现目标的手段进行选择的合理标准。塔尔科特·帕森斯指出功利主义把行动过于简单化，倾全力于目的—手段关系上，对于目的的特性则大体上未加考察。极端的功利主义过于夸大了个人行动，而完全忽视了社会秩序的存在。虽然功利主义存在一些缺陷和不足，但塔尔科特·帕森斯认可功利主义肯定行动者具有选择的自由以及其强调行动的目标导向性的观点。[2]

实证主义的行动模型把行动过程视为一种类似于物理过程的现象，把行动者的主观过程排除在研究范围外，强调情境状态，试图从中发现决定行动的原因。它强调行动过程中的情境状态，包括物质环境、生物遗传因素等。塔尔科特·帕森斯认为，实证主义是一种环境决定论，它过于强调观察结果的因果关系容易导致还原论，且忽略了人类思想的符号功能。因而不能解释社会行动者随意的、有选择的和为目标奋斗的倾向。但塔尔科特·帕森斯接受它通过对现象的客观描述来揭示规律，以及其重视理性法则，关注环境对人们行动选择产生的影响。

---

[1] Arsons T., The Structure of Social Action, New York: Free Press, 1968, p.52.
[2] 张岩:《行动的逻辑:意义及限度:对塔尔科特·帕森斯〈社会行动的结构〉的评析》,《北京邮电大学学报》(社会科学版) 2006 年第 1 期。

理想主义强调主体意志和文化价值，否认对行动进行自然科学式的因果解释。德国是理想主义传统表现最典型的国家，它把共同理想、时代精神和一般价值视为行动的出发点，同时强调行动在表现出该社会文化价值时才会获得意义。塔尔科特·帕森斯认为，它对文化的特殊性和意义性的过分强调，使人们忽视了状态要素所产生的影响和作用。但他认可和接受理想主义传统中价值规范是影响行动的独立变量的观点。①

塔尔科特·帕森斯的唯意志的行动理论，是对功利主义、实证主义和理想主义的有益假定和概念的综合。他的行动理论融合了功利主义的手段—目的结构，韦伯的"行动者自己确定行动的内涵"，涂尔干有关行动道德整合观念，并且受经济学模型启发。他认为应该分析有意义的基本单位，即单位行动。塔尔科特·帕森斯指出："行动在逻辑上包含以下四点：①一个当事人，即行动者。②行动目的，即行动者所要达到的目标。③环境因素，在一定的情景中进行，它包括行动的条件和手段。其中，前者是不可控因素，难以改变；而后者是可控的。④关系形式，这些元素在选择目的的手段时，受到规范约束，它涉及思想、观念、行为取向等"。② 根据这个模式，人们在行动时，他们都有自己的既定目标，展现了人的主观能动性。他宣称个人不可能自发实现他们的目标，行动发生在"情景"之中。由于个人努力的作用，某些被限制的情景因素受到削弱，成为行动者的目标，并变为手段。还有一些不可改变的情景因素成为条件。规范是判断情景的重要标准，人们追求的所有目标都应该是在规范和准则下进行。

塔尔科特·帕森斯"唯意志论行动理论"强调行动者基于既定目标，遵循共同的规范和准则，在"情景"中行动，为"一带一路"倡议的落地落实，特别是"丝绸之路经济带"高等教育区域合作提供了直接的理论依据。首先，塔尔科特·帕森斯"唯意志论行动理论"

---

① 张岩：《行动的逻辑：意义及限度：对塔尔科特·帕森斯〈社会行动的结构〉的评析》，《北京邮电大学学报》（社会科学版）2006 年第 1 期。

② Parsnns T., The Structure of Social Action, New York: Free Press, 1968, p.44.

都是以个体行动者的单位行动为出发点进行分析的,它预设了人们最基本的行动要在特定的情景中进行的行动取向来分析。由此,推进"丝绸之路经济带"高等教育区域合作,建设"丝绸之路经济带"高等教育共同体,是世界经济一体化外溢的特定情景所产生的结果。其次,塔尔科特·帕森斯"唯意志论行动理论"预设众多行动者的行动只能在相互承认的规范中进行有效调节。因此,推进"丝绸之路经济带"高等教育区域合作,必须制定经济带沿线国家高等教育合作规则、合约,建立健全相关政策制度,为高等教育区域合作提供政策保障。最后,塔尔科特·帕森斯指出,社会秩序存在的可能,在于行动者为意义奋斗以趋向得到共同承认的价值规范,进而通过价值内化,实现社会整合。① "丝绸之路经济带"高等教育区域合作,是经济带经济一体化不断扩展所产生的结果,合作共建"丝绸之路经济带"高等教育共同体,有助于加强经济带沿线国家的区域认同感、文化认同感和价值认同感,进而促进"丝绸之路经济带"区域社会一体化,推动共建经济带命运共同体。

## 二 人类命运共同体理论:信任、平等、价值、正义

共同体是一个西方政治哲学的传统概念,在人类思想发展的历史进程中,哲学家从理性主义和人本主义角度出发对共同体概念进行了深刻阐释。其中,马克思从关注人的交往关系、人的生存状况现实出发,在唯物史观的宏大背景下构筑起了独具特色的社会共同体思想,对构建人类未来社会形态进行了积极思考。党的十九大根据时代大势对马克思社会共同体理论和中国古代共同体思想做了创造性发展,形成了新时代人类命运共同体思想。人类命运共同体思想超越了传统的共同体发展理念,为构建新型国际关系提供了新的理论指导,为推进"丝绸之路经济带"高等教育区域合作、合作共建"丝绸之路经济带"高等教育共同体提供了理论遵循。

（一）共同体的哲学意蕴

"共同体"一词,源于古希腊语 koinonia,最原始的意思指在人们

---

① Burger Thomas, Talcott Parsons, the Problem of Order in Society, and the Program of an Analytical Sociology, American Journal of Sociology, 1977 (2).

联合、联系的基础上形成的群落、集团、团体或联盟。伴随人类思想史的发展，共同体已然成为一个历史哲学、政治学、社会学、文化学的共用概念。

马克思之前思想家对共同体的认识，都是基于人与人之间的传统关系所产生的，他们突出强调共同体的政治性和道德性。这种传统的共同体思想经由柏拉图到黑格尔，大致可以分为古典共同体理论、契约共同体理论和伦理共同体理论。

1. 城邦共同体思想

城邦共同体思想创立于古希腊，柏拉图是其典型代表。柏拉图在《理想国》中，明确将城邦视为共同体，城邦内部成员作为整体的部分，为城邦共同体利益而各尽所能。柏拉图认为，理想的城邦共同体财产公有，男女应该是平等的关系。同时，他又指出，共同体内部也是按照哲学王、武士和贫民区分等级的，他们各司其职，进而以确保共同体的秩序。柏拉图的共同体思想，突出强调共同体的同一性，部分从属于整体，整体利益至上，个人自由和发展完全被置于共同体之中。

亚里士多德在其《政治学》著作中开篇指出："所有城邦都是某种共同体，所有共同体都是为着某种善而建立的。这种共同体就是所谓的城邦或政治共同体"。① 亚里士多德认为："当多个村落为了满足生活需要，以及为了生活得美好结成一个完全的共同体，大到足以自足或近于自足时，城邦就产生了。如果早期的共同体形式是自然的，那么城邦也是自然的了"。② 亚里士多德认为，城邦共同体是一个自然形成的过程，将家庭、部落也视为自然形成的共同体。亚里士多德强调，城邦的秩序是在多样性上的统一。

随着罗马的崛起，出现了贵族等级的划分和种族利益的斗争，基于善的原则建立起来的城邦共同体逐渐趋于衰落和解体。借此，斯多

---

① 亚里士多德：《政治学》，颜一、秦典华译，中国人民大学出版社2003年版，第3页。

② 同上书，第5页。

葛学派的代表人物西塞罗将人的理性和现实的国家法律结合起来，提出以自然法为基础，同罗马法相结合，建立以维系人与人之间相互关系的法的共同体。罗马衰落之后，宗教开始盛行，在此背景下，共同体概念又逐渐蒙上了浓郁的神学色彩，演变成"宗教共同体"。

综上所述，城邦共同体思想从古希腊开始，多是从自然人的状态出发进行阐释，不仅限于从地域空间视角加以界定，首先它就包含着明显的道德价值指向，凸显其鲜明的道德至善性、整体至上性和城邦政治性，表现出一定的虚幻性和空想性。

2. 契约共同体理论

到了近代，伴随个人意识的凸显，以道德至善为根基的城邦共同体理论逐步向以自由意志为根基的契约共同体理论转化。以霍布斯、洛克、卢梭等为代表的资产阶级启蒙思想家开始从公共意志出发阐释共同体概念。

霍布斯认为，共同体是人们通过达成一定的契约并让渡相应的个人权利而建立起来的"政治机构"，它既具有政治性也兼有道德性。霍布斯提出，国家的生成是公共意志的集中体现，国家是"通过若干人的协议被看成是他们大家的意志"建立起来的，"它可以为共同的和平和防卫而运用他们的力量和资源"。[①]

卢梭反对亚里士多德的自然主义共同体思想，他认为共同体不可能依靠由家庭和村落的自然发展形成，维系共同体的根基并不是古希腊城邦共同体理论中的对至善的追求和人的天性，是依据公共意志达成社会契约，是人的理智使然。卢梭提出，社会关系的建立运行是在订立契约的过程中，社会成员自发、自愿地对自身本质利益的考虑和权衡而进行的，共同体是人们出于自保、生存、发展而作出的理性选择，社会共同体的形成就是订立契约。卢梭在肯定共同体的整体性基础之上，关注个人的权利和自由，人与人之间的平等关系得到承认，展现其契约共同体理论的进步性。在《社会契约论》中，卢梭谈道："要寻找出一种结合的形式，使它能以全部共同的力量来护卫和保障

---

[①] 霍布斯：《论公民》，应星、冯克利译，贵州人民出版社2003年版，第5页。

每个结合着的人身和财富,并且由于这一结合而使每一个与全体相联合的个人又只不过是在服从其本人,并且仍然像以往一样地自由。"①

3. 伦理共同体理论

黑格尔将理性主义的原则直接贯彻到作为客观精神环节的政治哲学思想之中,提出伦理精神共同体思想。他把共同体思想与国家联系起来阐释,指出国家是"绝对精神遵循严格理性安排而生成的自由的共同体",是人为追求自由的必然产物,个人是国家即共同体的成员,离开了国家的个人,单个成员就失去了"客观性、真理性和伦理性"。② 黑格尔将客观精神分为抽象法、道德和伦理三个环节,家庭、市民社会、国家三个伦理实体构成的共同体得以维系不能单单依靠道德法则,共同体只有在道德、制度、法律、风俗等构成的伦理理念中才能成立并得到维系,共同体就是伦理精神的实体化。

从上述对共同体的简要追溯可以看出,在对共同体建构的历史进程中,西方哲学家的共同体思想内在地表现出两条潜在逻辑主线:一条是理性主义,另一条是人本主义。两条主线都存在着某种不合理性或缺陷,但他们的共同体思想是深刻的,其影响是深远的,为后来共同体思想的发展奠定了思想基点,为今天合作共建"丝绸之路经济带"高等教育共同体提供了营养。首先,个人是存在于共同体之中的,个人离不开共同体。在世界经济一体化、高等教育集群化发展的宏观背景下,合作共建"丝绸之路经济带"高等教育共同体,"丝绸之路经济带"沿线国家和地区基于共同的价值认同,互联互通,合作共赢,你中有我,我中有你,这是世界经济一体化外溢所产生的结果。其次,在不同的历史阶段,共同体所表现的形式是不同的。推进"丝绸之路经济带"高等教育区域合作,合作共建"丝绸之路经济带"高等教育共同体,需要整体谋划,顶层设计,由近而远,由小而大,多形式、多路径实施三步走合作战略。最后,共同体的组成或建立,都是以人为动机的。"丝绸之路经济带"高等教育共同体建设,

---

① 卢梭:《社会契约论》,何兆武译,商务印书馆2003年版,第14页。
② 黑格尔:《黑格尔法哲学原理》,贺麟等译,商务印书馆1961年版,第254页。

是"丝绸之路经济带"命运共同体建设的重要内容，是"丝绸之路经济带"经济一体化发展的结果，由此，推进"丝绸之路经济带"高等教育区域合作，有助于增强沿线国家人民的区域认同、价值认同，进而促进"丝绸之路经济带"经济社会一体化发展。

（二）马克思社会共同体思想

马克思批判地吸收了费尔巴哈和赫斯的共同体思想，超越了传统理想主义的不现实性，从关注人与人的关系、人与共同体（社会）之间的关系出发，关注现实的人和人的发展需要，形成了具有普遍指导意义的社会共同体思想。马克思的共同体范畴就是一种"关系实体"，即把人与人联系、联合在一个共同关系中的社会纽带和中介。人的社会性决定了人不能脱离社会而存在，人只有在各种社会关系中才能实现人的需要，因而人只能生存在共同体中，共同体是人类存在的基本方式。马克思把人的自由与发展作为共同体发展的逻辑主线，不同时期共同体的表现形式与人的发展程度紧密相关。① 在《政治经济学批判（1857—1858年手稿）》中，马克思根据社会关系把人的发展划分为"人的依赖关系—人的独立性—自由个性"三个阶段，与此相适应，共同体也经历了由"天然的共同体""虚伪的共同体"到"真正的共同体"即"自由人的联合体"的嬗变。马克思认为，有且只有到"真正的共同体"中，人才能实现人自身的解放，获得自由而全面的发展。马克思共同体思想深深扎根于现实的共同体的历史发展轨迹中，展现其客观历史性。

18世纪末19世纪初，伴随工业革命的兴起，人类进入到以形式上的自由平等为标志的现代社会，并出现以韦伯、涂尔干、鲍曼、麦金太尔、桑德尔等为代表的共同体主义同以罗尔斯的社会正义理论为代表的新自由主义的论争。共同体主义认为，共同体是与现代社会相对立的，它是传统的，同时也是理想的。理想的共同体，具有普遍的价值认同，当个人与整体发生冲突时，总是通过对个体需求的有效回

---

① 马克思、恩格斯：《马克思恩格斯文集》第1卷，人民出版社2009年版，第520—521页。

应而予以平衡。因此，共同体成员关系和谐，相互认同和信任。共同体不只是维系人与人之间关系的伦理基础，更是人的存在根基。个人只有具有他所生活于其中的共同体的价值观念、文化习惯和制度规定，才能生成一个具体现实的人。共同体主义理论大多停留在社会学和伦理学层面，把共同体的存在和意义完全建立在了人的存在论的基础之上，并没有跳出马克思关于共同体的根本立场。从某种意义上说，共同体主义思想其实都是对马克思共同体理论的一种对话和继承。

从马克思主义的共同体思想，到当代共同体主义思想，共同体理论为人类社会思想发展提供了宝贵的养料，也为当前构建"丝绸之路经济带"高等教育共同体提供了丰富借鉴。首先，共同体必须建立在成员之间相互承认的平等关系之上。合作共建"丝绸之路经济带"高等教育共同体，必须坚持共商共建共享原则，基于文化认同、价值认同，建立在对其他民族、其他国家地区的承认与尊重之上，实现互利互惠，合作共赢。其次，共同体具有价值指向意蕴，只有统一的价值共识才会作出统一的共同行动。构建"丝绸之路经济带"高等教育共同体，必须高扬安全、平衡、发展、文明的全人类普遍价值追求的旗帜，并对这些具有普遍意义的价值进行有效整合，才能真正感召和带领"丝绸之路经济带"沿线国家、地区形成更高层次的高等教育合作，发起有效的共同行动。最后，共同体的维系绝不能依靠单一的工具理性来实现，以利益交换为准则的合作绝不会形成真正的共同体。构建"丝绸之路经济带"高等教育共同体，需要更加全面的"关系理性"，增信释疑，化解信任赤字，达成合作各方共同发展的有效共识。

（三）人类命运共同体理论

马克思共同体理论为人类共同的生存和发展提供了通向"真实的共同体"的理论遵循，而人类命运共同体正是以此方向牵引迈出的现实性步伐。人类命运共同体理论的产生，它契合了当今世界历史发展到新的历史境遇的世界形势，回应了现实的社会发展困境对新的科学理论的呼唤与诉求。

在党的十九大报告中，习近平总书记指出："世界正处于大发展大变革大调整时期""我们生活的世界充满希望，也充满挑战。"① 和平与发展的时代主题使世界各国发展前景一片光明，但世界不稳定性、不确定性的因素依然突出。经济、政治、安全、生态等全球性问题需要各国紧密联系起来共同应对，团结与合作成为发展趋势，封闭孤立只能拉历史的"倒车"。当今世界，随着全球化的深入发展，人作为主体与世界的联系日益密切，世界历史的发展逐渐把人联合成一个"你中有我，我中有你"的命运共同体。世界多极化、政治一体化、文化多元化快速发展，各民族国家不断加强交流与合作，没有一个国家还能退回到自我封闭的孤岛，各国之间紧密联系成为时代发展的趋势和主流。西方国家特别是美国奉行的"权力政治""零和博弈""文化霸权"的国际关系理念，不仅不符合整个人类历史发展的潮流，而且直接对世界安全埋下隐患。经济增长动能不足，贫富分化日益严重，地区热点问题此起彼伏，恐怖主义、网络安全、重大传染性疾病、气候变化等非传统安全威胁持续蔓延，全球性问题给全球治理提出严峻挑战，而单个人或单个国家的力量难以摆脱现实的发展困境。为此，习近平提出建设"一带一路"的倡议，呼吁各国人民共同努力，构建人类命运共同体，建设一个"持久和平、普遍安全、共同繁荣、开放包容、清洁美丽的世界"。

人类命运共同体理论，是习近平在继承马克思社会共同体理论基础上产生的，是在准确把握新时代人类社会发展特征基础上对马克思社会共同体思想的中国化发展，是对中华优秀传统文化中共同体思想的创造性转化和创新性发展。习近平基于"现实的人的需要"的马克思主义唯物史观，提出了当今世界治理思想。他主张国家不分大小、强弱、贫富一律平等，要坚持走"对话而不对抗、结伴而不结盟的国与国交往新路"。习近平把构建"持久和平、普遍安全的世界"，作为人类命运共同体的基本价值导向。主张抓住和平发展的机遇，各国

---

① 习近平：《决胜全面建成小康社会　夺取新时代中国特色社会主义伟大胜利——在中国共产党第十九次全国代表大会上的报告》，人民出版社2017年版，第58页。

间同舟共济，建立平等协商、相互尊重的合作与交流新模式。坚持"和而不同，兼收并蓄"，尊重文明多样性。在处理人与自然的关系上，习近平指出人与自然是生命共同体，要建设一个"尊崇自然、绿色发展"的生态体系。呼吁世界各国人民共同努力，保护好全人类赖以生存的地球家园。在处理人与人的关系上，习近平坚持以兼顾"人类共同利益和长远利益"的价值原则，主张构建"利益共同体"。在处理人与社会的关系上，习近平提出构建人类命运共同体，主张"文明交流""文明互鉴""文明共存"，建立"开放包容"的文明交流体系。

人类命运共同体理论，抛弃了以往所有"联盟"形式的排他性、对立性，甚至是殖民性，它是对一般意义上的共同体形态的积极超越。人类命运共同体理论确立了"和平、发展、公平、正义、民主、自由"的理念，主张人类个体、国家主体与命运共同体相互承认、相互包容，全体成员命运与共、合作共赢，为正确处理地区、民族、国家关系，实现世界人民共同利益，维护自由发展提供了基本遵循，为世界打牢了"共生、共在、共享、共进"的价值基础。人类命运共同体也是一种利益共同体，在追求平等的经济利益和政治利益基础之上，更加强调价值、责任、安全、发展和情感，更加强调在互谅互信共同发展的基础上，推动全球化朝着均衡、普惠、共赢方向发展。人类命运共同体富于融合性、包容性、平等性、普惠性的思想体系，辩证地将人类发展的历史规律与人的规律、社会解放与人的解放现实地结合在一起，为"丝绸之路经济带"区域高等教育合作提供了新的理论指导。"丝绸之路经济带"沿线国家经济社会发展不平衡，民族宗教、文化习俗各异，合作共建高等教育共同体，必须以人类命运共同体思想为指引，确立共同价值理念，尊重差异，和而不同，努力夯实高等教育区域合作的人文根基、价值基础。必须建立扬弃性的自由、平等、团结等适合新时代发展要求的高等教育区域合作发展模式，实现在全球化进程中"丝绸之路经济带"沿线国家高等教育平等发展、协调发展、共同发展。必须从"丝绸之路经济带"沿线国家现实的人的共同利益和需要出发，直面矛盾，解决问题，积极倡导构建利益共同体、责任共同体和命运共同体,努力彰显高等教育共同体强大的实践价值,为构建人类命运共同体作出积极贡献。

### 三 战略联盟理论:交易、资源、知识、学习

战略联盟(Strategic Alliance)的概念,最早由美国 DEC 公司总裁简·霍普兰德(J. Hopland)和管理学家罗杰·奈格尔(R. Nigel)提出,他们认为,战略联盟指的是由两个或两个以上有着共同战略利益和对等经营实力的企业,为达到共同拥有市场、共同使用资源等战略目标,通过各种协议、契约而结成的优势互补或优势相长、风险共担、生产要素水平式双向或多向流动的一种松散的合作模式。20 世纪末,企业战略联盟在经济全球化的催化作用下数量剧增,联盟也因此成为重要的研究课题。战略联盟理论主要是用以阐释联盟形成的动因、联盟运行及联盟管理,其中比较有影响的理论有:交易成本理论(Transaction Cost Theory)、资源基础理论(Resource – Base Theory)、知识基础理论(Knowledge – Base Theory)和组织学习理论(Organizational Learning Theory)。

(一)交易成本理论

交易成本理论(Transaction Cost Theory)是一种采用契约的探究方法研究经济组织及其治理的新制度经济学理论。其概念最早由科斯(Coase)提出,在《企业的性质》一文中,科斯创造性地用"交易费用"的概念解释企业存在的原因和企业扩展的界限。他发现,交易是存在成本的,减少或避免交易中产生的成本是企业存在的原因,但由于企业本身会产生组织管理的成本,这部分成本无法避免,所以企业的规模是有限的。然而,科斯并没有对"交易费用"进行明确定义。直到 20 世纪 60 年代,阿罗(Arrow)首次使用"交易费用"这一术语,并将其定义为经济制度操作的成本。1985 年威廉姆森(Williamson)在《资本主义经济制度》中提出交易成本理论,他认为交易成本是经济系统运转过程中所产生的成本,并将交易成本划分为合同签订之前的"事前交易成本",即指订立合同、谈判以及履约成本;合同签订之后的"事后交易成本",即不适应成本、市场运转成本、讨价还价成本、承诺成本等。其主要贡献是对纵向一体化企业兼并行为

运用交易成本进行了解释。① 1986年，马修斯（Matthews）进一步扩大了交易成本的理论外延，他认为交易成本是一种机会成本，如果信息是有成本的，那么与产权相关的各种个体间交易行为都将导致交易成本的产生，这些行为包括寻找潜在买家的信息、谈判、订立合同、监督合同执行等。

随着研究的深入，交易成本理论逐渐形成一种解释市场、企业和两者混合形式的各种组织之间的相互替代与互补以及各种组织内部的有效治理机制的经济理论。交易成本理论的分析单位是各种各样的"交易"，其前提假设是达成交易的各种契约是不完备的，主要研究纵向一体化与交易后调整与适应问题。良好的制度安排，是对契约关系治理的最好方法。交易成本理论的基本假定是经济人的行为是有限理性且机会主义的，有限理性导致了契约的不完全性；由于机会主义的存在，契约必须起到对交易的保护作用，防止机会主义可能造成的危害。交易成本理论是研究参与经济的组织、组织理论、合同法的一种跨学科方法，"侧重于联盟节约交易成本的机制以及联盟治理机制的研究，它可以用来分析一些具体形式的战略联盟的经济动机"。② 企业建立联盟的基本逻辑是战略需要与社会机会，强调效率以及成本最小化。

（二）资源基础理论

20世纪70年代经济学的思想和方法被大量引入战略管理学，对后来战略管理新思想、理论的产生做出了重要贡献。1959年彭罗斯（Penrose）在《企业成长理论》中首次提出资源基础理论（Resource - Base Theory），当时企业联盟还比较少见。20世纪90年代中期，Farjoln、Markides与Williamson等将资源基础理论引入到战略联盟研究领域，由原来关注企业的外部环境向关注企业的资源转变。真正资源短缺的企业应该从技术的互补、合作的文化、兼容的目标以及相应的风

---

① Williamson O. E., The economics of organization: The transaction cost approach, American Journal of Sociology, 1981, 87 (3): 548.

② 邹文杰：《企业战略联盟研究》，博士学位论文，厦门大学，2007.

险水平等因素去综合考虑寻找战略合作伙伴。① 1980 年哈佛大学的波特教授（Michael E. Porter）在《竞争战略》一书中提出了竞争优势理论（又称"五种力量模型"），以此分析一个行业的竞争态势，相应地提出了在行业竞争中获胜的三种战略思想：成本领先战略、差异化战略和专一化战略，以此获得企业产品市场地位。波特的竞争优势理论关注"对外部（市场）机会和威胁的分析"，遵循"市场→企业→绩效"的逻辑，该理论有助于"揭示那些导致企业高效业绩的环境条件"。1984 年沃纳菲尔特（Wernerfelt）发表的《企业资源基础论》一文，提出企业内部资源对企业获利和维持竞争优势具有重要意义，对企业创造市场优势具有决定性作用，企业内部的组织能力、资源和知识的积累是解释企业获得超额利润、保持竞争优势的关键，该文的发表意味着资源基础理论的诞生。沃纳菲尔特主要从企业所拥有资源的角度出发，遵循"资源→战略→绩效"的逻辑框架，探讨企业如何实施产品市场战略以取得竞争优势。

自沃纳菲尔特以后，罗曼尔特、巴尼、戴尔利克斯、库尔、彼得夫等对该理论范式进行了丰富和完善，他们共同促进了战略管理理论的新流派——企业资源基础理论的形成。罗曼尔特（Rumelt）从企业所拥有的资源角度解释了企业间绩效差异的原因，并提出了许多与资源基础理论相关的特征，如防止资源被模仿的"隔绝机制"、不可模仿资源所拥有的属性等。巴尼（Barney）引入了战略性要素市场的概念，指出一个企业已控的资源更可能成为企业经济租金的来源。巴尼的研究是资源基础观转向资源基础理论的开端。戴尔利克斯（Dierickx）和库尔（Cool）探讨了企业已控资源能够取得经济租金的原因与机理，指出了不受战略要素市场支配的资源特质。彼得夫（Peteraf）从竞争战略视角对资源基础理论的思想进行研究，他区分了四种类型的竞争战略，即以资源异质性为核心的竞争战略、事后限制竞争战略、不完全流动性竞争战略和事前限制竞争战略。资源基础理论

---

① Brouthers K. D. Brouthers L. E., Wilkinson T. J., Strategic alliances: Choose your partners, Long Range Planning, 1995, 28 (3): 2–25.

的基本目标是解构被经济学家视作生产函数的企业这个"黑箱",将其拆解为更为基本的成分,以寻找企业竞争优势的根源所在。

从资源基础理论来看,创造租金、垄断租金、资源使用的扩大、资源使用的多样化、资源的模仿是促使企业形成战略联盟的五大动机。① 资源基础理论的核心观点是,企业具有决定企业优势的异质性资源,而战略联盟则是企业间共享或交换有价值的资源尤其是隐性的异质资源以增加企业竞争优势的一种有力手段。总体而言,资源基础理论强调企业资源交换与共享以实现资源价值最大化。

(三)知识基础理论

知识基础理论(Knowledge - Base Theory),也称企业知识理论,该理论强调从企业所拥有或潜在的知识的角度来考量如何提高企业的竞争优势和核心能力。近年来,有学者研究发现,企业背后所潜藏的知识会成为提高企业竞争力和核心能力的关键所在。主要的研究者有:Kogut、Zander、Grant。1992 年,Kogut、Zander 发表文章《企业的知识、整合能力与技术的复制》,文中谈到"知识是组织的基础性资源,组织的主要功能就是将企业的拥有者整合起来,并在此基础上创造出新的知识"。② 他们通过相应的实证实验研究知识如何被转移、模仿,最终成为企业内部的组织能力。研究结果证明,企业内部个体与群体之间进行的知识的交换、转移或共享,有利于知识的积累,能够为将来企业的发展或扩张带来新机遇或新选择,这里谈到的知识是企业内部的信息知识和技术知识。他们认为,知识的转移模式确定是由跨国企业在转移与其他企业的相关知识的效率来决定的,与具体市场无关。Grant 也是长期致力于知识基础理论的研究,在他的作品《动态竞争环境里的繁荣:知识整合的组织能力》中,对组织能力的知识基础理论做了阐述,他认为企业能力的创造就是通过利用企业内部的知识整合来实现的。Grant 初步建立了知识基础理论的研究雏形,

---

① Tsang E., Motive for strategic alliance: A resourse - based perpective, Scandinavian Journal of Management, 1998, 14 (3): 207 - 221.

② Kogut B., Zander U., Knowledge of the firm, combinative capabilities, and the replication of technology, Organization Science, 1992, 7 (3): 383 - 397.

他认为，如果将企业内部相对优势与对企业外部知识进行整合，再加上企业网络利益就足以应对市场的激烈竞争。

知识有别于数据与资讯，是一种经过系统化、结构化的经验与事实；知识组成的元素包含了资讯、科技、关键技术及技巧；借由知识可以增加企业产品产出的价值，并且取得竞争上的优势；知识可区分为外显知识及内隐知识，外显知识可通过文字、规则或是语言来传递，内隐知识存在于个体之中与生产任务紧密相连，是为关键所在。基于知识的这些特点，以及企业产品对知识的需求，企业被认为是一个知识整合机构，而这些知识基础为企业未来发展战略的谋划和内部管理提供了新方向，用来解决新企业营运时所遇到的新问题。

（四）组织学习理论

组织学习（Organizational Leaning）的概念是从个人学习的概念引申而来。组织学习概念在 20 世纪 60 年代初由 Cangelosi 和 Dill 最早提出。组织学习理论（Organizational Leaning Theroy，OLT）是 20 世纪 70 年代至 80 年代由美国学者阿克里斯·阿吉利斯（Chris Argyris）和唐纳德·舍恩（Donald Schon）于 1978 年正式提出，将其定义为"诊断和改正组织错误"。[①] 认为组织学习是发现和纠正错误的过程。1985 年菲奥尔（Fiol）和莱尔斯（Lyles）对学习作了更为准确的定义，"通过汲取更好的知识，并加深理解，从而提高行动的过程"。道格森（Dodgson）把组织学习描述为，"企业围绕自己的日常活动和企业文化，构建知识体系，补充知识技能以及组织例行公事的一种方式；组织通过广泛运用员工所掌握的各项技能，从而发展组织效能的一种方式"。胡伯（Huber）认为，"组织学习是任何单位获取被组织认为有潜在应用价值的知识"，他还指出，"如果信息交换时组织的潜在行为范围发生了变化，那么学习活动在这一变化过程中就已经产生了"。在此基础上，他认为组织学习中存在四个重要信息处理过程，即知识的获取、信息的分配、信息的解释、组织记忆。圣吉（Senger）认

---

① Cangelosi V. E., R. R. D. W., "Organizational Leaning: Observayion toward a Theory", *Asministrative Science Quarterly*, 1965 (10): 175–203.

为，组织学习不仅是一种创造性学习，也是一个组织的长期修炼与整体价值的塑造过程，以及被赋予重要的实践意义。他在《第五项修炼》的著述中，已为组织学习作出了理论框架、系统语言和价值塑造的分析逻辑，之后的《第五项修炼·实践篇》以及《变革之舞》等论著，则进一步为学习型组织的全面构建提供了实践模式和方案选择。

组织学习研究的范式基础包括四类：传统意义的权变理论、社会心理学、信息论和系统动力学，就本质而言，组织及组织间学习与知识创新具有广泛的理论共识和紧密的内在关联，重要的是在融合与统一意义上确立其共同研究两个层面，即实践的相关性和概念的效能性。随着知识经济、经济全球化和区域经济一体化的进一步发展，特别是新一代使能技术在企业管理及商务领域的应用扩展，以及对象管理组织、企业应用集成、多智能体系统和协同电子商务等关键技术驱动，加速了组织结构向网络化、集成化和动态虚拟化方向发展，以至网络模式替代系统模式，贯穿于学习型组织的系统语言也显然被拓展为用以描述跨组织、多元系统和联盟组织的网络语言范式。组织学习理论认为，战略联盟是为了组织间的学习，通过组织间的学习企业能获取新知识和新技术，使企业保持竞争优势地位。组织学习虽然是企业联盟获取资源的重要途径，但企业仍局限于从联盟内部获取资源，忽视了与外部环境的相互作用。

基于上述，企业战略联盟在经济全球化的催化作用下而剧增，为达到共同拥有市场、共同使用资源、共同提升质量效益等战略目标，联盟各方通过签署协议、契约而合作。交易成本理论强调效率以及成本最小化，不足以概括所有战略联盟形成与治理的动机。通常情况下，战略联盟的形成还与战略因素、社会因素的推动有关。企业建立联盟的基本逻辑是战略需要与社会机会。交易成本理论对推进"丝绸之路经济带"高等教育区域合作是一个非常有力的分析工具，但经济带高等教育合作是一个动态发展的过程，其实施不应囿于效率以及成本最小化的考量，要对其战略需要、社会机会、竞争影响等作出全面分析。资源基础理论强调企业资源交换与共享以实现资源价值最大化，资源短缺组织应该从技术互补、合作文化、兼容目标和风险水平四个因素综合考虑寻找战略合作伙伴，为"丝绸之路经济带"高等教育区域合作目标确立、合作伙伴的选择，提供了直接的理论指导。但资源基础理论仅仅关注到战略联盟内部资源的交换与共享，而忽视了对外部环境的把控，往往会降低合作者对外部环境的适应能力。这对"丝绸之路经济带"高等教育区域合作"情景"因素的总体调适，具有启示意义。知识基础理论，强调从企业所拥有或潜在的知识的角度来考量如何提高企业的竞争优势和核心能力。基于知识的特点，以及企业产品对知识的需求，企业被认为是一个知识整合机构。知识基础理论为"丝绸之路经济带"高等教育区域合作动机分析、模式建构、绩效评估提供了一个新的视角。组织学习理论认为，战略联盟是为了组织间的学习，通过组织间的学习企业能够获取新知识、新技术，使企业保持竞争优势地位。组织学习理论提示我们，推进"丝绸之路经济带"高等教育区域合作，不仅仅只从沿线50国内部整合资源，更要充分考虑经济带沿线国家对当前国际发展大势的科学研判、准确把握。

## 第二节 高等教育区域合作行动分析框架

社会行动理论、人类命运共同体理论和战略联盟理论为我们探析"丝绸之路经济带"高等教育区域合作行动提供了新的视角。"丝绸之路经济带"高等教育区域合作，实际上是"丝绸之路经济带"沿线国家在实现深化高等教育区域合作、建设区域高等教育共同体、增强区域高等教育内生动力和核心竞争力目标过程中，由于其行动手段的多样性、行动条件的动态性以及理性的外在行为规范取向共同作用的结果。是坚持共商共建共享原则，秉持"和平、发展、公平、正义、民主、自由"理念，推动经济带一体化发展，合作共建经济带命运共同体的区域社会共同体行动。

## 一　行动目标的牵引作用

行动者在一个给定的情景中，设定行动的目标，然后选择和应用适当的手段来实现这些目标，即行动者希望达到的预期状态。深化人文交流与合作，坚持以平等合作、互利共赢义利观为统领，以价值认同推进"丝绸之路经济带"建设认同，夯实"丝绸之路经济带"建设的民意基础，逐步形成从中国、中亚到西亚及欧洲的区域大合作，共同建设"丝绸之路经济带"。推动中国与欧亚非国家的共同繁荣发展，努力建设经济带命运共同体、利益共同体和责任共同体，"丝绸之路经济带"建设赋予沿线国家高等教育区域合作以崭新使命。

一是文明共存价值：和而不同，筑牢民意根基。2018年6月6日至7日，"一带一路"国际合作论坛以"共商、共创、共赢"为主题，强调坚持以和平发展、开放包容、互学互鉴、互利共赢为核心的丝绸之路精神，努力推进"一带一路"建设。传承、发展丝绸之路精神，加快"丝绸之路经济带"建设，为解决当前世界经济复苏整体趋弱、主要新兴经济体难以企稳和区域经济发展极不平衡问题寻找方案，为实现联动式发展注入新动能，迫切需要深化高等教育交流合作，加强不同文明对话，强化高等教育动力站、辐射源、人才库独特功能，助力提升软力量，夯实经济带一体化发展坚实民意根基和人文基础。

二是人民中心价值：以人为本，强化人力支撑。教育现代化是国家现代化的先导。教育是人文交流与合作的重要平台，是"丝绸之路经济带"建设的动力站、辐射源、人才库，在共建"丝绸之路经济带"中具有基础性和先导性作用。因此，要坚持人才资源为第一资源的发展理念，推进经济带沿线国家高等教育合作交流，着力各类创新人才培养，为"丝绸之路经济带"建设提供强大的人力资源支撑。

三是共赢发展价值：协同创新，推动融合发展。在2016年8月17日召开的推进"一带一路"建设工作座谈会上，习近平指出，要聚焦构建互利合作网络、新型合作模式、多元合作平台。以"丝绸之路经济带"高等教育合作交流为牵引，促进经济带沿线国家、地区高等教育发展战略对接，创新合作方式平台，推进科技协同创新，推动政产学研用融合发展，发挥科技创新"孵化器""助推器""倍增器"作用，是"丝绸之路经济带"建设的核心。

四是智慧共享价值：智力先行，优化决策谋划。2017年5月14日至15日，"一带一路"国际合作高峰论坛以"加强国际合作，共建'一带一路'，实现共赢发展"为主题，以"五通"为主线，围绕基础设施、人文交流、金融支撑等重点领域进行了广泛讨论。论坛强调将"一带一路"建成和平之路、繁荣之路、开放之路、创新之路和文明之路。民心相通是"丝绸之路经济带"建设的社会根基，智力先行是"丝绸之路经济带"建设的强大引擎。为此，必须强化经济带建设顶层设计、决策谋划，努力建设经济带高等院校现代教育智库，打造经济带国家学术共同体，全面提升经济带建设智力服务水平。

五是正义平等价值：以义为先，深化价值认同。2018年9月3日习近平出席中非合作论坛北京峰会开幕式并发表《携手共命运 同心促发展》主旨讲话，鲜明提出中国愿同国际合作伙伴共建"一带一路"，携手构建人类命运共同体，发展全球伙伴关系，拓展友好合作，走出一条相互尊重、公平正义、合作共赢的国与国交往新路。推进"丝绸之路经济带"政治、交通、经贸、金融等领域的硬建设，迫切需要高等院校、文化机构、民间组织承继"以和为贵""兼济天下"思想，树立义利相兼、以义为先的正确义利观，坚持人类共同利益和长远利益兼顾的正义平等价值原则，广泛开展以高等教育合作交流为强力抓手的人文交流的"软"支撑。深化价值认同，软硬并举，互促互进。

## 二 行动手段的多样性

行动手段是环境状态中行动者可以控制利用的促成其实现目标的工具性要素，实现同一目标可以有多种不同的手段。推进"丝绸之路经济带"高等教育区域合作，提升经济带高等教育质量水平，建设经济带高等教育共同体，涉及经济带沿线国家对于高等教育区域合作社会标准、规约或准则的制定、高等教育区域合作体制机制的建立、高等教育区域合作组织的建设、高等教育区域合作平台的搭建、高等教育区域合作人员的流动、高等教育区域合作绩效的评估等诸多方面。

为此，要做到以下三点：

一是顶层设计——明确工作目标，把握行动方向。推进"丝绸之路经济带"高等教育区域合作，构建"丝绸之路经济带"高等教育共同体，其首要的任务就是从国家战略层面明晰合作目标，把握发展方向，加强组织领导，完善领导体制和工作机制，注重协商对话和政策引导，夯实组织保障和政策保障。

二是基层行动——倡导先行先试，狠抓行动落实。推进"丝绸之路经济带"高等教育区域合作，构建"丝绸之路经济带"高等教育共同体，聚力推进共建"一带一路"，需要中国和"丝绸之路经济带"沿线各国地方政府、教育领域和社会各界主动作为，积极行动，推动双边高等教育区域合作走深走实，开花结果。

三是中介监测——强化质量认证，注重行动引领。推进"丝绸之路经济带"高等教育区域合作，构建"丝绸之路经济带"高等教育共同体，要积极鼓励社会多元参与评价管理，建立健全科学、规范的评价机制，注重价值引领，强化质量认证，推动其规范运行，公平发展。

### 三 行动条件的动态性

社会行动理论认为，行动状态的条件则是行动者无法控制和难以改变的阻碍其实现目标的客观要素。教育是外交政策的"第四方面"。深化"丝绸之路经济带"高等教育区域合作，必须植根于彼此间强烈的政治互信、文化认同，进而形成利益共同体和命运共同体。"丝绸之路经济带"高等教育区域合作，仍然受制于政治、经济、文化、民族宗教等诸多因素的困扰和制约。

一是双方政治互信受到挑战。近年来，逆全球化和贸易保护主义抬头，国际安全局势恶化，自然灾害频繁发生，海上争夺与对抗凸显，全球性两极分化加剧，大国合作竞争关系复杂化，外部环境不稳定不确定因素增加，地缘政治关系复杂多变，和平与发展受到来自各方面的挑战，中国与"丝绸之路经济带"沿线国家的政治互信关系受到严峻考验。信任滞后，猜疑上升，合作动力下降，一定程度地扰乱了中国与"丝绸之路经济带"沿线国家高等教育深化合作的和谐氛围。

二是民族宗教信仰差异较大。"丝绸之路经济带"涵括中亚、西亚、南亚等国家和地区，在漫长的历史进程中，形成了众多跨境民族。民族的多样性和宗教的复杂性，使"丝绸之路经济带"特别是中亚、西亚地区成为境外宗教渗透、国际恐怖主义袭击的前沿阵地，增加了地区不稳定、不确定因素，给"丝绸之路经济带"高等教育区域合作环境带来极大挑战。

三是经济发展水平极不平衡。"丝绸之路经济带"沿线各国经贸结构趋同化，缺少核心经济力量，经济发展参差不齐，两极分化矛盾突出，高等教育经费投入存在较大差距。随着中国与经济带沿线国家高等教育合作领域进一步拓展，双方必然要提供足够的经济支撑，对经济带沿线不同发展水平经济体国家的财政拨款提出了更高的要求。

四是高等教育发展程度不一。"丝绸之路经济带"区域经济落后，政治体制多元，高等教育发展程度不一。依据国民生产总值及高等教育毛入学率等多项指标评估，"丝绸之路经济带"沿线国家高等教育分为发达、中等发达和欠发达国家三个层次，其以高等教育不发达国家居多。为此，中国与"丝绸之路经济带"沿线50国双方在课程标准制定、学分累积制度建立、学历学位协商互认、终身学习资格框架构建等方面存在极大障碍。

### 四　理性的行动规范取向

行动的规范取向指的是"丝绸之路经济带"沿线国家在推动高等教育区域合作行动时所遵循的社会标准、规约或准则。行动规范的内在取向是已经深深烙在"丝绸之路经济带"沿线国家人民心中的价值认同、身份认同和文化认同，反映了"丝绸之路经济带"沿线国家人民的价值追求。理性的外在行为规范取向体现为"丝绸之路经济带"沿线国家对于高等教育区域合作社会标准、规约或准则的制定、高等教育区域合作体制机制的建立、高等教育区域合作组织的建设、高等教育区域合作平台的打造、高等教育区域合作绩效的评估等行动的思想倾向，高等教育区域合作过程中沿线国家群体有意识的作用，这些思想意识共同迫使具有理性特征的经济带沿线国家不得不遵守有理性的行动准则。

## 第三节 高等教育区域合作行动框架设计

塔尔科特·帕森斯社会行动理论、人类命运共同体理论和战略联盟理论，对社会共同体形成的动因、行动实践、运行模式及控制管理做出了深刻阐释，为"丝绸之路经济带"高等教育区域合作的联盟实践提供了方向指引、理论遵循。

### 一 制定区域合作战略目标

当前，面对世界大发展、大变革、大调整的崭新形势，我们生活的世界充满希望，也充满挑战。[①] 和平与发展的时代主题使世界各国发展前景一片光明，但世界不稳定性、不确定性的因素依然突出，保护主义、单边主义愈演愈烈，治理赤字、发展赤字、信任赤字有增无减，经济、政治、安全、生态等国际社会面临的普遍性问题，需要各国紧密联系起来共同应对，商量着办。以开放求发展，深化交流合作，坚持"拉手"而不"松手"，"拆墙"而不"筑墙"，合作破解全球治理赤字，维护多边主义，携手应对全球性挑战，推动共建人类命运共同体。在此背景下，推进"丝绸之路经济带"高等教育区域合作，确立区域合作的行动目标、价值向度，优化高等教育区域合作行动的条件，通过把控行动条件的状态，引导外在的行为规范取向回归理性，进而增强经济带沿线国家高等教育内生动力、核心竞争力，是深化"丝绸之路经济带"高等教育区域合作行之有效的思路。

"丝绸之路经济带"高等教育区域合作，必须从经济带国家现实的人的共同利益和需要出发，秉持"和平、发展、公平、正义、民主、自由"理念，以"持久和平""普遍安全""开放包容""交流互鉴""普惠共赢""文明共存""人与自然和谐共生"为其价值向度，坚持政治、经济、社会、文化和生态五位一体和谐发展，实施经济带

---

① 习近平：《决胜全面建成小康社会　夺取新时代中国特色社会主义伟大胜利——在中国共产党第十九次全国代表大会上的报告》，人民出版社2017年版，第58页。

三个区域范围高等教育区域合作"三步走"发展战略，即第一步加强国内丝绸之路沿线各省区高等教育区域合作与发展；第二步开展中国和上海合作组织国家高等教育区域国际合作与发展，包括中国和中亚五国、俄罗斯的合作发展；第三步实行扩展大丝绸之路高等教育区域国际合作与发展，建立扬弃性的自由、平等、团结等适合新时代发展要求的"政府主导、科教支撑、多轮驱动"合作模式，实现在全球化进程中经济带沿线 50 国平等发展、协调发展、共同发展，为寻求经济带沿线各国更自由的人的发展空间开辟道路，为走向经济带命运共同体创造条件。

## 二 创新区域合作共同行动

进入 21 世纪以来，保护主义、单边主义愈演愈烈，治理赤字、发展赤字、信任赤字有增无减，世界经济中不稳定不确定因素明显上升。面对国际社会面临的普遍问题，世界贸易组织、国际货币基金组织、世界银行、二十国集团、欧盟等全球和区域多边机制积极发挥建设性作用，中国努力以"求同存异"的中国智慧、"商量着办"的中国方式，和国际社会一道共同推动构建人类命运共同体，区域经济进一步开放、交流、融合，世界持久和平繁荣、各国人民安居乐业的良好局面逐步形成，为推进"丝绸之路经济带"高等教育区域合作赢得了机遇，创造了条件。

推进"丝绸之路经济带"高等教育区域合作，必须正确研判世界经济一体化发展大势，科学把控"互联网+信息技术发展环境"，优化区域合作行动手段，强化合作实践的谋篇布局。建立经济带行政首长联席会议制度，成立区域合作秘书处和后续工作组、区域专项部门协调组和综合监督与保障机构。健全区域合作体制机制，构建部门协调机制，创立多元筹资机制，创建人才流动机制，搭建信息沟通机制，建立评估反馈机制。完善区域合作政策法规，健全政策法规保障制度、课程学分转换制度、投资专利保护制度和成果推广转化制度。搭建区域合作交流平台，建立人才第一资源共享平台，建设物质设施资源共享平台，创立课程教学资源共享平台，构建网络信息资源共享平台。推动"丝绸之路经济带"高等教育区域合作绩效评估。

### 三 优化区域合作发展环境

中国与"丝绸之路经济带"沿线 50 国加强高等教育区域合作，致力于"丝绸之路经济带"高等教育共同体建设，不仅是经济带国家高等教育理论发展与实践改革的内在要求，也是彼此深化政治互信、推进经贸合作、维护区域安全、增进文化认同的理性诉求。当前，随着经济带一体化发展提档升级，对接"一带一路"倡议实施，以及推动经济带命运共同体建设，迫切需要中国与"丝绸之路经济带"各国建立高等教育战略合作伙伴关系，加强高等教育合作交流，强化历史文化认同，为"丝绸之路经济带"高等教育共同体建设提供新的人文支撑，夯实民意基础。

（一）优化区域合作发展的政治环境

加快"丝绸之路经济带"建设，有利于促进沿线各国经济繁荣与区域经济合作，加强不同文明交流互鉴，促进世界和平发展；有利于推进西部经济社会全面可持续发展，维护西北边疆安全与稳定，推动中国与欧亚国家的共同繁荣发展；有利于推动中国西部、中国与欧亚国家高等教育国际化发展，进而推动中国、中亚到西亚及欧洲经济社会一体化发展。优化"丝绸之路经济带"区域合作发展的政治环境，就必须坚持与邻为善、以邻为伴，奉行"睦邻、安邻、富邻"外交方针，突出亲、诚、惠、容的理念，在和平共处五项原则的基础上积极发展同"丝绸之路经济带"50 国的友好合作关系，加强与经济带沿线国家的政治交往，积极开展政治对话，自觉排除外界干扰，坚决维护双边、多边及区域和平稳定安全，建立双方友好合作政治关系，增强政治互信，增信释疑，为推进经济带高等教育区域合作持久、稳定运行提供政治保障。

（二）优化区域合作发展的经济环境

通过对"丝绸之路经济带"各地区高等教育毛入学率与不同经济发展水平国家的高等教育财政投入与高等教育生均财政支出占人均 GDP 的比较分析，总结不同经济发展水平国家高等教育规模、高等教育财政投入状况。选取人均 GDP、高等教育财政投入和高等教育毛入学率等指标，运用相关性分析和回归分析，考察研究"丝绸之路经济带"沿线国家经济发展水平与政府财政投入对高等教育发展规模的影响。2017年5月14日至15日，第一届"一带一路"国际合作高峰论坛更进一步明确提出共同打造以中国、中亚五国以及俄罗斯为核心区域的跨国带状经济合作区。深化与中亚、南亚、西亚等国家交流合作，打造大湄公河次区域经济合作新高地，建设面向南亚、东南亚的辐射中心。为此，要强化"丝绸之路经济带"沿线国家高等教育区域合作，调整经济结构，拓展人力需求，转换高等教育发展新动能。扩大教育供给，保障资金供应，提升高等教育发展新动力。增进互联互通，强化合作交流，培育高等教育发展新动脉，多方面推动沿线国家高等教育合作发展，创造新的"发展"增长点，激活"扩放"效应，形成聚合效应，产生溢出效应，努力增强"丝绸之路经济带"沿线50国高等教育内生动力和核心竞争力。

（三）优化区域合作发展的文化环境

"丝绸之路经济带"国家高等教育区域合作的文化环境，主要体现在"丝绸之路经济带"50国文化交流、高等教育出入境流动率对比等外部条件因素方面。文化是教育的内容和环境，而教育是文化的反映和表征。文化是连接不同民族、不同族群的纽带和根脉。文化作为国家对外政策的"第四方面"①，是国家综合国力的重要展现，也是国家整体发展战略的重要组成部分。国家和民族的存在，从根本上来说，就是一种文化的存在。国家与国家、区域与区域、民族与民族之间的交往，必然离不开文化的沟通，以及对文化的尊重、认同。文化的传承创新、融合发展，是推进中国—东盟高等教育共同体建设取之不尽的源头活水和长久稳固的战略基石。

（四）优化区域合作发展的社会环境

"丝绸之路经济带"国家区域合作发展的社会环境，体现在"丝绸之路经济带"国家社会劳动力、高等教育师资队伍、老龄化程度以及高中教育毛毕业率等外部条件因素方面。中国与"丝绸之路经济

---

① ［美］菲利普·G. 阿特巴赫：《比较高等教育：知识、大学与发展》，人民教育出版社2000年版，第37页。

带"国家历史文化传统、教育发展资源各有特色、优势，谋求经济发展、政治互信、文化认同、地区安全等相同的发展目标，把双方紧紧地连接在一起。伴随区域经济一体化、政治格局多元化、高等教育国际化发展，增强双方高等教育合作交流，推进"丝绸之路经济带"高等教育区域合作，为深化双方战略合作伙伴关系、提升双方合作发展水平效益提供智力支持、人才支撑和知识奉献，是推动经济带命运共同体建设、推进实施"一带一路"倡议落地落实的战略核心。

### 四 完善区域合作行为规范

推进"丝绸之路经济带"高等教育区域合作，必须科学引导区域合作行为规范，注重行动的冲突调适整合。在推进经济带国家之间的文化认同、政治互信、价值引领、教育创新等合作进程中，加快高等教育区域合作的政策法规体系建设，制定机制协调与仲裁、文化交流与人力建设等方面的规则，搭成经济带基本的内部治理框架，制定具有指导性作用的法规条文。"丝绸之路经济带"沿线50国政府，要主动承担起推进沿线国家高等教育合作交流的主体责任，在研发经费投入、教育培养培训、财政税收、信息联通、资金融通、土地房屋租赁等方面，加大政策扶持力度，提供政策支持保障。要强化对高等教育交流合作的评估监督，加强政策引导，信息服务，推动实施第三方评估。

# 第三章 "丝绸之路经济带"高等教育区域合作目标：行动的价值向度

塔尔科特·帕森斯"唯意志论行动理论"认为，行动者在一个给定的情景中，首先要设定行动的目标，然后选择和应用适当的手段来实现这些目标，即行动者希望达到的预期状态。帕森斯社会行动理论的目标导向性，潜在性地要求我们推进"丝绸之路经济带"高等教育区域合作，合作共建"丝绸之路经济带"高等教育共同体，首先必须从国家战略层面明晰合作目标，把握行动的未来向度，做好高等教育区域合作的战略规划，谋篇布局。

## 第一节 文明共存价值：和而不同，筑牢民意根基

传承、发展丝绸之路精神，加快"丝绸之路经济带"建设，为解决当前世界经济复苏整体趋弱、主要新兴经济体难以企稳和区域经济发展极不平衡问题寻找方案，为实现联动式发展注入新动能，迫切需要深化高等教育交流合作，加强不同文明对话，强化高等教育动力站、辐射源、人才库独特功能，助力提升软力量，夯实经济带建设，坚实民意根基和人文基础。

### 一 推进不同文明的对话和解、融汇共享

丝绸之路不仅是千百年来亚欧非互通有无的商贸大通道，是亚欧、北非大陆进行经济、政治、文化交流的主要交通动脉，更是促进亚欧、北非各国和中国友好往来、沟通东西方文明的友谊桥梁。公元

前138年，张骞的"凿空之旅"，揭开了延续一千多年丝绸之路发展和兴衰的序幕。隋唐时期，丝绸之路发展达到鼎盛阶段，中西文化交流进入高潮。唐朝鉴真东渡东瀛，海上丝绸之路日渐兴盛。明代以后，海上丝绸之路得到迅速发展。东西方文明经由海、陆丝绸之路相互交融，彼此借重。中国同沿线国家异质文化之间的互流互通、交融互鉴，使风格各异的文明形态相互促进、融合发展，构成了"丝绸之路经济带"建设共同认知的重要思想基础，为"丝绸之路经济带"建设注入了强劲的动力。这种开放包容、和而不同、相辅相成、以和为贵的文化交流，交错互补，共存共荣，为"丝绸之路经济带"高等教育合作交流厚植了土壤。丝绸之路途经50余个国家，这些国家文化各异，习俗多样，创造了灿烂文明，迫切需要以高等教育合作交流为抓手，推进高等教育大开放、大交流、大融合，进一步放大丝绸之路经贸之路、文化之路、亲善之路、繁荣之路功能，弘扬古代文明，包容西方文明，创新人类文明，推动文化认同，价值认知，继而推进财富、资源以及人员的流动，促进不同文明交织交融、交流传承、交合互鉴和交汇共享。

## 二 争取民心，增信释疑，夯实民意基础

习近平指出，国之交在于民相亲。民心相通是"一带一路"建设的重要内容，也是关键基础。[①]"一带一路"建设的战略构想，与沿线国家的发展愿景相契合，为各国合作发展、开放发展、提速发展创造了新机遇。实施"五通"的战略构想，民心相通是重要基石。"一带一路"建设的重要土壤，就是充满活力的民间交往和交流。开展内涵丰富、形式多样的文化教育交流为沿线各国民心相通铺设桥梁，实施专业人才培养为沿线各国"五通"提供人力支持。对接欧盟容克欧元战略投资计划、俄罗斯欧亚经济联盟战略、哈萨克斯坦"光明之路"新经济战略、沙特阿拉伯"2030愿景"、"英国工业2050战略"、韩国"欧亚合作倡议"，将活跃的东亚经济圈，发达的欧洲经济圈，

---

① 习近平：《弘扬人民友谊 共创美好未来——习近平在纳扎尔巴耶夫大学的演讲》，《人民日报》（海外版）2013年9月9日第1版。

以及两者之间发展潜力巨大的广大腹地国家连成一片,形成网络,打造经济合作大走廊、大通道、朋友圈,① 合力推进共建"丝绸之路经济带",各个国家不仅需要立足国情,充分凸显各民族文化的鲜明个性、异质性、多样性,更需要具有相互关照的全局视野,积极推动文化对话、价值认同。"丝绸之路经济带"沿线各国唇齿相依,文化教育交流源远流长,区域之间、地区之间、国家之间以及不同高校之间高等教育合作前景广阔。只有站高谋远,统筹规划,坚持教育、文化交流先行,把高等教育合作作为优先事项,搭建民心相通桥梁,了解民意,顺乎民愿,凝心聚力,抓住发展这个最大公约数,造福沿线各国人民,让有关国家不断有实实在在的获得感,才能最大限度求同化异,增信释疑,寻求利益契合点和叠加点,为国家间全方位、宽领域的高等教育合作奠定良好的民意基础,推进合作交流落地落实,永续发展。

### 三 强化制度安排,提升话语权、影响力

"推进'丝绸之路经济带''海上丝绸之路'建设,形成全方位开放新格局",② 是我国审时度势提出的全方位开放战略,旨在以"共商、共建、共享"为原则,推动全球再平衡,③ 在国际社会倡导经济全球化的包容性发展理念,打造政治互信、经济融合、文化包容的利益共同体、命运共同体和责任共同体,助推丝绸之路沿线国家提速发展,共同复兴,推动解决全球面临的诸如贫富差距、难民移民、疾病防控、恐怖主义、国际安全、全球治理等重大挑战,④ 助推实现联合国 2030 年可持续发展目标,为开创 21 世纪国际合作与全球治理的新模式,开辟绿色、可持续发展新气象,发出中国倡议、提供中国

---

① Camille Brugier, "China's Way: The New Silk Road", *European Union Institute for Security Studies*, 2014 (14): 1-4.

② 《中共中央关于全面深化改革若干重大问题的决定》,《人民日报》2013 年 11 月 16 日第 1 版。

③ Justyna Szczudlik-Tatar, "China's New Silk Road Diplomacy", *PISM Policy Paper*, 2013 (34): 22.

④ Robert D. Hormats, "The U. S. 's New Silk Road'Strategy: What is it? Where is it Headed?", September 29, 2011, http://csis.org/event/uss-new-silk-road-strategy-what-it-where-it-headed.

方案、展示中国智慧,将中国的发展优势,通过制度优势实现倍增,进而提升制度性话语权。为此,要加强顶层设计、总体谋划和统筹协调,以高等教育合作交流为牵引,建设联通欧亚非沿线50余个国家、30多亿人口合作发展的高等教育共同体,签署高等教育区域合作协议,完善教育服务贸易协定,优化跨境交付、境外消费、商业存在以及自然人流动方式,创新和实施包容性高等教育交流合作制度安排,推动高等教育交流合作规则更加公平、公正、合理。深化科学技术合作,注重知识产权保护,助力实现持久和平、共同繁荣的千年梦想。连接中外,沟通世界,加强现代教育智库建设和话语体系建设,积极传播丝绸之路文化,讲好丝绸之路故事,弘扬丝绸之路精神,为"丝绸之路经济带"高等教育合作提供有力理论支撑,舆论支持,制度保障。要让文化搭台,经济唱戏,教育发声,通过共商共建丝绸之路高等教育共同体,分享中国机遇、中国模式与中国方案,搭乘中国发展的快车、便车,协力实现联合国后发展议程,让古老的丝绸之路焕发出更加强劲的生命力。

## 第二节 人民中心价值:以人为本,强化人力支撑

教育现代化是国家现代化的先导。教育是人文交流与合作的重要平台,是"丝绸之路经济带"建设的动力站、辐射源、人才库,在共建"丝绸之路经济带"中具有基础性和先导性作用。为此,要坚持以人民为中心的发展思想,坚持人才资源为第一资源的发展理念,推进经济带沿线国家高等教育合作交流,着力各类创新人才培养,为"丝绸之路经济带"建设提供强大人力资源支撑。

### 一 把人才资源确立为倡议实施的第一资源

"丝绸之路经济带"建设是一项浩大的世纪工程,是一项长期战略,涉及政策沟通、设施联通、贸易畅通、资金融通和民心相通五大领域,涵盖技术、资本、货币、贸易、文化、体育、旅游、媒体、民

族、宗教等诸多方面。① 就"一带一路"整体来看,沿线65个国家,总人口44亿,生产总值21万亿美元,分别占全球的62.50%和28.60%,是目前世界上最具活力和潜力的贸易和投资增长最快的地区之一。这些国家宗教信仰各异,政治体制多样,地缘政治复杂,历史文化传统和现实社会发展的差异性较大。同时,"丝绸之路经济带"中处于精英高等教育的土库曼斯坦、阿富汗、乌兹别克斯坦等国,大众化高等教育的中国、塔吉克斯坦、亚美尼亚、印度等国,普及化高等教育的土耳其、俄罗斯、乌克兰、斯洛文尼亚、捷克、爱沙尼亚等国,各国教育各具特色,文化资源丰富,后发优势突出,合作空间巨大。文化传统的异质性、多样化和教育提速发展的融通性相互交织,为经济带沿线国家高等教育的深度合作交流,共同打造开放、互助、包容、分享、创造的高等教育共同体提供了广阔前景。要实现"五通",对接沿线各国意愿,互鉴先进教育经验,共享优质教育资源,人才因素是战略实施的关键环节和重要支撑。为此,要积极推动沿线国家双边多边学历学位互认,推进就业市场从业标准一体化,每年资助1万名沿线国家新生来华学习或研修,加强丝绸之路教师职员交流,促进教育的民心工程深入实施,力争做到政策、经贸、交通、金融与人文交流相互支撑,教育发展和政策沟通、设施联通、贸易畅通、资金融通并驾齐驱,努力发挥教育"软力量"对"丝绸之路经济带"建设四两拨千斤的作用。

二 为倡议实施提供各类专业人才支持

推进"丝绸之路经济带"建设,破解沿线国家特别是中亚、西亚国家文化落后、人才不足、科技欠发达等发展"瓶颈",加快新型工业化、农业现代化和教育智能化进程,实现自主可持续发展,建设沿线国家命运共同体,首先应坚持人才资源为第一资源的发展理念,完善人才队伍建设规划,出台《"丝绸之路经济带"国家人才队伍建设中长期规划纲要(2015—2030年)》《"丝绸之路经济带"国家拔尖

---

① Pradumna B. Rana, Building Silk Roads for the 21st Century, http://www.eastasiaforum.org/2014/08/16/building–silk–roads–for–the–21st–century/, 2015-12-24.

人才选拔、引进、奖励管理办法》等政策文件。着力工程技术、项目设计、经济管理、国际贸易、国防外交等诸多领域各类专业人才的合作培养，特别要加大具备国际意识、通晓国际规则、懂得贸易流通、熟知异国风情，了解国际政治、经济、文化的专业型和技术型人才培养力度，强化区域治理人才、小语种人才培养。从"丝绸之路经济带"合作"五通"模式看，设施联通是"一带一路"建设初期的重点、优先事项。据亚洲开发银行评估报告，2010—2020年10年间，亚洲各国用于基础设施建设的资金累计达7.97万亿美元，涵括989个交通运输和88个能源跨境项目。到2030年，基础设施建设需求总计将超过22.60万亿美元。随着中老铁路、中泰铁路、印度尼西亚雅万高铁、匈塞铁路、瓜达尔港等重大项目推进，高速公路、高铁列车、港口轮船、跨境光缆等项目实施，需要数以百万计的工程技术、项目设计、质量监控人才。伴随"一带一路"倡议的顺利推进，投资贸易日益便利化。2016年，我国与"一带一路"沿线国家的进出口总额为6.30万亿元，在沿线国家新签约对外承包工程合同1260亿美元。与此同时，人民币加入SDR以及PPP模式，亚洲基础设施投资银行开业运营，金融合作在全球迅速展开，为重点项目建设、海外工程施工提供了强有力的支持。培养大批商贸、金融、交通、物流、能源等方面人才，任务越来越繁重。丝绸之路沿线国家文化的异质性以及语言的多样性，势必急需大量通晓沿线国家语言，熟知当地风土人情的专门人才。丝绸之路沿线国家以英语、俄语、阿拉伯语为主，小语种人才培养刻不容缓。截至2017年12月，我国已在"丝绸之路经济带"沿线的50个国家建立了99所孔子学院和89个孔子课堂，帮助其学习汉语。同时，我国也在积极规划学习非通用语种。目前，我国已有158所高校设置了356个非通用语种专业，为促进沿线国家的语言互通提供人才支撑。另外，在丝绸之路战略实施过程中，大量外派技术人员和工人语言、文化培训也迫在眉睫。

**三 建立沿线国家跨境人才流动机制**

建立"丝绸之路经济带"国际联盟，借助中国—阿拉伯国家大学校长论坛、中国—东盟教育交流周等国际平台，积极探索跨国培养与跨境流动的人才培养新机制，扩大相互间留学生规模，开展多边、双边联合境外合作办学，鼓励青年赴东北亚、中亚、西亚国家留学。积极落实2016年8月教育部《推进共建"一带一路"教育行动》方案，至2020年，为沿线国家建成10个文化中心、科教基地。设立"丝绸之路"中国政府奖学金，提供更多学历学位教育名额和政府奖学金名额，组织"丝绸之路"沿线国家教师、科研人员、职员交流和青年研修，把国家每年资助1万名沿线国家新生来华学习或研修计划落实落地，实现人才的互联互通。积极探索开展形式多样的境外合作办学，鼓励"丝绸之路"沿线国家高校在其发展急需的专业领域联合培养各类专业人才。整合教育资源，优化政策制度环境，积极推进与"丝绸之路"沿线国家在青年创新创业、职业培训、技能开发等领域的务实合作，共同打造人才创新创业发展平台，为沿线国家大力培训文化、新闻、旅游、体育等领域从业人员。坚持以用为本，进一步建立健全人才培养、引进、评价、使用、流动和激励政策，构建"丝绸之路经济带"建设向前推进的人才生态系统，加大沿线国家高层次人才和团队流动力度，开展"丝路金驼金帆"表彰工作，努力营造各类优秀人才成长和发挥作用的良好国际、区域政策环境，激发各类人才的创新活力和创造智慧。建立丝绸之路沿线国家企业间人才流动机制，增强高等院校与企业产业的深度融合，通过双方、多方周期性租调、聘用、交流专业人才资源，实现经济带沿线国家之间的人力资源、技术资源、资金资源以及信息资源的合理流动、共建共享。

## 第三节　共赢发展价值：协同创新，推动融合发展

在2016年8月17日召开的推进"一带一路"建设工作座谈会上，习近平指出，要聚焦构建互利合作网络、新型合作模式、多元合作平台。以"丝绸之路经济带"高等教育合作交流为牵引，促进高等教育发展战略对接，创新合作方式平台，推进科技协同创新，推动政

产学研用融合发展,发挥科技创新"孵化器""助推器""倍增器"作用,是"丝绸之路经济带"建设的灵魂。

### 一 把创新摆在教育合作全局的核心位置

创新始终是"丝绸之路经济带"建设充满生机和活力的重要保证,坚持创新发展,坚持以科技水平决定区域合作水平为导向,把创新作为经济带高等教育合作战略实施的灵魂和工作主线,摆在经济带高等教育合作交流全局的核心位置,让创新贯穿战略实施全过程、各方面。按照"2011计划"和三部委联合发布丝路建设文件精神,加强"丝绸之路经济带"国家高等教育合作战略整体规划,顶层设计,将其列入国家"科技创新计划"和"哲学社会科学繁荣计划",形成跨区域重大课题科研体系,成为国家创新体系的重要组成部分。贯彻落实2016年教育部《推进共建"一带一路"教育行动》精神,实施"十三五"规划纲要共建"一带一路"教育行动重大项目。积极推动协同创新,探索建立校校协同、校科协同、校企协同、校地协同、国内外合作的"开放、集成、高效"的高等院校、科研院所、企业行业科技协同创新机制和模式,构建广泛的利益共同体、命运共同体和责任共同体,促进丝绸之路沿线国家高等教育与科技、经济、文化、生态的有机结合,努力增强沿线各国高等学校、科研机构、企业行业的创新能力,提升创新水平,支撑"丝绸之路经济带"提速增效、提档升级。

### 二 努力打造经济带国家级高水平科研机构

服务"丝绸之路经济带"建设国家倡议需求,加强重点科研机构、创新平台、实验中心、成果转化中介和科技基础设施的规划和建设,建成若干国家级科研创新平台、国家重点实验室或国家工程技术研究中心。建设丝绸之路沿线国家相关研究基地或研究中心,成立以新兴学科为发展方向、交叉学科为特色的跨国际科研机构。在能源、环境、农业、制造、材料、交通、信息、医药等重要领域,建设"丝绸之路经济带"野生动植物资源保护、油气藏地质及开发、综合交通运输智能化工程、机械制造系统工程等国家重点实验室,推动科技自主创新。建设液体机械、快速制造等国家工程研究中心,以及"丝绸之路经济带"国家特别是中亚、西亚国家农业综合试验工程、棉花工程、节水灌溉工程等国家工程技术研究中心，大力开发应用技术，推动科技成果转化。以原创性、高水平基础研究、应用研究成果提升为丝绸之路沿线国家知识创新、文化繁荣和经济社会发展服务的影响力和贡献度。以"丝绸之路经济带"建设倡议实施为契机，推动沿线国家高等院校、科研院所努力建设好俄罗斯、印度、乌克兰等国家研究中心，成立东北亚、中亚、西亚发展研究中心。培育"丝绸之路经济带"战略资源、环境保护、交通运输、商贸流通、金融财政、医疗卫生、教育文化、人力资源、民族宗教等发展战略研究国家级高水平创新团队、政策智库，服务"丝绸之路经济带"建设国家倡议需求。

### 三 搭建经济带科技创新及科研成果转化平台

强化政府统筹，以早期构建的中蒙俄、新亚欧大陆桥、中国—中亚—西亚、中国—中南半岛、中巴、孟中印缅六大经济走廊为抓手，以2011年3月成立的中国—阿拉伯国家大学校长论坛、2015年10月47所中外高校发布《敦煌共识》为标志成立的"一带一路"高校国际联盟、2015年9月成立的"一带一路"国际科技园区联盟、2016年3月成立的中国—以色列大学校长论坛、2017年3月成立的亚洲大学联盟等为平台，根据"丝绸之路经济带"建设国家战略方向与战略重点，深化产学研合作，推进产学研用一体化，建立政产学研用战略联盟和合作基地。组建成渝经济区、关天经济区等产学研战略联盟，开展三江源经济带、青藏高原经济带、南亚次大陆经济带、西伯利亚经济带等政产学研用合作基地建设。推进各类高校、各级地方政府、行业企业、科研院所、第三方评估机构和丝绸之路沿线国家高水平教育、科研机构合作共建实验室、技术研发、中介服务、成果转化等科研创新平台，加强前沿领域研究和高级别国际项目申报等方面的交流与合作。推进丝绸之路沿线国家政府努力建设工程技术协同创新中心、国际技术转移中心、海上合作支点、陆上经济走廊、国家大学科技园、国家高新技术产业开发区、留学归国人员创业园，培育产业基地，打造科技项目和创业项目孵化平台、科研成果转化平台。促进丝绸之路沿线国家间科研机构及科研人员的交流，合作开展重大科技攻关，共同提升科技创新能力。

## 第四节 智慧共享价值：智力先行，优化决策谋划

2016年7月26日"一带一路"媒体合作论坛在北京举行，习近平在贺信中强调"携手打造'绿色丝绸之路''健康丝绸之路''智力丝绸之路''和平丝绸之路'"。民心相通是"丝绸之路经济带"建设的社会根基，智力先行是"丝绸之路经济带"建设的强大引擎。为此，必须强化经济带建设顶层设计、决策谋划，努力建设经济带高等院校现代教育智库，打造经济带国家学术共同体，全面提升经济带建设智力服务水平。

### （一）强化智库的智囊谋略作用

2016年6月20日，习近平出席华沙丝绸之路国际论坛暨中波地方与经贸合作论坛，他强调要"智力先行，强化智库的支撑引领作用。"在乌兹别克斯坦之行中，他更是高瞻远瞩，积极倡议顺应"互联网＋"时代发展潮流，建立大数据交流平台，共同打造"一带一路"智库合作网络。服务"丝绸之路经济带"建设，高等教育要努力为党和政府对"丝绸之路经济带"建设倡议实施的科学民主依法决策、顶层设计提供智力支撑、知识奉献，充分发挥教育智库作用。当前，顺应世界经济一体化、高等教育国际化发展，深化对外开放合作，在维护和尊重经济带沿线国家价值取向差异性、经济社会发展独特性、高等教育发展层次性的同时，加强人类命运共同体、利益共同体、责任共同体建设，加速经济带建设的社会认同、国际理解，夯实民心相通基础，在更深层次、更高水平上实现欧亚非区域高等教育深化合作、加快发展，迫切需要加强对相关重大课题的探索，特别是对"丝绸之路经济带"高等教育共同体建设的组织架构、政策制度、运行机制、绩效评估等方面的研究。注重对高等教育共同体建设的价值认同、多种形式的境外合作办学、区域内双边多边学历学位关联互认、青年创新创业市场从业标准一体化、高等教育质量保障体系建

立、终身教育框架构建等的科学论证，精心设计。努力发挥智库战略谋划、理论创新、咨政建言、舆论引导、人才培养、社会服务桥梁和纽带作用，提升决策咨询的层次和水平。注重国别区域研究，深化对经济带沿线国家和地区的政治、经济、社会、文化、生态等的全面把握、总体认识，积极探索经济带沿线国家和地区高等教育区域合作战略性、前瞻性问题。重视国际关系研究，深入探讨"丝绸之路经济带"建设对世界格局、国际秩序、地缘政治、人文分布的影响，为国家在构筑新型国际关系、参与全球治理、创新合作机制、推动人文交流等方面提供决策参考。加强话语体系研究，努力扩大"丝绸之路经济带"高等教育共同体建设的理念价值、制度设计、工作机制、成果收获等的影响，讲好丝绸之路故事，传播好丝绸之路声音。

## 二 为政府决策提出实施方案

切实加强高等教育法治建设和理论建设，推动制度创新、政策创新、理论创新，开展前瞻性、根本性、全局性战略研究。紧密结合"丝绸之路经济带"沿线国家国情、顺应时代潮流和把握国际趋势，对沿线国家高等教育发展面临的合作办学、人员流动、项目合作、课程标准、学分累积、学位互认、质量评估问题、前景做出科学规划论证，为经济带高等教育合作的政策相通提供坚实的法律保障、政策支持、理论支撑。着力战略研究，加强"丝绸之路经济带"高等教育合作战略问题和公共政策探讨，努力提高综合研判、战略思考和超前谋划能力，促进高等教育国际贸易和合作交流朝着更加公正合理的方向发展，推动高等教育治理体系和治理能力现代化。重在国际引领，引导舆论，顺应民意。把经济带国家的、区域的局部利益和国际的、人类的整体利益有效结合，立足当前，着眼长远，弥合重大国际问题认识差异，缓解地区矛盾冲突，为经济带建设夯实文化教育基础。提供政策建言，凸显"中国方案"。坚持问题导向，紧紧围绕"丝绸之路经济带"区域高等教育治理、区域高等教育现代化、区域高等教育共同体建设等，开展科学性、针对性和实用性研究，积极建言献策，为经济带沿线各国政府、教育行政机关和其他公共管理部门决策制定、实施、评估提出政策方案。

### 三 建立经济带高校学术共同体

增强对"丝绸之路经济带"高等教育合作交流的国际影响力和国际话语权,通过建设一批经济带高等教育战略合作专题数据库和实验室、软科学研究基地,加强国家之间、区域之间,以及国家各部委、相关区域政府、高等学校、科研院所、产业行业之间的合作研究,大力推动多学科专业之间的协同创新,促进其研究手段和方法的创新。主动对接联合国教科文组织和开发计划署的"丝绸之路复兴"计划、日本"丝绸之路外交"战略[1]、美国"新丝绸之路"计划[2]、俄罗斯"新丝绸之路"、伊朗"铁路丝绸之路"、哈萨克斯坦"新丝绸之路"项目[3],依托俄罗斯国家科学中心、德国国际欧亚科学院、美国约翰斯·霍普金斯大学中亚高加索研究所、新加坡中国与全球化智库(CCG)、西北师范大学丝绸之路与华夏文明传承发展协同创新中心、新疆师范大学中亚研究院、浙江师范大学非洲研究院等国内外智库,重点建设一批经济带国家高等教育研究中心、高等教育发展规划中心,在国际上形成更多的学术共同体和文化互鉴平台,努力形成经济带国家高等教育科学研究的新思路和新格局,推动经济带高等教育研究服务能力的整体提升。

## 第五节 正义平等价值：以义为先，深化价值认同

人文交流在"丝绸之路经济带"建设中发挥着战略性、基础性、引领性作用,它既是丝绸之路战略实施的基础,也是其落脚点、归结

---

[1] "Prime Minister of Japan and His Cabinet. Address by Prime Minister Ryutaro Hashimoto to the Japan Association of Corporate Executives (Provisional Translation)", http：//japan. kantei. go. jp/0731douyukai. html, 1997 - 07 - 24.

[2] Geoffrey Pyatt, "Next Steps on the Silk Road", http：//m. state. gov/md177179. htm, 2011 - 11 - 15.

[3] Daniyar Mukhtarov, "Kazakhstan Considers Its Participation in Silk Road Economic Belt Project", http：//en. trend. az/casia/kazakhstan/2228894. html, 2014 - 01 - 10.

点。推进"丝绸之路经济带"政治、交通、经贸、金融等领域的硬建设,迫切需要高等院校、文化机构、民间组织广泛开展以高等教育合作交流为强力抓手的人文交流的"软"支撑。软硬并举,互促互进。

## 一 增进合作价值认同

民心相通是"丝绸之路经济带"高等教育战略合作的社会根基,而人文交流是民心相通的桥梁和纽带,是沿线不同国家和地区之间加深理解和信任、加强不同文明对话和交流的重要渠道。推进与沿线国家高等教育的"硬"合作,必须坚持以邻为伴、与邻为善原则,践行"亲、诚、惠、容"准则,加强国家之间、地区之间、区域之间文化教育友好往来,强化高等院校教师、科研人员、职员的流动沟通,增进相互了解和传统友谊,提升以文化人的"软"实力,为开展高等教育区域合作奠定坚实的民意基础。丝绸之路横跨亚欧大陆,绵延7000多千米,联通50余个国家,人口30多亿。①"丝绸之路经济带"建设工程浩大,不仅需要通过硬环境建设打通各国之间的物理通道,而且需要注重软实力的建设增进交流互信。服务"丝绸之路经济带"建设,构建沿线国家、地区高等教育共同体,推进区域合作共赢、互利发展,互利互惠是行动根本,民心相通是社会根基。为此,要承接包容开放、兼收并蓄的丝路精神,密切文化、教育交流合作,加大对沿线国家尤其是中亚、西亚最不发达国家的教育支持力度。创造内涵丰富、特色鲜明的文化产品、教育服务,传播我国优秀文化及和谐发展、和平共处的理念,增进沿线不同文化背景、不同宗教信仰各国、各地区、各民族人民民心相通,政治互信,包容互鉴,切实增强经济带高等教育合作的观念认同、价值认同,夯实经济带高等教育战略合作的民意基础。②

## 二 树立新国际义利观

推进人文交流,夯实"丝绸之路经济带"高等教育合作的民意基础,必须正确处理义和利的关系,确立正确的国际义利观。当前,世

---

① 刘华芹:《借鉴上合经验建设"丝绸之路经济带"》,《经济》2013年第12期。
② Henry Kissinger, *On China*, New York: The Penguin Press, 2011: 31.

界正经历着一系列"不确定性",国际秩序面临深刻调整。如何开出"中国药方",提出中国方案,应对错综复杂的国际局势,实现人类长久和平与发展,引发海内外高度关注。2013年,习近平在莫斯科国际关系学院演讲时,提出了合作共建"命运共同体"理念。2017年1月习近平在日内瓦万国宫发表题为《共同构建人类命运共同体》的主旨演讲,对"命运共同体"理念进行了深刻的阐述。2018年9月3日,习近平出席中非会议论坛北京峰会开幕式并发表《携手共命运 同心促发展》主旨讲话,鲜明提出要秉持真实亲诚理念和正确义列观,坚持义列相兼、以义为先。你中有我,我中有你。义利并举,以义为先。讲信义、重情义、扬正义、树道义,推进与"丝绸之路经济带"沿线国家良性互动,寻求各方"最大公约数",体现了中国作为一个负责任大国的理念和风范,是对人类命运共同体理念的生动诠释。建设"丝绸之路经济带"高等教育共同体,是共同构建人类命运共同体的重要组成部分,是高等教育领域对"命运共同体"理念的落地落实。当前,面临世界经济低迷徘徊、保护主义抬头的崭新形势,我们必须坚持"尊重差异,包容多样,互鉴共荣"的原则,秉持平等互利、合作共赢的新的国际义利观,培育高等教育共同体建设共同的理念,增强"丝绸之路经济带"高等合作的价值同一性,增进沿线各国区域合作的观念认同,规避因宗教信仰、地缘政治、文化传统、民心社情等的复杂性所引发的矛盾冲突和利益纷争,彼此相互包容,互利共存,持续扩大"朋友圈",搭建合作共赢大平台。同时,包容经济带沿线各国、各地区、各民族文化多样性,高等教育发展不平衡性,从整体上设计谋划,科学施策,推动和扩大双边、多边和地区间的文化教育交流,顺应各民族的不同发展要求,尊重彼此差异,寻求在更大范围、更宽领域,加强合作,增进国家互信,民心相通,进而加速经济带的建设发展。

### 三 推进文化交流合作

推进"丝绸之路经济带"建设,力促民心互通,关节点是文化的交融,思想的联通。为此,要坚持文化先行战略,以文化为魂,深耕文化,延续丝绸之路文化根脉,发挥文化引领作用。广泛开展经济带沿线国家、地区文化交流、学术往来、人才流动、媒体合作、青年和妇女交往、志愿者服务等。加强增进民族理解和文化理解认同的教育，全面了解民间需求与广泛民意，消除误解误判，促进和谐合作。加强政治、经济、文化、宗教等人文领域政策法规教育培训、知识普及，助力政策沟通。发挥高等院校、民间组织、文化使者作用，通过文化教育学术研讨、文化艺术品交易博览会、动漫设计与影视制作等领域合作，广泛开展人文交流，增强经济带高等教育合作的思想认同、价值认同，达到民心相通。当务之急，以国家文化部"丝绸之路文化产业带"建设为平台，广泛运用基于虚拟现实、大数据、互联网、人工智能等新一代信息技术，构建与沿线国家、地区文化交流合作机制，创建现代文化产业体系，创办文化产业创意园，打造丝绸之路文化产业带发展高地。加强"丝绸之路"青少年交流，注重利用社会实践和志愿服务、文化体验、体育竞赛、创新创业活动和新媒体社交等途径，增进不同国家青少年对其他国家文化的理解。推动与沿线国家互办多种形式的文化年、教育周、艺术节等活动，推进与沿线各国、各地区民间文化交流，日益扩大人文合作领域，推进人文合作制度化、常态化、法治化。

# 第四章 "丝绸之路经济带"高等教育区域合作的结构性条件：经济、社会、文化

塔尔科特·帕森斯认为，每个人都具有能动性，即他称为"努力"的那些东西。当人们行动时，他们有既定的目的，并以此表明他们的意志。个人行动总是发生在社会现实"情景"之中。而那些限制个人能动性的因素，由于很难改变，于是它们便成为行动的"条件"。人类命运共同体理论主张共同体必须建立在成员之间相互承认的平等关系上，基于统一的价值共识，以更加全面的关系理性化解国际交往中的治理赤字、发展赤字和信任赤字，发起有效的共同行动，推动全球化朝着均衡、普惠、共赢方向发展。深化中国与"丝绸之路经济带"沿线国家战略合作伙伴关系，推进"丝绸之路经济带"高等教育区域合作，必须植根于彼此间强烈的政治互信、文化认同、价值引领。然而，从目前情况看，由于受到来自经济带沿线国家经济、社会、文化等诸多"情景"因素的困扰和制约，"丝绸之路经济带"高等教育区域合作面临极大挑战。

## 第一节 高等教育区域合作的经济环境

"丝绸之路经济带"高等教育区域合作的经济环境，主要涉及经济带沿线国家政府高等教育财政投入、高等教育生均财政支出等外在条件因素。

### 一 高等教育政府财政投入

根据联合国教科文组织（UNESCO）2016年世界各国的高等教育

毛入学率、高等教育财政投入占教育财政投入的比例两项指标，对"丝绸之路经济带"沿线50个国家高等教育毛入学率数据与高等教育财政投入数据进行比较分析。

根据世界银行（World Bank）公布的人均GDP来衡量各国的经济发展水平，将"丝绸之路经济带"沿线50个国家分为低收入国家、中低收入国家、中高收入国家、高收入国家四类。其中，低收入国家2个、中低收入国家14个、中高收入国家19个、高收入国家15个。

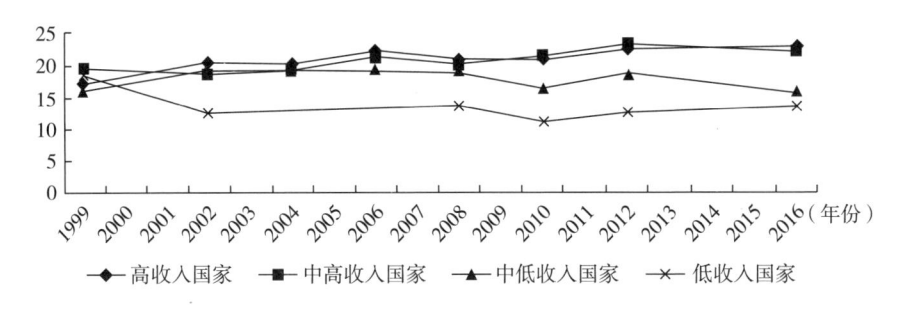

**图4-1  不同经济发展水平国家的高等教育财政变化趋势**

高收入国家和中高收入国家在1999—2016年高等教育财政投入占教育财政投入比例呈上升的趋势，而中低收入和低收入的国家在此期间，高等教育财政投入占教育财政投入比例略微下降。呈现出经济发展水平越高的国家，其高等教育政府投入越来越多的发展趋势。

从低收入水平的两个国家来看，由于数据的缺失，1999—2008年的趋势主要来自尼泊尔的数据，期间尼泊尔高等教育财政支出占教育财政支出比例一直呈下降趋势，从1999年的18.45%下降到2008年的13.46%。2008—2015年，尼泊尔与阿富汗两国因缺失2016年的数据故选择了2015年的数据可得，阿富汗比例总体逐渐上升，尼泊尔依然呈现下降的趋势，从2008年开始，阿富汗增长比例大于尼泊尔减少的比例，低收入国家的教育财政支出比例呈不断上升的趋势。

1999—2002年，中低收入国家的高等教育财政支出占教育财政支出比例呈快速上升趋势，主要是2000年后乌克兰的数据可得，其超过30%的比例拉高了中低收入国家中数据可得部分国家的平均水平，

2002—2010年,中低收入国家的高等教育财政支出占教育财政支出比例呈持续下降趋势,至2010年达到最低值16.11%,到2012年比例有小幅上升,之后呈现下降趋势。

高收入国家和中高收入国家的高等教育财政支出占教育财政支出比例总体呈上升趋势,分别在2005年与2009年后,比例保持在20%以上,说明政府对于高等教育的发展持续保持着高度的重视。

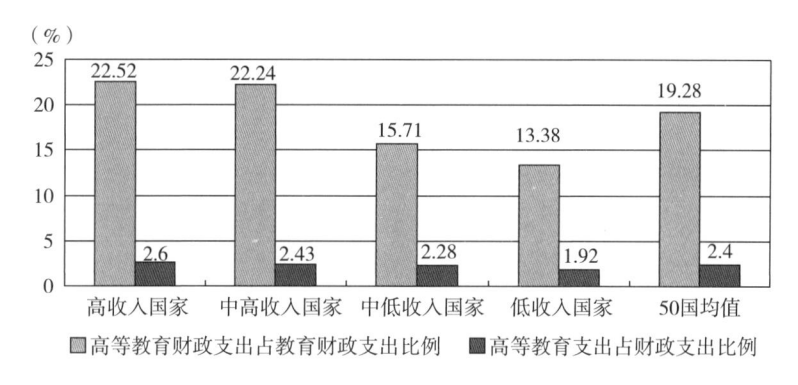

**图4-2 经济发展水平不同国家的高等教育财政投入比较**

总的看来,经济发展水平越高的国家,高等教育财政支出占教育支出比例越大。"丝绸之路经济带"沿线50个国家高等教育财政支出占教育财政支出比例为19.28%。高收入国家与中高收入国家2016年的高等教育财政支出占教育财政支出比例分别为22.52%、22.24%,皆高于50个国家的平均水平。中低收入国家与低收入国家的高等教育财政支出占教育财政支出比例分别为15.71%与13.38%(低收入国家因缺失2016年的数据,故采用2015年的数据),分别低于50国均值3.57个和5.9个百分点。

高等教育毛入学率作为衡量高等教育发展规模的一项关键性指标,指高等教育在学人数与18—24岁年龄段适龄人数之比。一个国家或地区高等教育大众化或普及化的程度主要是通过高等教育毛入学率来反映的,国际上,通常认为精英教育阶段是高等教育毛入学率低于15%,大众化阶段为15%—50%,普及化阶段则在50%以上。"丝绸之路经济带"沿线50个国家中高等教育处于精英化的国家有8个,处于大众化的国家有 20 个，处于普及化的国家有 22 个。

依据经济发展水平与高等教育发展规模因素，对 2016 年"丝绸之路经济带"沿线 50 个国家高等教育财政支出占教育财政支出的比例作如下划分。

表 4-1　"丝绸之路经济带"沿线国家政府高等教育财政支出占教育财政支出比分布

| | 高收入国家 | 中高收入国家 | 中低收入国家 | 低收入国家 |
|---|---|---|---|---|
| 精英化阶段 | 卡塔尔□ | 土库曼斯坦 9.23 | 孟加拉国 16.88，乌兹别克斯坦□，巴基斯坦 10.73 | 阿富汗 15.95 |
| 大众化阶段 | 巴林 24.4 | 阿塞拜疆 12.82，格鲁吉亚 11.09，马其顿 15.01，中国□，黎巴嫩 28.74，哈萨克斯坦 11.64 | 塔吉克斯坦 9.95，印度 28.53，摩尔多瓦 16.22，叙利亚 24.22，巴勒斯坦□、亚美尼亚 13.18，吉尔吉斯斯坦 4.64 | 尼泊尔 10.8 |
| 普及化阶段 | 以色列 15.26，拉脱维亚 21.31，斯洛文尼亚 19.76，匈牙利 16.45，捷克 20.03，斯洛伐克 29.9，波兰 24.12，爱沙尼亚 26.23，立陶宛 29.61，沙特阿拉伯□ | 罗马尼亚 21.65，塞尔维亚 30.12，阿尔巴尼亚 19.53，伊朗 29.83，克罗地亚 21.86，保加利亚 15.92，俄罗斯联邦 21.15，土耳其 35.48，白俄罗斯 16.1 | 蒙古 10.96，乌克兰 31.52 | |

注：数据来自联合国教科文组织（UNESCO）2016 年高等教育财政投入占教育财政投入的比例的统计数据。由于卡塔尔、沙特阿拉伯、乌兹别克斯坦、巴勒斯坦、中国等国家 2016 年的数据缺失，所以采用相邻最近数据的部分，个别国家缺失数据，忽略不计。详见 UNESCO Institute for Education，Expenditure on tertiary as a percentage of government expenditure on education（%），http：//data. uis. unesco. org/Index. aspx? DataSetCode = EDULIT_ DS。

从经济发展水平来看,高等教育财政支出占教育财政支出比例最高的为斯洛伐克达到29.9%,以色列、匈牙利的教育财政支出占教育财政支出比例低于50国均值,分别为15.26%与16.45%。

中高收入国家中,大众化阶段中,黎巴嫩的高等教育财政支出占教育财政支出比例最高,达到28.74%。普及化阶段国家中,土耳其的高等教育财政支出占教育财政支出比例最高达到35.48%,也是"丝绸之路经济带"沿线国家中的最高值。普及化阶段中,只有保加利亚与白俄罗斯两个国家的高等教育财政支出占教育财政支出比例低于50国均值,其余国家均保持较高的高等教育财政投入,体现出政府对于高等教育发展的重视。

中低收入国家中,普及化阶段的国家中,高等教育财政支出占教育财政支出比例最高的国家为乌克兰,达到31.52%,大众化阶段最低的国家为吉尔吉斯斯坦,只有4.64%,它的高等教育财政支出占教育财政支出比例最低也是50国中的最低值。低收入国家中的阿富汗与尼泊尔的高等教育财政支出占教育财政支出比例分别为15.95%与10.8%,都低于50国均值,说明政府对于高等教育的重视程度较低。

从高等教育的发展阶段来看,精英化阶段的国家大部分为中低收入国家,处于高等教育精英化阶段国家,高等教育财政支出占教育财政支出比例最高的为孟加拉国,达到16.88%,最低的是土库曼斯坦,仅有9.23%。

大众化阶段的国家中,40%的国家为中高收入国家,46.7%的国家为中低收入国家,大众化阶段国家中,高等教育财政支出占教育财政支出比例高于50国均值的国家有巴林、黎巴嫩、印度和叙利亚四个国家,其中,印度最高,达到28.53%。

普及化阶段的国家中,47.6%为高收入国家,42.9%为中高收入国家。高等教育普及化阶段的国家中,高等教育财政支出占教育财政支出比例最低的为蒙古,只有10.96%,最高的是土耳其,达到35.48%。

## 二 高等教育生均财政支出

根据世界银行(World Bank)对世界各国1999—2016年的高等教

育生均财政支出占人均 GDP 比例的统计数据，挑选出"丝绸之路经济带"50 个国家在 2016 年度的有关数据进行分析。中国高等教育生均财政支出占人均 GDP 的比例数据，是通过《中国教育经费统计年鉴（2014）》中 2013 年的高等教育预算内财政性生均支出与《中国统计年鉴（2014）》中 2013 年的人均 GDP 比值计算得出。

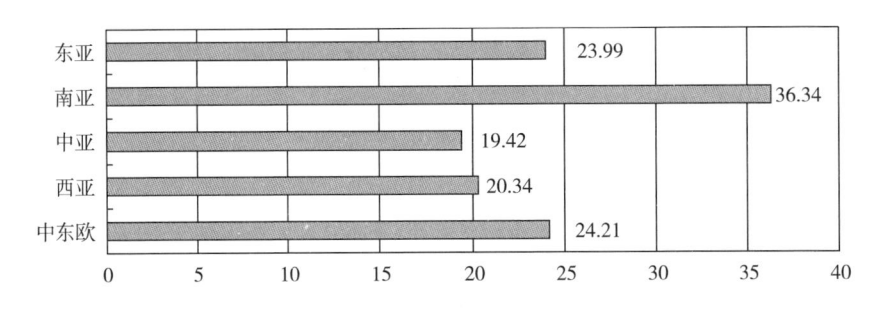

| 地区 | 比例 |
|---|---|
| 东亚 | 23.99 |
| 南亚 | 36.34 |
| 中亚 | 19.42 |
| 西亚 | 20.34 |
| 中东欧 | 24.21 |

**图 4-3　不同地区高等教育生均财政支出占人均 GDP 的比例**

总的看来，南亚地区的高等教育生均财政支出占人均 GDP 比例最高。主要原因是，"丝绸之路经济带"南亚地区国家大多还处在高等教育精英化阶段，高等教育毛入学率低，因此较低的高等教育财政投入也可以取得较高的生均财政，且南亚地区多为经济发展水平较低的国家，人均 GDP 较低，也拉高了高等教育生均财政占人均 GDP 的比例。高等教育生均财政支出最低的为中亚地区，主要原因是，"丝绸之路经济带"中亚地区国家，大部分都是中低收入水平国家，人均 GDP 较低且有 50% 的国家正在从高等教育大众化阶段向普及化阶段转变，高等教育毛入学率呈上升趋势，使高等教育生均财政支出占人均 GDP 的比例偏低。

对不同地区分析，西亚地区高等教育生均财政支出占人均 GDP 最高的为阿曼，为 42.8%，最低的为亚美尼亚，仅占 9.7%。

中亚地区高等教育生均财政支出占人均 GDP 最高的为阿富汗，42.39%，最低的为吉尔吉斯斯坦 5.59%，最高值与最低值之间相差较大。

表4-2　"丝绸之路经济带"沿线国家与其高等教育
生均财政支出占人均GDP比例

| | 精英化阶段 | 大众化阶段 | 普及化阶段 |
|---|---|---|---|
| 中东欧 | | 马其顿□，摩尔多瓦37.65%，波斯尼亚和黑塞哥维那□ | 阿尔巴尼亚13.11%，白俄罗斯17.17%，保加利亚16.08%，克罗地亚25.92%，捷克20.12%，爱沙尼亚30.67%，匈牙利22.82%，拉脱维亚21.6%，立陶宛20.07%，波兰25.51%，罗马尼亚23.21%，俄罗斯联邦21.48%，塞尔维亚35.82%，斯洛伐克21.48%，斯洛文尼亚21.82%[3]，乌克兰37.1%，黑山□ |
| 西亚 | 卡塔尔 | 阿塞拜疆17.88%，科威特和格鲁吉亚11.41%[2]，叙利亚□，巴林21.44%，亚美尼亚9.7%，黎巴嫩17.7%[3]，约旦23.27%，巴勒斯坦□，伊拉克□，阿拉伯联合酋长国□，阿曼42.8% | 沙特阿拉伯□，伊朗18.32%，以色列19.08%，土耳其21.83% |
| 中亚 | 阿富汗42.39%，土库曼斯坦□，乌兹别克斯坦□ | 塔吉克斯坦19.79%[3]，吉尔吉斯斯坦5.59%，哈萨克斯坦9.9% | |
| 南亚 | 不丹54.6%，巴基斯坦27.3%，孟加拉国25.2%[2]，尼泊尔25.43% | 印度49.17%[3] | |
| 东亚 | | 中国37.4%[3] | 蒙古10.57%[1] |

注：数据来自联合国教科文组织（UNESCO）2016年高等教育财政投入占教育财政投入的比例的统计数据。由于马斯顿、波斯尼亚和黑塞哥维那、黑山、卡塔尔、科威特、巴勒斯坦、伊拉克、阿拉伯联合酋长国、沙特阿拉伯、土库曼斯坦、乌兹别克斯坦等国家2016年的数据缺失，所以采用相邻最近有数据的部分，个别国家缺失数据，忽略不计。详见World Bank, Government expenditure per student, tertiary (% of GDP per capita)。

南亚地区高等教育生均财政支出占人均 GDP 最高的为不丹 54.6%，最低的为孟加拉国 25.2%，南亚地区高等教育生均财政支出占人均 GDP 较高主要跟其处于精英化阶段的高等教育毛入率有关。

另外，中东欧地区高等教育生均财政支出占人均 GDP 最高的是摩尔多瓦共和国和马其顿 37.65%，最低的为阿尔巴尼亚 13.11%。东亚的中国和蒙古的高等教育生均财政支出占人均 GDP 分别为 37.4% 和 10.57%。

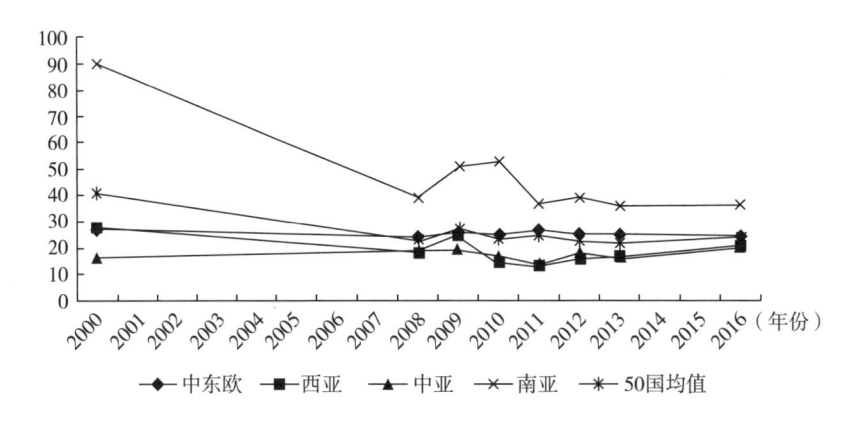

图 4-4　不同地区高等教育生均财政支出变化趋势

进一步，研究 2000—2016 年"丝绸之路经济带"不同地区高等教育生均财政支出变化趋势。

从 2000 年至 2008 年，各地区高等教育生均财政支出普遍呈下降趋势，只有中亚地区呈缓慢上升的趋势，8 年间上升了 3.68 个百分点。其中，下降最多的是南亚地区，8 年时间下降了 54.1 个百分点。

南亚地区从 2008 年至 2010 年高等教育生均财政支出占人均 GDP 呈上升趋势，2010 年至 2016 年，高等教育生均财政支出占人均 GDP 呈持续下降的趋势。南亚地区高等教育生均财政支出占人均 GDP 在 2000 年至 2016 年一直保持在高于其他地区的状态。

西亚、中亚、中东欧地区国家的高等教育生均财政支出占人均 GDP 在 16 年间，都呈现波浪式发展。其中，西亚国家在 2011 年下降到低点，中东欧地区的高等教育生均财政支出占人均 GDP 上升期是 2008 年至 2009 年、2010 年至 2011 年、2013 年至 2014 年。另外，中亚地区高等教育生均财政支出占人均 GDP 的上升期是 2000 年至 2009 年和 2011 年至 2012 年，下降期是 2009 年至 2011 年与 2011 年至 2016 年。

表 4-3　2000—2016 年高等教育生均财政支出占人均 GDP 比例

| 年份 | 中东欧 | 西亚 | 中亚 | 南亚 | 东亚 | 50 国均值 |
| --- | --- | --- | --- | --- | --- | --- |
| 2000 | 27.44 | 27.51 | 15.74 | 90.44 | — | 41.08 |
| 2008 | 23.82 | 17.94 | 18.96 | 38.83 | — | 22.95 |
| 2009 | 25.87 | 24.04 | 19.32 | 51.15 | — | 27.27 |
| 2010 | 24.21 | 14.51 | 17.26 | 52.48 | 5.08 | 23.14 |
| 2011 | 26.45 | 13.74 | 13.4 | 36.54 | 2.84 | 24.96 |
| 2012 | 24.96 | 15.79 | 18.39 | 39.23 | — | 22.59 |
| 2013 | 24.76 | 16.46 | 15.36 | 35.93 | — | 21.54 |
| 2016 | 24.21 | 20.34 | 19.42 | 36.34 | 23.99 | 24.27 |

东亚地区只有 2010 年、2011 年和 2014 年的数据，其中，2010 年和 2011 年的数据都来源于蒙古，2014 年的数据是中国和蒙古两个国家的均值。

从 2000 年至 2016 年，"丝绸之路经济带"沿线 50 个国家的高等教育生均财政支出占人均 GDP 整体呈下降趋势，2000 年 50 国的均值达到 41.08%，至 2016 年下降到 24.27%，下降了 16.81 个百分点。一方面是因为 16 年间，各国经济发展水平提高导致人均 GDP 的上涨，另一方面的原因是在此过程中各国的高等教育毛入学率呈上升趋势，也使高等教育生均财政支出占人均 GDP 比例下降，如 2000 年尼泊尔与印度的高等教育生均财政支出占人均 GDP 分别达到 138.31% 和 94.93%，随着两国高等教育规模的增长与国家经济发展水平的提高，在 2009 年，两国的高等教育生均财政支出占人均 GDP 分别下降到 50.86% 和 78.1%。

### 三 高等教育经济环境评价

"丝绸之路经济带"不同地区国家高等教育经济环境,主要涉及其经济发展水平和政府财政投入等外部条件因素。

(一)各国高等教育发展经济因素

通过对各地区高等教育毛入学率与不同经济发展水平国家的高等教育财政投入与高等教育生均财政支出占人均 GDP 的比较分析,可以总结出经济发展水平越高的国家,高等教育规模越大,高等教育财政投入也越多。

高等教育的发展与国家的经济水平紧密相关,因此,可以选取人均 GDP、高等教育财政投入和高等教育毛入学率等指标,运用相关性分析和回归分析,考察研究"一带一路"沿线国家经济发展水平与政府财政投入对高等教育发展规模的影响。

表 4-4　　　　　各国经济水平对高等教育发展影响分析

| | |
|---|---|
| 高等教育发展与政府高等教育投入相关性 | 0.341* |
| 高等教育发展与政府高等教育生均投入相关性 | -0.350* |
| 高等教育发展与高等教育财政投入占 GDP 比例 | 0.492** |
| 影响高等教育发展的因素回归方程 | 高等毛入学率 = 31.49 + 0.170 × 高等教育财政支出占教育财政支出 - 0.878 × 高等教育生均财政支出占人均 GDP 比例 + 43.22 × 高等教育财政投入占 GDP 比例 |

注:*表示显著水平 <0.1;**表示显著水平 <0.05。

首先,高等教育发展规模与政府高等教育投入具有相关性,相关系数达到 0.341;表明政府高等教育投入越多的国家,高等教育的毛入学率越高。

其次,高等教育发展与政府高等教育生均投入也存在相关,相关系数为 0.350,表明一个国家的政府高等教育生均投入越多,该国的高等教育的毛入学率也会相应提高。

最后,高等教育发展与政府高等教育财政投入占 GDP 比例之间呈显著的正相关,相关系数为 0.492,表明政府高等教育财政投入占

GDP 比例越大，国家的高等教育毛入学率越高。

进一步选取因变量为高等教育毛入学率，自变量为高等教育财政投入占教育财政投入的比例、高等教育生均财政支出占人均 GDP 的比例以及高等教育财政投入占 GDP 比例，建立回归方程。研究发现，在保持其他因素不变的条件下，各国高等教育财政投入占教育财政投入的比例每增加一个单位，高等教育毛入学率将增长 2.055 倍，高等教育生均财政支出占人均 GDP 的比例每增加一个百分点，该国的高等教育毛入学率将会下降 0.83 倍，同时高等教育财政投入占 GDP 比例每增加一个单位，高等教育毛入学率将会增加 43.22 倍，表明各国高等教育发展与该国政府财政投入密切相关。

（二）各国经济发展水平评价

通过研究可知，高等教育发展水平与政府高等教育财政投入密切相关，而一国的政府高等教育财政投入又与该国的经济发展水平相关。因此，本书将从"丝绸之路经济带"沿线各国人均 GDP 指标对"丝绸之路经济带"沿线各国的经济发展水平展开评价分析。

在评价各国的经济状况时，选取人均 GDP 的原因是该指标反映了该国居民的富裕程度；这个指标可从另一方面展现出"丝绸之路经济带"沿线国家经济发展状况的基本状况。

研究数据来自世界银行（World Bank）2016 年关于各国人均 GDP 的数据，从不同地区进行相关数值比较分析。

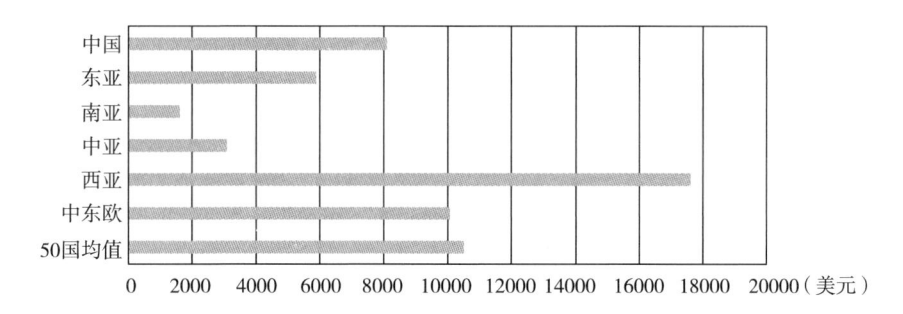

图 4-5　2016 年不同地区的人均 GDP

注：2016 年人均 GDP 的数据，除巴勒斯坦的缺失外，均来自世界银行。

根据世界银行对 2016 年各国人均 GDP 的数据，对"丝绸之路经济带"不同地区人均 GDP 进行了对比。

"丝绸之路经济带"沿线 50 个国家人均 GDP 的平均值为 10527.17 美元，其中，西亚地区人均 GDP 最高，为 17628.35 美元，远远超过其他地区的平均人均 GDP 值，高于 50 国均值。其次为中东欧，人均 GDP 为 10117.9 美元，东亚地区次之，人均 GDP 为 5905.68 美元。中亚地区人均 GDP 为 3114.72 美元，最低的是南亚地区，人均 GDP 为 1604.24 美元。四个地区均低于 50 国均值，西亚与南亚差距大，人均 GDP 相差 16024.11 美元。

中国的人均 GDP 为 8117.3 美元，低于西亚和中东欧的均值，低于 50 国均值，高于其他地区。

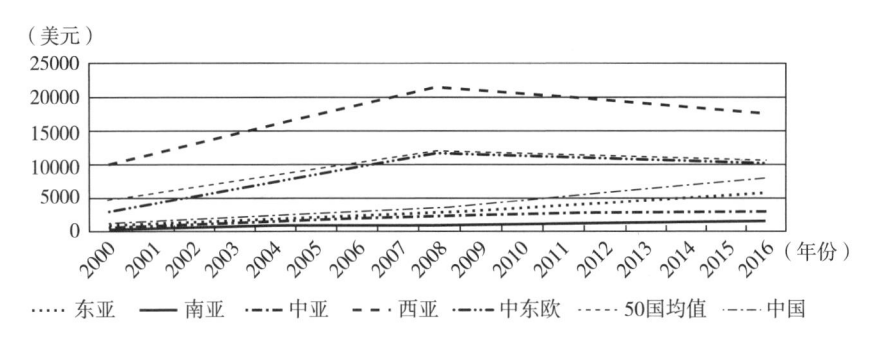

图 4-6　"丝绸之路经济带"国家人均 GDP 变化趋势

表 4-5　　　"丝绸之路经济带"国家人均 GDP 变化趋势

| 年份 | 东亚 | 南亚 | 中亚 | 西亚 | 中东欧 | 中国 | 50 国均值 |
| --- | --- | --- | --- | --- | --- | --- | --- |
| 2000 | 716.79 | 475.1 | 569.7 | 30.5 | 3035.63 | 959.37 | 4624.2 |
| 2008 | 2805.47 | 983.1 | 2519 | 30.68 | 11673.2 | 3471.2 | 11892.82 |
| 2016 | 5905.68 | 1604.24 | 3114.72 | 17628.35 | 10117.9 | 8117.3 | 10527.17 |

注：2000 年、2008 年和 2016 年人均 GDP 的数据，除巴勒斯坦的缺失外，均来自世界银行。

总体看来，2000—2016 年西亚、中东欧先增长再下降，但整体在上升。且西亚从 2016 年开始人均 GDP 一直高于其他地区。中东欧地区仅次于西亚地区，高于其他地区的人均 GDP。中亚、东亚、南亚地区不同速度上升。总的来说，人均 GDP 从高到低的排列顺序为：西亚、中东欧、东亚、中亚、南亚。中国的人均 GDP 2008 年以前缓慢增长，2016 年的数据与 2008 年数据相比，上升明显，上升了 4646.1 元。

## 第二节 高等教育区域合作的社会环境

"丝绸之路经济带"国家高等教育社会环境，体现在"丝绸之路经济带"国家社会劳动力、高等教育师资队伍、老龄化程度以及高中教育毛毕业率等外部条件因素方面。

### 一 社会劳动力

(一) 社会劳动力参与率

劳动参与率，是经济活动人口（包括就业者和失业者）占劳动年龄人口的比率，是用来衡量人们参与经济活动状况的指标，劳动力的年龄结构的变化与教育水平的发展有密切的关系。青年劳动力参与率的变化，与高等教育的发展密切相关。高等教育与劳动力市场有密切的联系，高等教育主要承担劳动力的培养任务，高等教育需适应劳动力市场的需求。

随着教育事业的发展，高等教育毛入学率的提高，技术进步等因素导致对高素质劳动力结构劳动力的需求标准提高，造成更多的人选择继续接受高等教育，提升自己的能力与学历水平来满足更高要求的劳动力市场，就业年龄也随之推后。

"丝绸之路经济带"沿线国家主要分布在亚欧大陆。其中，中东欧 20 国（摩尔多瓦、马其顿、波黑、塞尔维亚、罗马尼亚、黑山、斯洛伐克、阿尔巴尼亚、匈牙利、克罗地亚、保加利亚、拉脱维亚、捷克、爱沙尼亚、波兰、俄罗斯、立陶宛、乌克兰、斯洛文尼亚、白俄罗斯），西亚 17 国（卡塔尔、伊拉克、阿联酋、阿塞拜疆、科威特、阿曼、格鲁吉亚、叙利亚、巴林、亚美尼亚、黎巴嫩、约旦、巴勒斯坦、沙特阿拉伯、伊朗、以色列、土耳其），中亚 6 国（阿富汗、土库曼斯坦、乌兹别克斯坦、塔吉克斯坦、吉尔吉斯斯坦、哈萨克斯坦)、南亚5国(不丹、巴基斯坦、孟加拉国、尼泊尔、印度)、东亚包括中国与蒙古国。

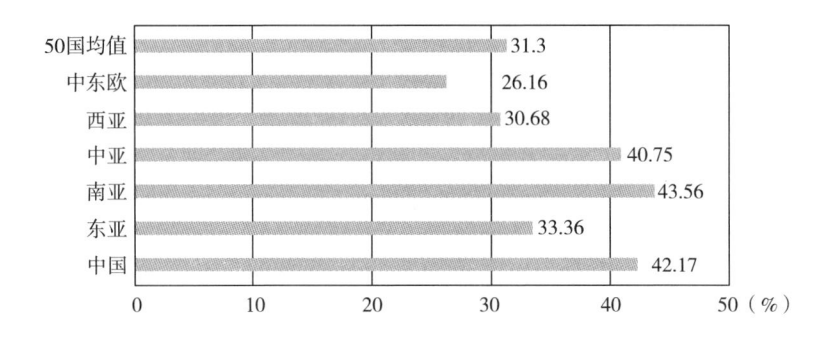

| 地区 | 比例(%) |
| --- | --- |
| 50国均值 | 31.3 |
| 中东欧 | 26.16 |
| 西亚 | 30.68 |
| 中亚 | 40.75 |
| 南亚 | 43.56 |
| 东亚 | 33.36 |
| 中国 | 42.17 |

**图4-7 "丝绸之路经济带"国家社会劳动力参与率**

注:2016年15—24岁劳动参与率的数据,除巴勒斯坦的缺失外,均来自世界银行。

根据世界银行2016年各国15—24岁青年劳动参与率比例的数据,对"丝绸之路经济带"不同地区15—24岁劳动参与率比例进行对比。

"丝绸之路经济带"沿线50个国家15—24岁劳动参与率比例的平均值为31.3%,其中,南亚的15—24岁劳动参与率比例最高,达到43.56%,中亚的15—24岁青年劳动参与率比例为40.75%,东亚地区次之,比例为33.36%。三个地区均高于50个"丝绸之路经济带"沿线国家。最低的是中东欧地区,青年15—24岁劳动参与率比例为26.16%。西亚的15—24岁青年劳动参与率比例为30.68%,低于50个"丝绸之路经济带"沿线国家。

中国的15—24岁青年劳动参与率比例为42.17%,高于50国的均值,仅次于南亚地区,高于其他地区,15—24岁青年劳动参与率比例较大。

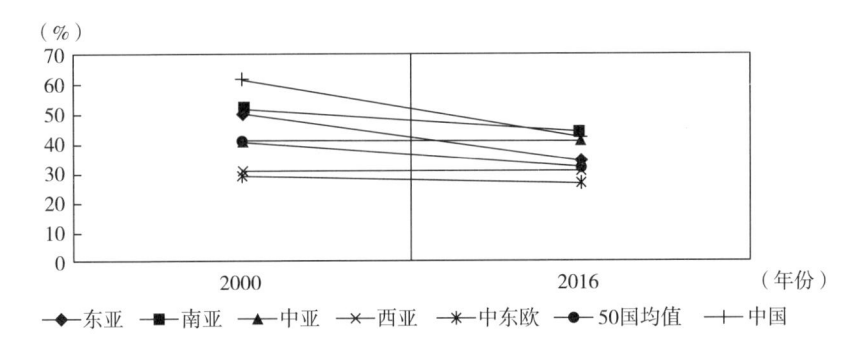

图4-8 "丝绸之路经济带"国家社会劳动力参与率变化趋势

表4-6 "丝绸之路经济带"国家社会劳动力参与率变化趋势

| 年份 | 东亚 | 南亚 | 中亚 | 西亚 | 中东欧 | 中国 | 50国均值 |
|------|------|------|------|------|--------|------|----------|
| 2000 | 50.55 | 51.60 | 40.00 | 30.5 | 29.00 | 61.90 | 40.00 |
| 2016 | 33.36 | 40.75 | 40.75 | 30.68 | 26.16 | 42.17 | 31.3 |

注：2000年和2016年15—24岁劳动参与率的数据，除巴勒斯坦的缺失外，均来自世界银行。

### （二）社会劳动力参与率变化趋势

总体看来，2000—2016年，除中亚和西亚地区轻微上升外，其他地区15—24岁青年劳动参与率比例的变化趋势基本呈现下降的趋势，其中一个原因就在于劳动力市场对人才的要求越来越高，增强了对高级技术人才的市场需求。为满足这一需求，各国采用不同方面的政策推动高等教育的发展。

50国均值总体呈下降趋势。其中，下降速度最快的地区是东亚地区，下降了17.19个百分点。其次是南亚地区，下降了10.85个百分点。中东欧地区缓慢下降，下降了2.84个百分点。西亚、中亚小幅度上升。中国下降趋势明显，下降了19.73个百分点，这与我国从1999年实行的大学扩张政策有关，大学的大规模扩张导致我国15—24岁劳动年龄人口劳动参与率快速下降。大学的扩招也在进一步深化人力资本，为未来提供更加熟练的劳动力。

表4-7　　　　　　　不同地区国家经济发展水平分类

| | 高收入国家 | 中高收入国家 | 中低收入国家 | 低收入国家 |
| --- | --- | --- | --- | --- |
| 中东欧 | 捷克、爱沙尼亚、匈牙利、拉脱维亚、立陶宛、波兰、斯洛伐克、斯洛文尼亚 | 阿尔巴尼亚、白俄罗斯、波斯尼亚、黑塞哥维那、保加利亚、克罗地亚、马其顿、黑山、罗马尼亚、俄罗斯联邦、塞尔维亚 | 摩尔多瓦共和国、乌克兰 | |
| 西亚 | 巴林、以色列、科威特、阿曼、卡塔尔、沙特阿拉伯、阿联酋 | 阿塞拜疆、格鲁吉亚、伊朗、伊拉克、黎巴嫩、土耳其 | 亚美尼亚、约旦、巴勒斯坦、叙利亚 | |
| 中亚 | | 土库曼斯坦、哈萨克斯坦 | 乌兹别克斯坦、塔吉克斯坦、吉尔吉斯斯坦 | 阿富汗 |
| 南亚 | | | 不丹、孟加拉国、巴基斯坦、印度 | 尼泊尔 |
| 东亚 | | 中国 | 蒙古 | |

"丝绸之路经济带"中东欧地区40%为高收入国家，50%为中高收入国家，只有2个中低收入国家，分别为摩尔多瓦共和国和乌克兰，没有低收入国家。西亚地区41%为高收入国家，35%为中高收入国家，24%为中低收入国家，没有低收入国家。中亚地区没有高收入国家，土库曼斯坦和哈萨克斯坦为中高收入国家，50%为中低收入国家，阿富汗为低收入国家。南亚地区没有高收入国家和中高收入国家，80%的国家为中低收入国家，尼泊尔为低收入国家。东亚的中国和蒙古分别为中高收入国家和中低收入国家。

世界银行根据人均GDP来衡量各国的经济发展水平，将"丝绸之路"沿线国家分为低收入国家、中低收入国家、中高收入国家和高收入国家四类。在"丝绸之路经济带"沿线50个国家，高收入国家15个，中高收入国家19个，中低收入国家14个，低收入国家2个。

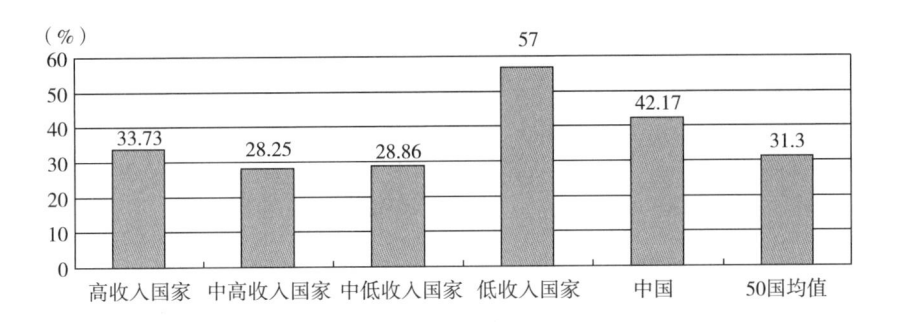

图 4-9 "丝绸之路经济带"国家社会劳动力参与率比例

注：2016 年 15—24 岁劳动参与率的数据，除巴勒斯坦的缺失外，均来自世界银行。

"丝绸之路经济带"50 个国家（有数据调查结果）的 15—24 岁青年劳动参与率比例平均值为 31.3%，低收入国家 15—24 岁青年劳动参与率比例为 57%，这意味着，有一半以上的青年参与了劳动，与"丝绸之路经济带"50 国 15—24 岁青年劳动参与率比例平均值相比，高 25.7 个百分点，与中高收入国家 15—24 岁青年劳动参与率比例平均值相比高 28.75 个百分点，差距较大。高收入国家 15—24 岁青年劳动参与率比例为 33.73%；其次为中低收入国家，为 28.86%。中国青年劳动参与率比例为 42.17%，这说明现阶段中国青年劳动参与程度高于"丝绸之路经济带"沿线国家平均水平，也高于同等级别中高收入国家的平均值，但低于低收入国家的平均水平。

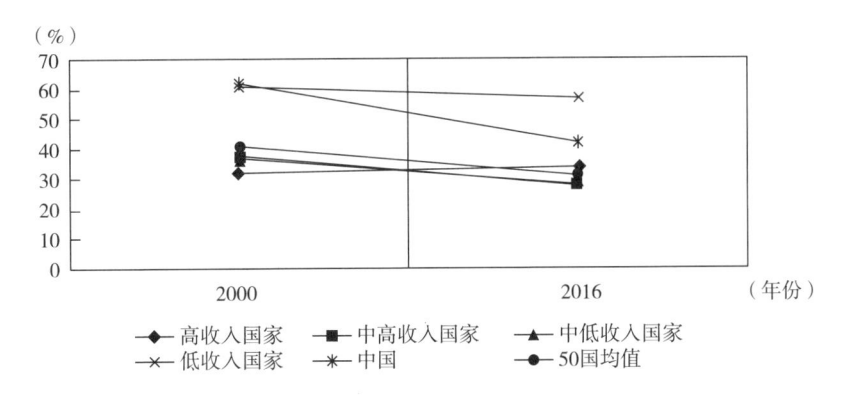

图 4-10 "丝绸之路经济带"国家社会劳动力参与率变化趋势

按不同经济发展水平划分，总体看来，2000—2016 年，不同经济发展水平地区 15—24 岁青年劳动参与率比例的变化趋势基本呈现下降的趋势，除了高收入国家 15—24 岁青年劳动参与率比例平缓上升了 1.95 个百分点，其他不同经济发展水平的国家 15—24 岁青年劳动参与率比例平均值都呈下降趋势。下降速度最快的是中高收入国家，下降了 8.85 个百分点。其次为中低收入国家和低收入国家，分别下降了 7.6 个和 3.8 个百分点。50 国 15—24 岁青年劳动参与率比例平均值呈下降趋势。

表 4-8  "丝绸之路经济带"国家社会劳动力参与率变化趋势

| 年份 | 高收入国家 | 中高收入国家 | 中低收入国家 | 低收入国家 | 中国 | 50 国均值 |
| --- | --- | --- | --- | --- | --- | --- |
| 2000 | 31.78 | 37.1 | 36.46 | 60.8 | 61.9 | 40 |
| 2016 | 33.73 | 28.25 | 28.86 | 57 | 42.17 | 31.3 |

注：2000 年和 2016 年 15—24 岁劳动参与率的数据，除巴勒斯坦的缺失外，均来自世界银行。

中国 15—24 岁青年劳动参与率比例下降明显超过了 50 国均值下降速度及其他不同经济发展水平国家的平均值，这意味着中国 15—24 岁青年劳动力参与率降低，但明显高于很多国家。

## 二 高等教育师资队伍

"丝绸之路经济带"国家高等教育师资队伍状况，主要体现在高等教育生师比方面。

### （一）高等教育生师比

生师比（student-teacher ratio）是培养学生人数与学校教师人数的比例关系。它在一定程度上体现了高校人力资源利用效率、教育规模的大小，也从侧面反映了学校的办学效益和教育质量。师生比越高，在一定资源条件下，教学的质量就难以保证。在当代的高等教育中，较小的生师比意味着更高的教学质量。不同国家和同一国家的不同时期，由于经济、教育发展状况和体制不同，对生师比的要求也不同。但对于每个国家来说，高等学校教师数量的增幅如果赶不上学生数量的增幅，生师比逐渐增大的话，会出现教师资源的供不应求，影响高等教育的发展等问题。

根据联合国教科文组织和《中国统计年鉴》2016年各国高等教育生师比的数据，对"丝绸之路经济带"不同地区高等教育生师比进行了对比分析。

"丝绸之路经济带"沿线50个国家2016年的高等教育生师比平均值为17.3，其中，南亚的高等教育生师比最高，达到27.6。其次是西亚的高等教育生师比达到20.15。两个地区的生师比均值均高于50国均值。中东欧生师比为14.94，其次为东亚，为14.76，最低的是中亚地区，高等教育生师比为14.29。

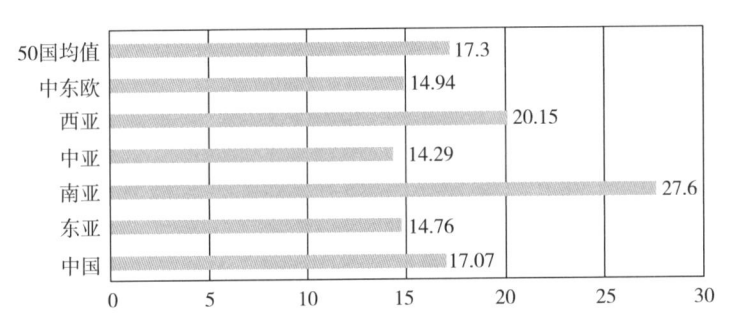

图4-11　"丝绸之路经济带"高等教育生师比

注：中国生师比的数据来自《中国统计年鉴》，除爱沙尼亚、伊拉克、以色列、科威特4国数据的缺失，其余均来自联合国教科文组织。个别国家因缺失2016年的数据，故采用相邻年份的数据。

中国的高等教育生师比为17.07，虽然低于50国的均值，但相差只有0.23，一个老师需负责的学生还是比中东欧、中亚和东亚地区的平均值高，负责的学生较多。

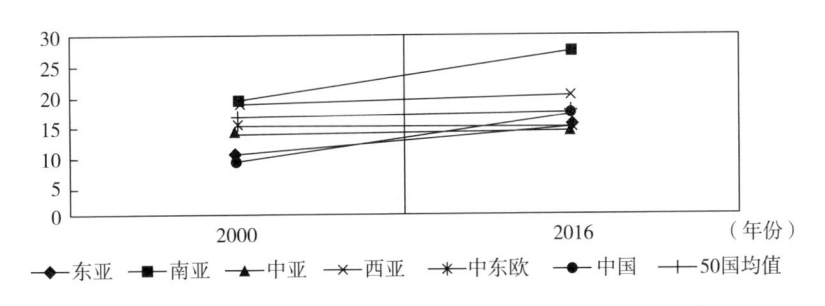

图4-12　"丝绸之路经济带"高等教育生师比变化趋势

根据联合国教科文组织和《中国统计年鉴》2000年和2016年各国高等教育生师比的数据,对"丝绸之路经济带"不同地区高等教育生师比的变化趋势进行分析。

表4-9　　"丝绸之路经济带"高等教育生师比变化趋势

| 年份 | 东亚 | 南亚 | 中亚 | 西亚 | 中东欧 | 中国 | 50国均值 |
| --- | --- | --- | --- | --- | --- | --- | --- |
| 2000 | 10.051 | 18.972 | 14.071 | 18.992 | 14.740 | 8.950 | 16.300 |
| 2016 | 4.760 | 7.600 | 14.290 | 0.150 | 14.940 | 17.070 | 17.300 |

注:中国2016年生师比的数据来自《中国统计年鉴》,除2016年爱沙尼亚、伊拉克、以色列、科威特4国数据的缺失,2000年黑山和以色列数据的缺失,其余均来自联合国教科文组织,个别国家因缺失2000年和2016年的数据,故采用相邻年份的数据。

总体看来,2000年和2016年对比,南亚、东亚生师比上升趋势明显,分别上升11.372个和5.291个百分点。中东欧地区生师比上涨最平稳,上升了0.2个百分点。西亚上升了1.16个百分点。中亚上升了0.22个百分点。50国均值上升了1个百分点,意味着平均一个老师所负责的学生增加一名,中国的生师比变化大,上升了8.12个百分点,一个老师所负责的学生增加了8名左右,负担变大,这与学校规模的扩大、学生的扩招有密切的联系。

(二)高等教育生师比比较

"丝绸之路经济带"50个国家的高等教育生师比平均值为17.3,中高收入国家高等教育生师比最低为14.8,其次是高收入国家的生师比为16.33,均低于50国均值。中低收入国家高等教育生师比平均值为19.49。低收入国家生师比为41.95,远远高于50国均值及其他经济收入层次,老师负担的学生压力大。而中国高等教育生师比为17.07,位于50国平均水平较下一点的位置,但一个老师需负责的学生还是比同层次的中高收入国家的平均值高2.27个百分点。

按不同经济发展水平划分,总体来看,2000年的数据和2016年的数据,高收入国家高等教育生师比的变化趋势基本呈现轻微下降的趋势,下降了0.4个百分点。低收入国家上升趋势陡峭,最为明显,

## 第四章 "丝绸之路经济带"高等教育区域合作的结构性条件：经济、社会、文化 / 127

增加了 22.95 个百分点。中高收入国家和中低收入国家分别上升了 0.92 个和 0.79 个百分点，且中高收入国家一直处于其他国家比例之下。依据 2016 年的数据大致排序，生师比最大的地区是低收入国家，其次为中低收入地区，然后是高收入国家，最低的是中高收入国家。生师比与经济状况有密切的关系，经济收入高一些的国家生师比普遍要低一些。中国的生师比变化大，上升了 8.12 个百分点。

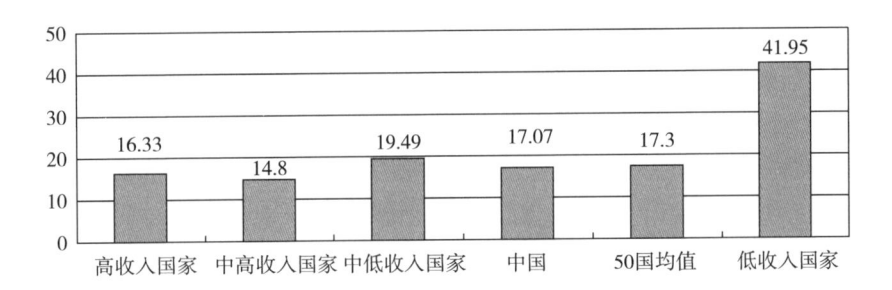

**图 4-13　"丝绸之路经济带"经济发展水平不同国家高等教育生师比**

注：中国生师比的数据来自《中国统计年鉴》，除爱沙尼亚、伊拉克、以色列、科威特 4 国数据的缺失，其余均来自联合国教科文组织，个别国家因缺失 2016 年的数据，故采用相邻年份的数据。低收入两个国家缺失 2016 年份的数据，故低收入国家采用 2015 年的平均值。

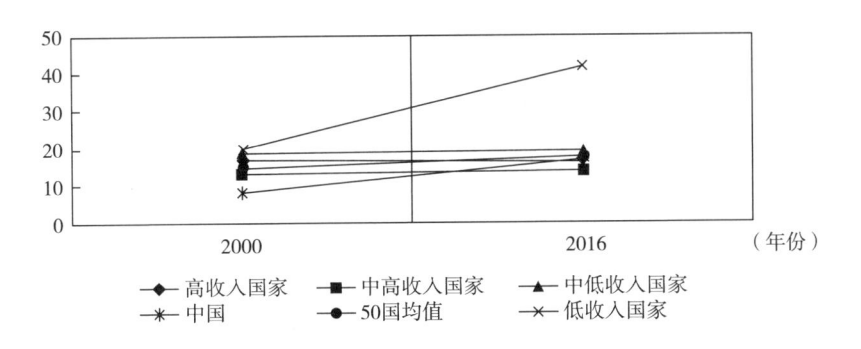

**图 4-14　"丝绸之路经济带"经济发展水平不同国家高等教育生师比变化趋势**

表 4-10　　"丝绸之路经济带"经济发展水平不同
国家高等教育生师比变化趋势

| 年份 | 高收入国家 | 中高收入国家 | 中低收入国家 | 低收入国家 | 中国 | 50国均值 |
|---|---|---|---|---|---|---|
| 2000 | 16.73 | 13.88 | 18.70 | 19.00 | 8.95 | 16.30 |
| 2016 | 16.33 | 14.80 | 19.49 | 41.95 | 17.07 | 17.30 |

注：中国生师比的数据来自《中国统计年鉴》，除爱沙尼亚、伊拉克、以色列、科威特4国数据的缺失，其余均来自联合国教科文组织，个别国家因缺失2016年的数据，故采用相邻年份的数据。低收入两个国家缺失2016年的数据，故低收入国家2016年的数据采用2015年的平均值。

然而，高等教育的生师比到底多少比较适宜，世界各国没有一个共同的标准。且各国高等教育学生与教师的人数之比还受到各国高等教育用人制度与高等教育的规模、高等教育生均支出、高等教育投入占政府教育总支出的比例等因素影响，因此，我们要进一步研究高等教育生师比的影响因素。

### 三　老龄化程度

人口老龄化是指总人口中因年轻人口数量减少、年长人口数量增加而导致的老年人口比例相应增长的动态过程。

#### （一）人口老龄化

国际上，通常把60岁以上的人口超过10%或者65岁及以上人口超过7%的国家称为进入老龄化社会。老龄化程度对高等教育的发展有不可忽视的影响。一方面，老龄化程度高意味着高校面临着招生不足的问题，导致学校发展困难或者学校间因抢生源而形成恶劣竞争；另一方面，能够培养的教师人数也远远跟不上高等教育的发展，影响教学质量等。

从2000年至2016年，各地区老龄化程度普遍呈上升趋势，中亚地区趋势最平稳，2000年至2014年呈缓慢下降趋势，2004年至2016年呈缓慢上升趋势，15年间下降了0.24个百分点。上升最多的是中东欧地区，15年时间上升了3.52个百分点，且中东欧地区老龄化程度普遍超过50国均值，且远远高于其他地区。大致来说，老龄化程度最高的是中东欧,其次是东亚、西亚,然后是南亚,最低的是中亚。中国的老龄化程度偏高,低于中东欧地区,与50国均值相近,低于50国均值,到2016年持平。总体呈上升趋势,15年时间增加了3.1个百分点。

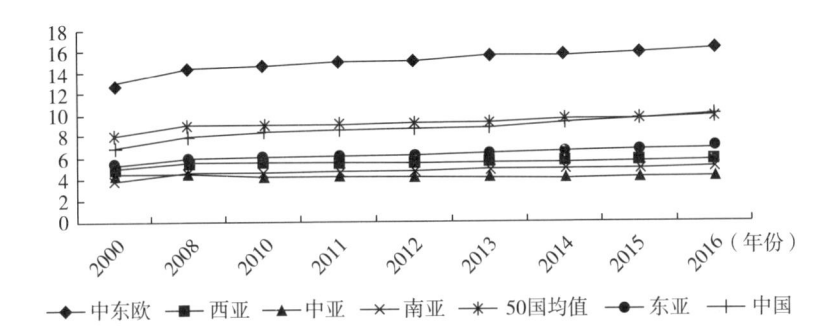

**图 4-15　"丝绸之路经济带"不同地区老龄化程度变化趋势**

表 4-11　2000—2016 年个别年份不同地区的老龄化程度

| 年份 | 中东欧 | 西亚 | 中亚 | 南亚 | 东亚 | 中国 | 50国均值 |
| --- | --- | --- | --- | --- | --- | --- | --- |
| 2000 | 12.9 | 5.11 | 4.51 | 3.92 | 5.3 | 6.91 | 8.17 |
| 2008 | 14.5 | 5.57 | 4.52 | 4.52 | 5.95 | 8.09 | 9.08 |
| 2010 | 14.76 | 5.56 | 4.29 | 4.66 | 6.11 | 8.4 | 9.16 |
| 2011 | 14.96 | 5.55 | 4.25 | 4.74 | 6.21 | 8.59 | 9.25 |
| 2012 | 15.18 | 5.55 | 4.22 | 4.82 | 6.31 | 8.79 | 9.35 |
| 2013 | 15.44 | 5.57 | 4.19 | 4.89 | 6.43 | 9.02 | 9.47 |
| 2014 | 15.72 | 5.61 | 4.17 | 4.98 | 6.58 | 9.30 | 9.61 |
| 2015 | 16.02 | 5.68 | 4.19 | 5.06 | 6.78 | 9.68 | 9.78 |
| 2016 | 16.42 | 5.79 | 4.27 | 5.16 | 7.03 | 10.01 | 10.01 |

注:2000—2016 年老龄化程度的数据,除巴勒斯坦和阿联酋的数据缺失外,均来自世界银行。

## (二) 老龄化程度比较

从 2000 年至 2016 年，各经济发展层次的国家老龄化程度普遍呈上升趋势，中低收入国家变化趋势平缓，只上升了 0.68 个百分点。上升最多的是高收入国家，15 年时间上升了 2.31 个百分点。高收入国家和中高收入国家的老龄化程度普遍超过 50 国均值，且高于其他地区。中低收入国家和低收入国家老龄化程度小于 50 国均值。大致来说，老龄化程度最高的是中高收入国家，其次是高收入国家，然后是中低收入国家，最低的是低收入国家。

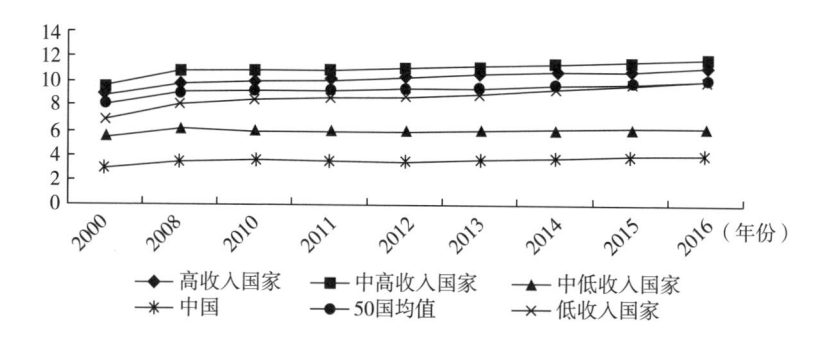

**图 4-16　不同经济发展水平国家的老龄化程度变化趋势**

老龄化程度与经济发展水平有着密切的联系，可以从数据和图表看出，经济发展较好的地区老龄化程度更高。中国的老龄化程度偏高，低于高收入国家和中高收入国家的老龄化程度，与 50 国均值相近，低于 50 国均值，到 2016 年持平。总体呈上升趋势，15 年时间增加了 3.1 个百分点。

表 4-12　　　　2000—2016 年个别年份不同经济发展
水平国家的老龄化程度

| 年份 | 高收入国家 | 中高收入国家 | 中低收入国家 | 低收入国家 | 中国 | 50 国均值 |
|---|---|---|---|---|---|---|
| 2000 | 8.83 | 9.57 | 5.6 | 3.01 | 6.91 | 8.17 |
| 2008 | 9.74 | 10.76 | 6.12 | 3.46 | 8.09 | 9.08 |

续表

| 年份 | 高收入国家 | 中高收入国家 | 中低收入国家 | 低收入国家 | 中国 | 50国均值 |
|---|---|---|---|---|---|---|
| 2010 | 9.94 | 10.82 | 6.05 | 3.6 | 8.4 | 9.16 |
| 2011 | 10.09 | 10.91 | 6.06 | 3.66 | 8.59 | 9.25 |
| 2012 | 10.26 | 11.03 | 6.06 | 3.73 | 8.79 | 9.35 |
| 2013 | 10.45 | 11.18 | 6.08 | 3.8 | 9.02 | 9.47 |
| 2014 | 10.65 | 11.35 | 6.11 | 3.89 | 9.3 | 9.61 |
| 2015 | 10.87 | 11.56 | 6.16 | 3.98 | 9.68 | 9.78 |
| 2016 | 11.14 | 11.83 | 6.28 | 4.09 | 10.01 | 10.01 |

注：2000—2016年老龄化程度的数据，除巴勒斯坦和阿联酋的数据缺失外，均来自世界银行。

## 四 "丝绸之路经济带"国家高中教育毛毕业率

### （一）高中教育毛毕业率

中小学教育在为高等教育做好学术准备工作中起着重要的作用，关于大学入学的教育系统也强调了国家教育系统中的中小学教育因素。特别是中等教育后期的高中教育，直接为高等教育输送人才。高中教育的毛毕业率直接影响着高等教育的规模发展等。

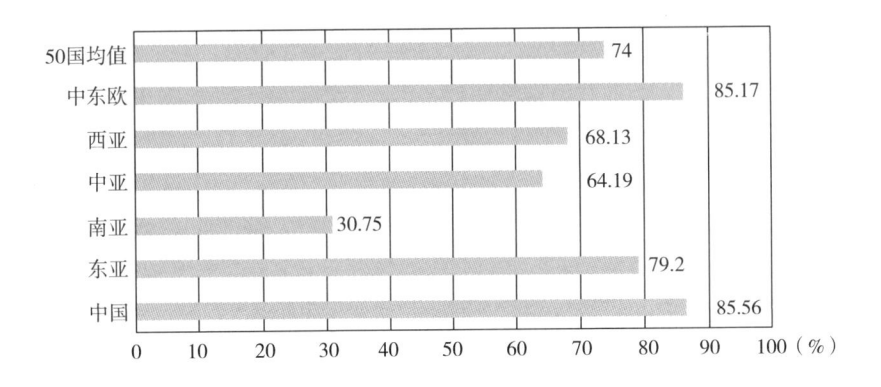

| 区域 | 毛毕业率(%) |
|---|---|
| 50国均值 | 74 |
| 中东欧 | 85.17 |
| 西亚 | 68.13 |
| 中亚 | 64.19 |
| 南亚 | 30.75 |
| 东亚 | 79.2 |
| 中国 | 85.56 |

图4-17 "丝绸之路经济带"国家高中教育毛毕业率

注：高中教育毛毕业率的数据来自联合国教科文组织。个别国家因数据的缺失省略不计，个别国家因缺失2016年的数据，故采用相邻年份的数据。

根据联合国教科文组织对 2016 年各国高中教育毛毕业率的数据，对"丝绸之路经济带"不同地区高中教育毛毕业率进行了对比分析。

"丝绸之路经济带"沿线 50 个国家 2016 年的高中教育毛毕业率平均值为 74，其中，中东欧的高中教育毛毕业率最高，达到 85.17，其次是东亚的高中教育毛毕业率达到 79.2，两地区均高于 50 国均值。然后是西亚，为 68.13，中亚地区次之，高中教育毛毕业率为 64.19，最低的是南亚地区，高中教育毛毕业率为 30.75。

中国的高中教育毛毕业率为 85.56，远远高于 50 国的均值和其他地区，说明中国高中毕业的人数占比大，进入高等教育的人数更多。

（二）经济发展水平不同国家高中教育毛毕业率比较

"丝绸之路经济带"沿线 50 个国家 2016 年的高中教育毛毕业率平均值为 74，其中，高收入国家的高中教育毛毕业率最高，达到 81.87，其次是中高收入国家，高中教育毛毕业率达到 81.06。两个经济层次的国家均值均高于 50 国均值。中低收入国家的高中教育毛毕业率为 57.16，最低的是低收入国家，高中教育毛毕业率为 36.8。从数据可以看出，经济收入较好的国家高中教育毛毕业率越高。

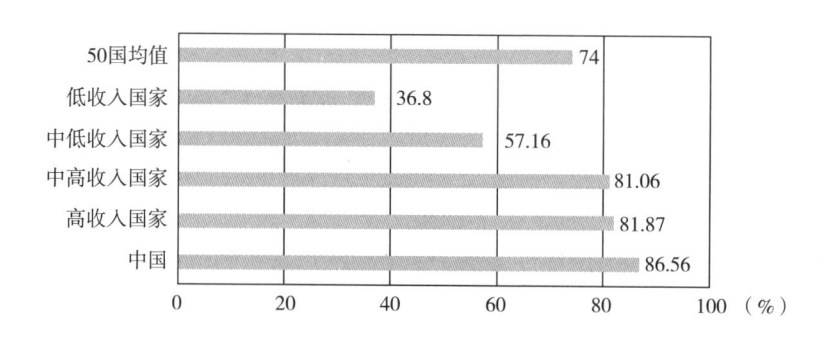

**图 4-18 "丝绸之路经济带"国家高中教育毛毕业率比较**

注：高中教育毛毕业率的数据来自联合国教科文组织。个别国家因数据的缺失省略不计，个别国家因缺失 2016 年的数据，故采用相邻年份的数据。

中国的高中教育毛毕业率为 85.56，远远高于 50 国的均值并高于中高收入国家和高收入国家的均值，说明中国高中毕业的人数占比大，进入高等教育的人数更多。

## 第三节 高等教育区域合作的文化环境

"丝绸之路经济带"国家高等教育文化环境，主要体现在"丝绸之路经济带"国家文化交流、"丝绸之路经济带"国家高等教育出入境流动率对比等外部条件因素方面。

### 一 文化交流

高等教育入境流动率比例是指高等教育阶段，留学生占高等教育总人数的比例。高等教育出境流动率指高等教育阶段，出国留学人数占高等教育总人数的比例。高等教育出境率和入境率是衡量高等教育开放程度与国际化水平的又一个重要指标。本书采用高等教育出境率和入境率作为核心指标，分析"丝绸之路经济带"沿线50个国家的高等教育文化环境。

（一）不同经济发展水平国家文化交流

按不同经济发展水平划分，发现国家经济发展水平越高，高等教育入境流动比例就越高。高等教育入境流动比例与国家经济发展水平呈显著正相关。高收入水平国家的高等教育入境流动比例最高，达到10.83%，是50国平均水平的一倍，拉高了50国高等教育入境流动比例的平均水平。中高收入国家的高等教育入境流动率是2.92%，比高收入国家低7.91个百分点，中低收入国家的高等教育入境流动率为2.52，只比中高收入国家低0.4个百分点。低收入国家中只有尼泊尔有2011年的数据，高等教育入境流动比例为0.03%，几乎没有留学生入境学习，与其他经济发展水平国家相比是最低值。

中国的高等教育入境流动比例为0.28%，低于中高收入国家2.64个百分点，低于"丝绸之路经济带"4.93个百分点。中国的高等教育入境流动相比于"丝绸之路经济带"沿线50个国家，其高等教育入境流动率比例仍然保持在较低的水平。

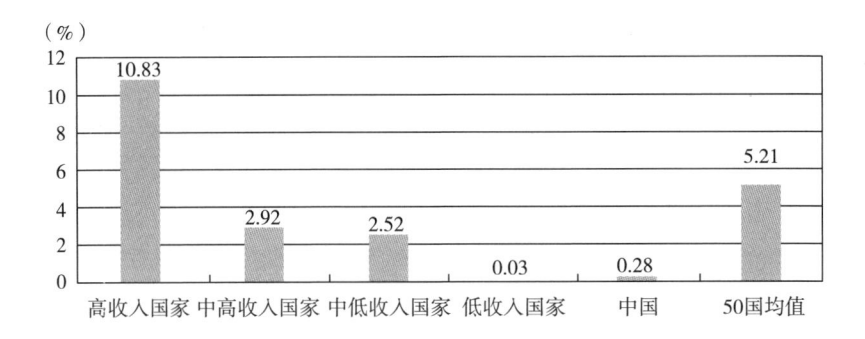

```
(%)
12
10    10.83
 8
 6                                              5.21
 4         2.92   2.52
 2                                       0.28
 0                        0.03
     高收入国家 中高收入国家 中低收入国家 低收入国家  中国   50国均值
```

图 4-19 "丝绸之路经济带"不同经济发展水平
国家高等教育入境流动比例

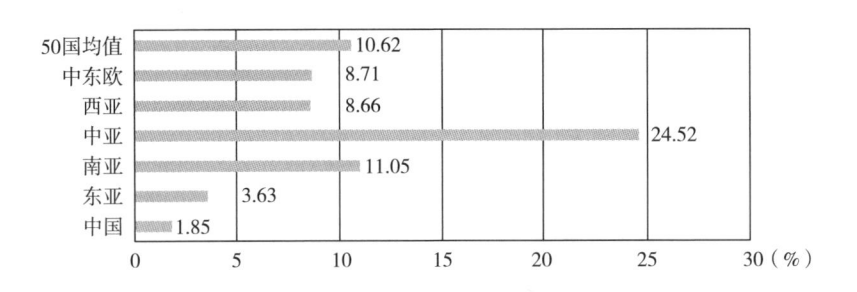

```
50国均值 ▉▉▉▉▉▉ 10.62
  中东欧 ▉▉▉▉▉ 8.71
   西亚 ▉▉▉▉▉ 8.66
   中亚 ▉▉▉▉▉▉▉▉▉▉▉▉▉▉ 24.52
   南亚 ▉▉▉▉▉▉ 11.05
   东亚 ▉▉ 3.63
   中国 ▉ 1.85
        0    5    10   15   20   25   30 (%)
```

图 4-20 "丝绸之路经济带"不同地区高等教育出境流动比例

高等教育出境流动比例是联合国教科文组织对于高等教育出境交流人数占高等教育人数比例的一项指标，是揭示一个国家高等教育的国际化程度与国家对外文化交流强度的一个重要指标。

"丝绸之路经济带"50个国家高等教育出境流动比例为10.62%，按地区划分，其中，中亚地区的高等教育出境流动比例最高，达到24.52%，其次是南亚地区，其高等教育出境流动比例为11.05%。中东欧与西亚地区的高等教育出境流动比例分别为8.71%与8.66%。东亚地区的高等教育出境流动比例最低，为3.63%。

中国高等教育出境流动比例为1.85%，低于东亚地区的平均值1.78个百分点，低于"丝绸之路经济带"50个国家平均水平的8.77个百分点。中国高等教育出境流动比例虽然高于高等教育入境比例，但高等教育的出入境交流仍属于较低水平。

（二）不同地区国家文化交流

根据联合国教科文组织（UNESCO）对2016年对于各国高等教育入境流动比例的数据，对"丝绸之路经济带"不同地区高等教育入境流动比例进行对比。

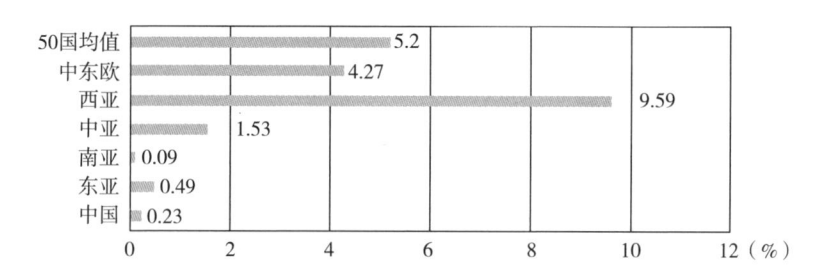

```
50国均值    5.2
中东欧      4.27
西亚        9.59
中亚        1.53
南亚        0.09
东亚        0.49
中国        0.23
```

**图 4-21　"丝绸之路经济带"不同地区高等教育入境流动比例**

"丝绸之路经济带"沿线50个国家高等教育入境流动比例的平均值为5.2%，其中，西亚的高等教育入境比例最高，达到9.59%，也就是说，将近十分之一的高等教育在读生为入境的留学生，中东欧地区次之，比例为4.27%，最低的是南亚地区，高等教育入境流动比例仅为0.09%，几乎没有高等教育在校生出国交换学习。中亚与东亚的高等教育入境流动比例分别为1.53%与0.49%，皆低于50个"丝绸之路经济带"沿线国家。"丝绸之路经济带"各国的高等教育入境率呈现明显的地区差异，各地区间高等教育入境率差异显著。

中国的高等教育入境流动比例为0.23%，低于东亚50国的均值，高等教育入境流动仍处于较低水平。

如图4-22所示，分析不同经济发展水平国家，发现高等教育出境流动比例与国家经济发展水平相关性较低。中高收入国家的高等教育出境流动比例最高，达到13.62%，高出50国均值3个百分点，其次是高收入国家，高等教育出境流动比例达到10.62%，与50国平均水平持平。中低收入国家与低收入国家的高等教育出境流动比例分别为8.98%与8.05%，只与50国均值相差1.64个和2.57个百分点。

(%)

| 高收入国家 | 中高收入国家 | 中低收入国家 | 低收入国家 | 中国 | 50国均值 |
|---|---|---|---|---|---|
| 10.62 | 13.62 | 8.98 | 8.05 | 1.85 | 10.62 |

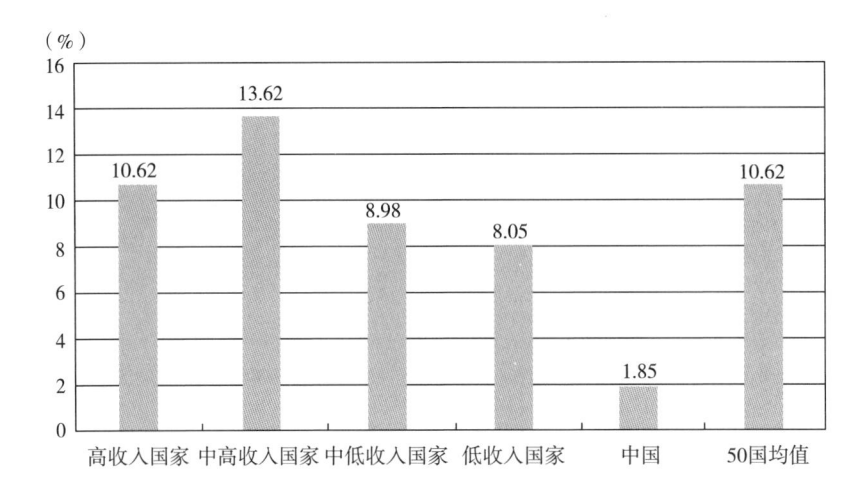

图 4-22 "丝绸之路经济带"不同经济发展水平
国家高等教育出境流动比例

中国的高等教育出境流动比例为 1.85%，低于中高收入国家的平均水平，也低于低收入国家的平均水平，与"丝绸之路经济带"沿线 50 个国家的平均值相差 8.77 个百分点。

如图 4-23 所示，只有高收入国家同时保持了较高的高等教育出境率与入境率，且只有高收入国家的高等教育入境率高于高等教育出境率，其他经济发展水平国家的高等教育入境率皆低于高等教育出境率。

国家高等教育入境率与高等教育出境率之间的悬殊与国家的经济发展水平、教育政策、本国与外国教学水平与教学资源相关。以往的研究发现，国家收入水平与高等教育毛入学率呈正相关，国家收入水平越高，其高等教育毛入学率越高，高等教育的规模越大，高等教育资源越丰富；另外，经济发展水平越高的国家其高等教育财政越充足。因此，经济发展水平高的国家以其丰富的高等教育资源吸引着经济发展水平较低国家的高校学生，总体呈现出国家经济发展水平越高，其高等教育入境率越高的趋势。

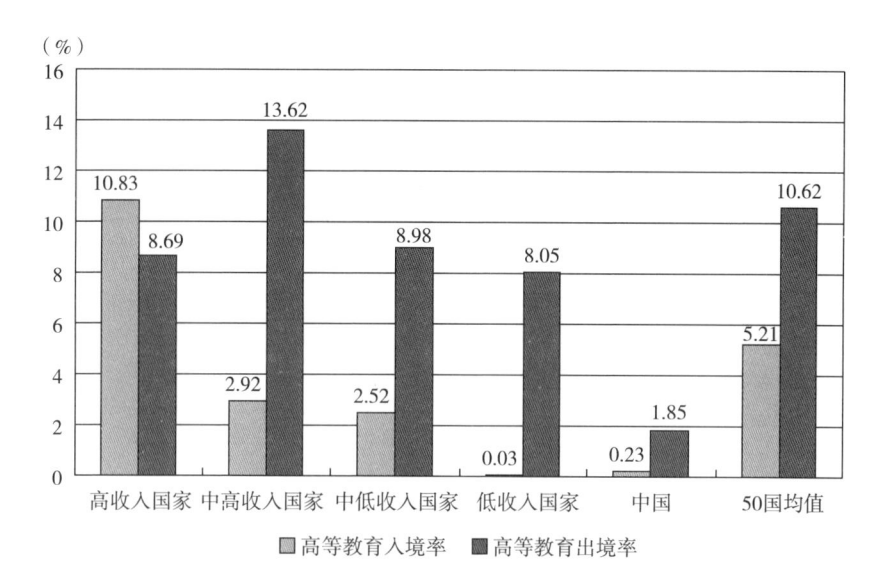

图 4-23 "丝绸之路经济带"不同经济发展水平
国家高等教育入境率与出境率比较

高收入水平国家的学生在本国就可享受到优质的高等教育资源，因此高收入国家的出境率不是最高的，中高收入国家因其经济发展水平较高，但高等教育资源的供给无法满足其需要，因此高等教育出境率最高。

"丝绸之路经济带"沿线 50 个国家的高等教育总体出境率低于高等教育总体入境率，说明高等教育生源除了在这 50 个国家之间流动，也流入了 50 个国家以外的其他国家。

中国的高等教育出境率高于高等教育入境率，水平都低于中高收入国家的平均水平，说明中国高等教育的国际化仍处在较低水平。

## 二 高等教育出入境流动率对比

"丝绸之路经济带"中东欧地区 40% 为高收入国家，50% 为中高收入国家，只有 2 个中低收入国家，分别为摩尔多瓦共和国和乌克兰，没有低收入国家。西亚地区 41% 为高收入国家，35% 为中高收入国家，24% 为中低收入国家，没有低收入国家。中亚地区没有高收入国家，土库曼斯坦和哈萨克斯坦为中高收入国家，50% 为中低收入国家，阿富汗为低收入国家。南亚地区没有高收入国家和中高收入国家，80%的国家为中低收入国家，尼泊尔为低收入国家。东亚的中国和蒙古分别为中高收入国家和中低收入国家。

表4-13　　　　　不同地区国家高等教育出境流动率

| | 高收入国家 | 中高收入国家 | 中低收入国家 | 低收入国家 |
|---|---|---|---|---|
| 中东欧 | 捷克3.12，爱沙尼亚8.0，匈牙利3.38，拉脱维亚7.12，立陶宛8.5，波兰1.36，斯洛伐克16.21，斯洛文尼亚2.75 | 阿尔巴尼亚15.18，白俄罗斯15.18，波斯尼亚、黑塞哥维那15.18，保加利亚8.95，克罗地亚5.41，马其顿7.57，黑山21.92，罗马尼亚6.17，俄罗斯联邦0.86，塞尔维亚5.66 | 摩尔多瓦18.2，乌克兰3.4 | |
| 西亚 | 巴林13.79，以色列3.59，科威特20.11，阿曼11.56，卡塔尔18.31，沙特阿拉伯5.66，阿联酋6.8 | 阿塞拜疆19.51，格鲁吉亚6.94，伊朗1.07，伊拉克1.29，黎巴嫩6.7，土耳其0.75 | 亚美尼亚7.11，约旦7.11，巴勒斯坦11.89，叙利亚4.97 | |
| 中亚 | | 土库曼斯坦106.83，哈萨克斯坦12.5 | 乌兹别克斯坦10.49，塔吉克斯坦6.31，吉尔吉斯斯坦3.57 | 阿富汗7.32 |
| 南亚 | | | 不丹41.78，孟加拉国1.4，巴基斯坦2.52，印度0.79 | 尼泊尔8.77 |
| 东亚 | | 中国1.85 | 蒙古5.41 | |

"丝绸之路经济带"沿线国家中，高等教育出境率最高的5个国家为阿塞拜疆、科威特、黑山、不丹、土库曼斯坦，高等教育出境率分别为19.51%、20.11%、21.92%、41.78%、106.83%（意味着该国高等教育所有学生都有出国接受高等教育的机会）；高等教育出境率最低的5个国家分别为土耳其、印度、俄罗斯联邦、伊朗、伊拉克，高等教育出境率分别为0.75%、0.79%、0.86%、1.07%、1.29%。

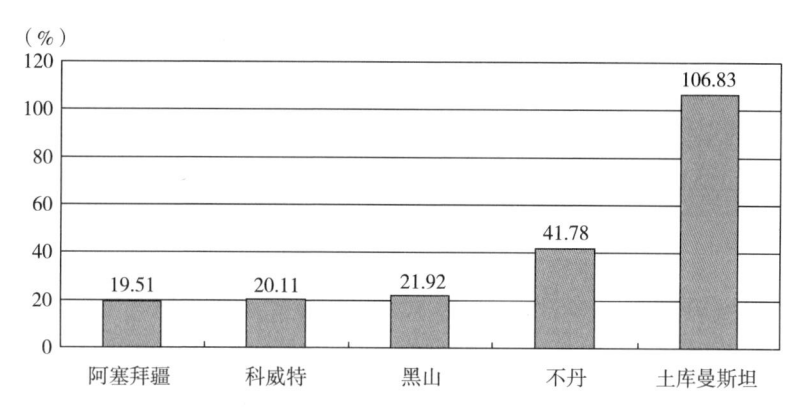

## 图 4-24 高等教育出境率最高的五个国家

| 国家 | 比率(%) |
|---|---|
| 阿塞拜疆 | 19.51 |
| 科威特 | 20.11 |
| 黑山 | 21.92 |
| 不丹 | 41.78 |
| 土库曼斯坦 | 106.83 |

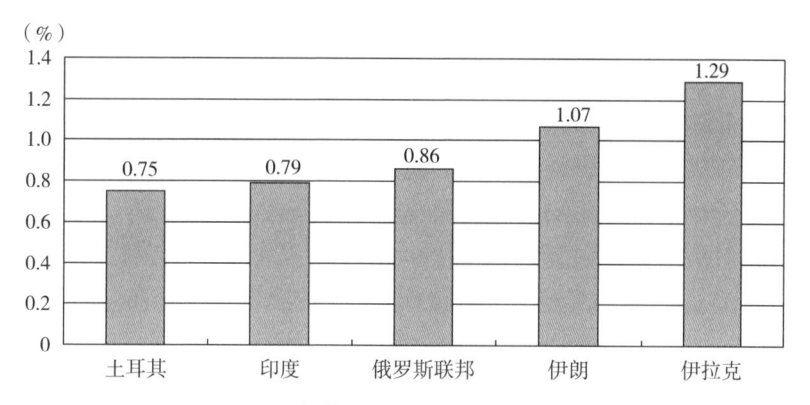

## 图 4-25 高等教育出境率最低的五个国家

| 国家 | 比率(%) |
|---|---|
| 土耳其 | 0.75 |
| 印度 | 0.79 |
| 俄罗斯联邦 | 0.86 |
| 伊朗 | 1.07 |
| 伊拉克 | 1.29 |

高收入国家中，高等教育出境流动率最高的是位于西亚的卡塔尔，达到18.31%，最低的是位于中东欧的斯洛文尼亚，高等教育出境流动率只有2.75%。卡塔尔是位于西亚的石油国家，经济发展水平较高，有更多的国民有能力将子女送出国读书，加之本国的高等教育政策与本国高等教育资源的局限，综合导致卡塔尔较高的高等教育出境流动率。中高收入国家中，高等教育出境流动率最高的是土库曼斯坦，达到106.83%，最低的是俄罗斯联邦，只有0.86%。中低收入国家中，高等教育出境流动率最高的是南亚的不丹，达到了41.78%，主要原因是不丹本国的高等教育资源有限，且不丹政府支持本国受高等教育者出国接受国外的高等教育。中低收入国家中，高等教育出境

流动率最低的是印度，只有0.79%。低收入国家中的阿富汗、尼泊尔的高等教育出境流动率分别为7.32%与8.77%，分别低于50国均值3.3个和1.58个百分点。

按地域划分，只有西亚地区的高等教育入境流动率高于高等教育出境流动率，其他地区高等教育入境流动率皆低于高等教育出境流动率。

中亚地区的高等教育入境流动率与高等教育出境流动率悬殊最大，相差了22.99个百分点，说明高等教育流出的生源远大于高等教育流入的生源。其次是南亚地区，相差了10.96个百分点，其主要原因在于南亚地区的高等教育资源对于其他国家高等教育学生的吸引力太小（南亚地区的高等教育政策），高等教育入境流动率太低，仅有0.09个百分点。

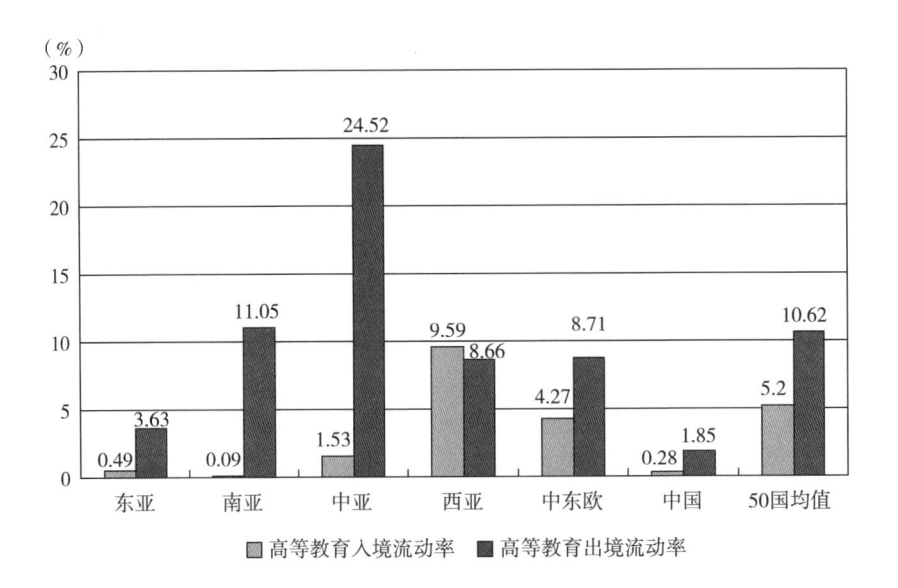

图 4-26　不同地区高等教育入境流动率与高等教育出境流动率比较

中东欧与东亚地区的高等教育入境流动率与高等教育出境流动率分别相差4.44个与3.14个百分点。

表4-14　　　　　　　不同地区国家高等教育入境流动率

| | 高收入国家 | 中高收入国家 | 中低收入国家 | 低收入国家 |
|---|---|---|---|---|
| 中东欧 | 捷克10.55，爱沙尼亚5.17，匈牙利7.05，拉脱维亚6.12，立陶宛3.54，波兰1.97，斯洛伐克5.61，斯洛文尼亚2.74 | 阿尔巴尼亚1.69，白俄罗斯3.33，波斯尼亚、黑塞哥维那7.47，保加利亚4.25，克罗地亚0.51，马其顿3.49，黑山□，罗马尼亚4.26，俄罗斯联邦3.43，塞尔维亚4.12 | 摩尔多瓦共和国2.5，乌克兰3.24 | |
| 西亚 | 巴林13.87，以色列2.78，科威特□，阿曼2.81，卡塔尔37.71，沙特阿拉伯4.78，阿联酋46.9 | 阿塞拜疆2.05，格鲁吉亚3.75，伊朗0.29，伊拉克□，黎巴嫩9.85，土耳其1.19 | 亚美尼亚4.14，约旦12.91，巴勒斯坦□，叙利亚 | |
| 中亚 | | 土库曼斯坦0.2，哈萨克斯坦2.01 | 乌兹别克斯坦0.27，塔吉克斯坦0.63，吉尔吉斯斯坦4.79 | 阿富汗□ |
| 南亚 | | | 不丹□，孟加拉国0.1，巴基斯坦□，印度0.13 | 尼泊尔0.02 |
| 东亚 | | 中国0.28 | 蒙古0.69 | |

注：2016年，科威特、伊拉克、巴勒斯坦、叙利亚、不丹、巴基斯坦、阿富汗等国家数据缺失。

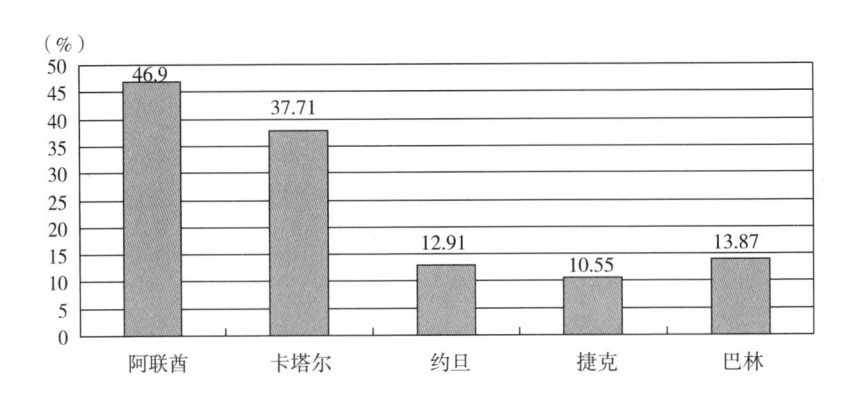

图 4-27　高等教育入境率最高的五个国家

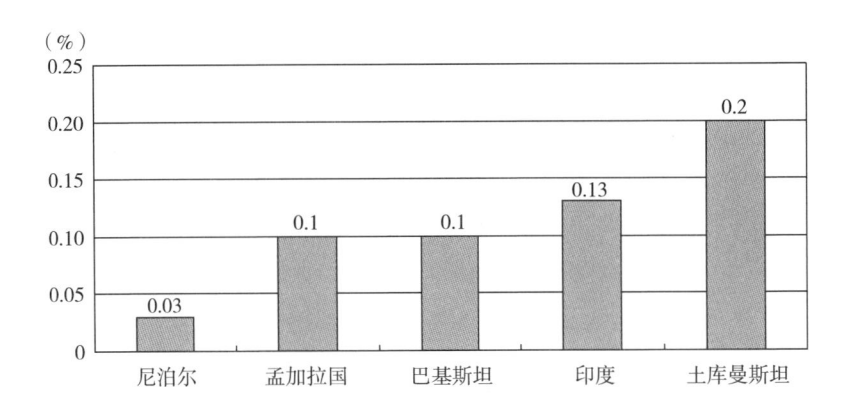

图 4-28　高等教育入境率最低的五个国家

"丝绸之路经济带"沿线国家中，高等教育入境率最高的 5 个国家为阿联酋、卡塔尔、约旦、捷克、巴林，高等教育入境率分别为 46.9%、37.71%、12.91%、10.55%、13.87%。高等教育入境率最低的 5 个国家为尼泊尔、孟加拉国、巴基斯坦、印度和土库曼斯坦，高等教育入境率分别为 0.03%、0.1%、0.1%、0.13%、0.2%。表现出该国较低的高等教育国际化水平。对于高收入国家，高等教育入境流动率最高的是位于西亚的卡塔尔，达到 37.71%，结合卡塔尔较高的高等教育出境率，表现出卡塔尔高度的高等教育流动率与较高的高等教育国际化水平有关。高收入国家中最低的是波兰，只有 1.97%。

中高收入国家中,高等教育入境流动率最高的是位于西亚的黎巴嫩,达到 9.85%,最低的是位于中亚的土库曼斯坦,高等教育入境流动率只有 0.2%。中低收入国家中,高等教育入境流动率最高的国家是位于西亚的约旦,达到 12.91%,比"丝绸之路经济带"沿线 50 个国家的高等教育入境流动率均值高出 7.71 个百分点,最低的是印度,高等教育入境流动率只有 0.13%,结合印度较低的高等教育出境流动率,体现出印度较低的高等教育国际化水平。属于低收入国家的阿富汗数据缺失,尼泊尔 2016 年高等教育入境流动率为 0.02%,低于 50 国均值 5.18 个百分点。

# 第五章 "丝绸之路经济带"高等教育区域合作规范：冲突、调适与整合

塔尔科特·帕森斯唯意志行动理论认为，人的行动总是发生在"情景"之中。判断情景的标准就是规范取向，即行动者在确立行动目标、选择行动手段、克服行动障碍时所遵循的社会标准，它构成了社会秩序的基础。人类命运共同体理论以社会主体为标志，在全人类的视角下，以更加全面的关系理性，辩证地将人类发展的历史规律与人的规律、社会解放与人的解放现实地结合在一起，以"和平、发展、公平、正义、民主、自由"的共同价值理念为指引，构建价值的共同体、责任的共同体、安全的共同体和发展的共同体，推动全球化朝着均衡、普惠、共赢方向发展。基于帕森斯唯意志行动理论、人类命运共同体理论的分析视角，推进"丝绸之路经济带"沿线国家高等教育区域合作，构建"丝绸之路经济带"高等教育共同体，必须以中国—"丝绸之路经济带"国家双边共同的价值认同、文化认同和身份认同的行动者目标为牵引，遵循一定的社会标准、规范和准则，调适与整合经济、社会、文化等情景因素，推进经济带共同体建设有序实施。

## 第一节 高等教育区域合作的行动检视

随着"一带一路"倡议的深入推进，"丝绸之路经济带"沿线国家交流合作迈向新的时代，中国与欧亚非确立的战略伙伴关系不断深化，多层次和多方位的合作框架与机制进一步建立，高等教育领域务

实合作取得突出成果。

**一　构建对话合作工作机制**

经过多年的实践，中国与"丝绸之路经济带"沿线国家形成了多层次、宽领域、全方位、定期化相对完整的合作对话机制，对推进高等教育区域合作，发挥了积极作用。

（一）举办年度领导人会议

20世纪90年代末期，为应对经济全球化浪潮的冲击，"丝绸之路经济带"沿线国家积极开展"外向型"经济合作，经济带沿线国家年度领导人会议机制应运而生。该合作机制重点围绕经济合作展开，并逐渐向政治、安全、文化、教育等领域延伸。在此合作机制下，中国与"丝绸之路经济带"沿线国家定期召开首脑会议、部长会议、高官会议和工作层会议，就中国—"丝绸之路经济带"沿线国家关系的发展做出战略规划和指导。

目前，中国已与上海合作组织、阿拉伯国家联盟、欧盟等多个沿线成员国及中东欧建立了元首理事会会议、政府首脑理事会会议、领导人年度会晤机制，以及人文合作委员会、人文交流磋商机制。

1. 上海合作组织成员国元首理事会会议、政府首脑理事会会议

21世纪，为了应对政治多极化、经济全球化和信息多元化进程的加快，于2001年6月15日在上海正式成立上海合作组织（以下简称上合组织），其宗旨是：加强成员国之间的互信友好；鼓励成员国在政治、经济、科技、文化、教育、能源、交通、环保等领域开展合作；共同维护地区的安全、和平与稳定；建立民主、公正、合理的国际政治经济新秩序。

2001年9月14日，第一次成员国政府首脑理事会会议在哈萨克斯坦的阿拉木图召开。会议期间，宣布正式建立政府首脑定期会谈机制，并联合启动上合组织多边经济合作进程。上合组织的成员国国家元首正式会谈每年轮流在成员国举行，定期举行政府首脑会谈。上合组织的最高领导机构为国家元首理事会，负责研究、确定本组织的基本方向、合作与活动战略以及优先发展领域、通过重要文件等。成员国按国名俄文字母顺序每年轮流举办一次元首例行会议，且必须为本

组织的主席国。

2015年12月14—15日，上合组织成员国政府首脑理事会第十四次会议在河南省郑州市举行，会议通过了《联合公报》对中国关于建设"丝绸之路经济带"的倡议，并促使成员国在文化、科技、教育、卫生、体育、旅游领域开展深度交流。

2017年4月21日，上合组织在哈萨克斯坦首都阿斯塔纳召开了成员国外交部长理事会例行会议，会上向元首理事会提交了接收印度和巴基斯坦为本组织成员国的相关事宜。上合组织接收印巴加入后将实现首次扩员，成为世界上幅员最广、人口最多、潜力最大的地区性国际组织。

2018年6月9—10日，在中国青岛举行第十八次成员国元首理事会会议，会议将重点围绕新形势下各领域合作、本组织的发展现状、未来前景，以及重大国际和地区问题等展开深入探讨。会议期间，将发表《青岛宣言》，批准十余份有关经济、安全、人文等领域的合作文件。青岛峰会将是上合组织扩员后召开的首次峰会。各方期待上合组织从青岛再次起航，着眼新时代，达成新共识，制定新举措，绘制新蓝图，实现新发展。

"互信、互利、平等、协商、尊重多样文明、谋求联合发展"作为上合组织在发展过程中形成的基本内容，是多年来本地区和国家合作中积累的宝贵财富，更是维系21世纪上合组织成员国国家关系的基本准则。

2. 中国—欧盟领导人年度会晤

中国—欧盟领导人年度会晤机制成立于1998年，是双方最高级别的政治对话机制，至今已举办19次。该机制是中欧关系日益深入发展的产物，中方一般是国务院总理代表参会，而欧盟由欧洲理事会、欧盟委员会负责人为代表与会，这两个机构都是欧盟的核心机构。为了提高中欧关系水平，欧盟倡议在第二届亚欧会议期间举行中国—欧盟领导人会晤，并建立领导人定期会晤机制，中方对该倡议积极支持。

1998年4月，在英国伦敦举行了第一次中欧领导人会晤，国务院总理朱镕基出席会议。会上提出建立面向 21 世纪长期稳定的建设性伙伴关系，并决定一年召开一次领导人会晤。此后，双方高层互访频繁，政治互信不断加强。

2001 年 9 月，第四次中欧领导人会晤决定建立全面伙伴关系。在 2003 年 10 月第六次中欧领导人会晤中，中国政府发表了《中国对欧盟政策文件》，这是第一份针对欧盟制定的政策文件。与此同时，欧盟也发表了第五份对华政策文件。双方就此发展为全面战略伙伴关系。

2017 年 6 月 1—2 日，在布鲁塞尔召开了第十九次中欧领导人会晤。双方就深化互利共赢的全面战略伙伴关系达成共识，并同意在平等互利原则基础上开展科研创新合作，加强"一带一路"倡议与欧洲投资计划的对接。会上通过了 2017 年 11 月中欧高级别人文交流对话机制第四次会议在中国召开，旨在加强教育、文化、媒体、青年、性别平等与体育等领域的人文交流。

中欧领导人会晤机制的议题涉及政治、经济、文化、社会等领域，并达成了众多重要共识。会议签署了多项合作文件，发表了联合声明或联合公报。该会晤机制秉承相互尊重、平等互信、互利共赢的原则，通过深化和平、增长、改革、文明四大合作伙伴关系，充分发挥领导人会晤、高级别战略对话、经贸高层对话、高级别人文交流对话等作用，不断拓展双边、地区和全球层面的合作。目前，中欧关系已形成了以领导人会晤机制为引领，高级别战略对话、经贸高层对话和高级别人文交流对话机制为支柱的"1+3"高层对话格局，在推动双方可持续发展上提供源源不断的动力。

3. 中国—海湾合作委员会（海合会）成员国战略对话

1981 年，由沙特阿拉伯、巴林、阿拉伯联合酋长国、阿曼、科威特、卡塔尔六国组成的海合会正式成立。中国自海合会成立之初即同其建立了联系。1999 年 4 月中国与埃及建立战略合作关系以来，中国已同埃及、阿尔及利亚、沙特、阿联酋、卡塔尔、苏丹、约旦、伊拉克在内的 8 个阿拉伯国家建立或提升了双边战略合作（伙伴）关系。

2010 年 5 月，在中阿合作论坛第四届部长级会议上，中国与阿拉伯国家宣布建立全面合作、共同发展的战略合作关系。自此，中阿集体合作迈向全面提质升级的新阶段。2010年6月，中国同海湾阿拉伯国家合作委员会建立中海战略对话机制。中国—海湾合作委员会首轮战略对话于2010年6月4日在北京举行。

2014年1月17日，中国—海湾合作委员会（海合会）成员国第三轮战略对话在北京举行。双方签署了《中国和海合会成员国战略对话2014年至2017年行动计划》。

如今，中阿合作论坛已发展成为涵盖众多领域、建有10余项机制的集体合作平台。海湾阿拉伯国家是古丝绸之路的交汇地，地理位置重要，发展潜力巨大，是中国推进"一带一路"建设的天然和重要合作伙伴。中海双方共建"一路一带"将进一步拓展双方合作领域，加深利益融合，提升互利合作水平，古老的丝绸之路将焕发出新的生机。

（二）召集年度部长级会议

中国与"丝绸之路经济带"沿线国家建立多个年度部长级会议对话合作机制，形成多层次、宽领域、广类型的合作框架。目前，其部长级会议主要涵括外交、安全、青年事务、交通、卫生、文化、教育等多个领域。而直接与教育领域相关的部长级会议机制，主要是中国与沿线国家在不同区域合作组织中建立的教育部长会议以及常设的教育专家工作组，体现为上海合作组织教育部长会议、"G8+6"教育部长会议、中国—阿拉伯国家部长会议等。

1. 上海合作组织教育部长会议

2006年10月18日，在中国首都北京举行了首次上合组织成员国教育部长会议。会议制定了《上海合作组织成员国政府间教育合作协定》的具体措施，成立了成员国常设教育专家工作组，批准了专家工作组工作条例。会议期间，中国、哈萨克斯坦、吉尔吉斯斯坦、俄罗斯、塔吉克斯坦、乌兹别克斯坦六国教育部长讨论并通过了教育领域多边合作的现状和发展前景的联合公报。

2008年10月25日，在哈萨克斯坦首都阿斯塔纳举行了第二届上合组织成员国教育部长会议。会议讨论了组建上合组织网络大学的构想，总结了教育合作协定落实情况，通过了《上海合作组织教育部长宣言》，并对未来几年成员国间的教育领域合作做出了规划。

2010年9月23日，在俄罗斯新西伯利亚市召开了第三届上合组织成员国教育部长会议。教育部长袁贵仁率中国教育代表团参会，俄罗斯、哈萨克斯坦、吉尔吉斯斯坦、塔吉克斯坦等国教育部长及代表、上合组织副秘书长出席了会议。各国教育部长重点围绕上合组织大学的实施进程、教育质量保障与监控等问题展开深入研讨，并达成共识。

2012年10月7—12日，在吉尔吉斯斯坦共和国首都比什凯克召开了上合组织成员国第四届教育部部长会议暨第二届大学校长会议。哈萨克斯坦共和国教科部、中华人民共和国教育部、吉尔吉斯斯坦共和国教科部、俄罗斯联邦教科部、塔吉克斯坦共和国教科部部长或副部长、上合组织秘书处副秘书长出席了会议。中方代表团一行7人由教育部部长助理陈舜带队参加了会议。会议签署了第四届上合组织成员国教育部部长会议纪要，通过了上合组织大学新增项目院校名单及两个新的专业。会议还提出上海合作组织大学框架下的合作将进一步扩大合作领域，推进以人才培养合作为基础的教育、教学、科研等全方位合作。

2014年10月8日，第五届上海合作组织成员国教育部长会议在俄罗斯巴尔瑙市举行。受袁贵仁部长委托，教育部部长助理陈舜率中国教育代表团出席会议。哈萨克斯坦、吉尔吉斯斯坦、俄罗斯、塔吉克斯坦等国教育部领导以及上合组织副秘书长出席了会议。各国代表重点就成员国国家教育体系发展、教育领域优先合作方向和大学建设等问题展开深入探讨，并达成共识。会后，与会各方共同签署了部长会议纪要，发表了部长会议联合公报。

2016年10月20日，在塔吉克斯坦的首都杜尚别召开第六届上合组织成员国教育部长会议。各国教育部代表共同回顾了两年来上合组织教育合作进展，相互通报了本国教育发展情况，并就下一阶段的合作计划达成共识。会后，与会各方共同签署了《会议纪要》，发表了部长会议联合公报。

2. "G8+6" 教育部长会议

2006年6月1—2日，在俄罗斯首都莫斯科举办八国集团与发展中国家（以下简称"G8+6"）教育部长对话会议，以"面向21世纪创新社会的教育"为主题。会上，俄罗斯教育与科学部长简要陈述了"G8+6"教育部长会议的关键议题，美国、英国、法国、德国、加拿大、日本、意大利等国的教育部长先后围绕创新型社会建设，教育质量的提高，生活和工作技能的发展，联合国全民教育（FEA）倡议的推进，以及如何发挥教育在改善移民和流动人口能力建设中的作用等议题发表了讲话。随后，巴西、中国、印度、墨西哥、南非和哈萨克斯坦六个应邀参加会议的发展中国家的教育部长（副部长）以及联合国教科文组织、经合组织、欧盟和世界银行的负责人也先后进行了发言。会议期间，通过了《部长会议宣言》。"G8+6"教育部长对话会议作为一个探讨国际教育发展政策的新平台，不仅是2006年八国集团框架活动的重要组成部分，也是7月八国集团峰会召开前的一项重要协调磋商工作。

3. 中国—阿拉伯国家部长会议

2004年1月30日，中国国家主席胡锦涛访问了设在埃及开罗的阿拉伯国家联盟（以下简称阿盟）总部，会见了阿盟秘书长阿姆鲁·穆萨和阿盟22个成员国[①]代表。会后，李肇星外长与穆萨秘书长共同宣布成立"中国—阿拉伯国家合作论坛"。中阿合作论坛的成立，为双方在平等互利的基础上进行对话与合作提供了新的平台，旨在进一步丰富中阿关系的内涵，加强双方在政治、经贸、科技、文化、教育、卫生等领域的对话与合作，促进和平与发展，全面提升合作水平。

中国—阿拉伯国家部长级会议由各国外长和阿盟秘书长组成，每间隔一年在成员国轮流举行一次部长级例会，必要时可以召开非常会

---

① 阿盟22个成员国为约旦、阿联酋、巴林、突尼斯、阿尔及利亚、吉布提、沙特、苏丹、叙利亚、索马里、伊拉克、阿曼、巴勒斯坦、卡塔尔、科摩罗、科威特、黎巴嫩、利比亚、埃及、摩洛哥、毛里塔尼亚、也门。

议。会议主要围绕国际（地区）问题、联合国及其专门机构会议所讨论的热点问题交换意见；加强双方在政治、经济、安全、文化、教育、科技、卫生等领域的合作；回顾与总结论坛行动计划执行情况以及讨论其他相关事务。

中国—阿拉伯国家高官委员会会议由双方轮流承办，每年召开一次例会，必要时经双方同意也可随时开会。该论坛主要负责政治磋商，筹备部长级会议以及落实部长级会议的决议和决定。除部长级会议和高官会议外，在论坛的组织框架下，双方逐步建立起中阿文明对话研讨会、中阿友好大会、中阿互办文化节等机制。该论坛设有联络组，负责联络并落实部长会和高官会的决议和决定，中方联络组位于中国驻埃及大使馆内，而阿方联络方为阿拉伯驻华使节委员会和阿盟驻华代表处。

4. 中国—欧盟国家教育部长会议

2016年10月11日，在中国首都北京举行了第一次中国—欧盟国家教育部长会议。会议主题为"共筑通向未来的中欧教育合作之路"，并设有拓宽校企合作渠道，培养学生创新创业能力；推动中欧学分互认，促进学生双向平衡流动；提高教育质量水平，服务社会经济持续发展；加强学校体育交流，挖掘双方教育交流合作亮点四个分主题。该会议共有来自欧洲34个国家的教育部长、高层代表、驻华使节、专家学者，以及中国部分地方教育主管部门负责人、大学校长及代表参加了会议。目前，中国与欧盟国家已签署双边教育合作协议80多项，在欧盟成员国设有孔子学院131所，学员超过62万人，中欧在华合作办学机构和项目达574个。

（三）召开工作层对话会议

中国—"丝绸之路经济带"沿线国家工作层对话会议主要涉及高官磋商、商务理事会、联合合作委员会、经贸联委会以及科技联委会等平行对话，主要通过双方或多边开展的教育交流周、教育论坛、教育展览、青少年体育文化节等形式，如中国—欧盟高等教育论坛、"一带一路"高校联盟主题论坛、中欧教育政策智库论坛、中国—阿拉伯国家大学校长论坛、中国—中亚国家大学校长论坛、中国—上海合作组织"教育无国界教育周"等,搭建起了推进双边高等教育务实合作的实施机制。

1. 中国—欧盟高等教育论坛

2005年11月28—29日,首届中国—欧盟高等教育论坛在北京举行,论坛主要涉及四个方面的议题:一是博洛尼亚项目及里斯本计划的目标及其与中国高等教育的接轨;二是教育研究的国际化;三是教育质量的保证,规范和教育责任制;四是高等教育所扮演的社会经济角色。本届论坛旨在让与会者对目前中国与欧盟在教育领域的合作有更进一步的了解,并对未来旨在加强中国与欧盟的伙伴关系的合作有更清晰的认识。双方领导人表示将采取积极措施,通过加强对话拓展教育合作与交流。中国—欧盟高等教育论坛,源于第八次中国—欧盟领导人2005年9月5日在北京举行会晤,双方欢迎通过伊拉斯莫斯(Erasmus Mundus)项目加强高等教育合作,并计划于2005年内在北京举办一次中欧高等教育论坛。

2. "一带一路"高校联盟主题论坛

2016年9月18日,在中国敦煌举办了第一届"一带一路"高校联盟主题论坛。来自国内外110所大学的校长及学校代表相聚一堂,共商沿线国家高等教育交流合作大计。高校联盟以"构建'一带一路'高等教育共同体,推进沿线区域开放发展"为主题,旨在提高沿线国家和地区教育水平,推动各国间人文交流,为区域繁荣发展贡献力量。高校联盟成员将通过互派留学生,联合申请科研项目,联合建立高校基地、高校智库,组建学科联盟,开展合作办学等方式推动"一带一路"沿线国家和地区大学之间在教育、科技、文化等领域的全面交流合作。

3. 中欧教育政策智库论坛

2016年10月13日,在北京举行了以"一流大学建设与高等教育国际化"为主题的首届中欧教育政策智库论坛,该论坛由教育部教育发展研究中心和欧洲大学协会共同承办,中欧双方教育科研机构、高校、行政部门等150余位专家学者参加。本次论坛主要围绕一流大学建设、高等教育国际化、高等教育质量保障以及创新创业教育等高等教育领域的相关议题展开，并就智库建设以及其对教育决策的影响等问题进行探讨，以促进双方建立教育智库合作交流的长效机制。论坛作为中国—欧盟国家教育部长会议的配套活动，旨在加强"一带一路"背景下中欧高等教育的交流与合作，提高教育智库对国家教育科学决策的支持力度。

4. 中国—阿拉伯国家大学校长论坛

"中国—阿拉伯国家大学校长论坛"是中国政府为促进中阿经贸、教育、文化等全方位交流而搭建的深度对话和广泛交流合作的平台，由中国教育部和宁夏回族自治区政府共同举办。论坛着眼于教育发展经验交流、信息沟通和校际合作，力求在学校互派、校际互访、学者交流、语言及优势专业技术领域内合作、人才培养等方面取得成效，建立中国和阿拉伯国家高等学校间稳定、长远和可持续的合作机制，促进中阿在高等教育领域的务实合作，推动中阿高等教育共同发展。

2011年9月20日，"第一届中国—阿拉伯国家大学校长论坛"在银川举办，中国和阿拉伯各国部分大学校长、专家学者、有关机构代表以及阿拉伯部分国家官员及驻华使节、宁夏有关领导等近200人与会，充分利用双方的教育资源和优势加强学术交流，共同促进合作培养人才。包括北大、北语、北外、上外、南京大学、复旦大学等26所国内著名院校和阿拉伯12个国家的迪拜大学、卡布斯苏丹大学、萨那大学等19所大学的校长等代表与会。与会的中阿大学校长们共同探讨务实合作，并通过了《中阿大学校长圆桌会议银川宣言》，还签署了一批校际合作协议。宣言制定了每两年在银川举办一届中阿大学校长论坛的会议机制，并确定宁夏银川为永久会址。

2013年9月11日，第二届中国—阿拉伯国家大学校长论坛以"面向未来，推进务实合作"为主题。宁夏回族自治区主席刘慧、教育部副部长杜占元，以及来自埃及、沙特阿拉伯、阿联酋、阿曼、阿尔及利亚、巴勒斯坦、巴林、卡塔尔等17个国家27所大学的校长、副校长、院士和专家学者，国内20余所大学的校长、副校长和阿拉伯研究专家学者参加本届论坛。阿拉伯国家高校在论坛中提出希望在食品加工、清洁能源、节水农业等领域开展与中国高校的交流与合作。中阿双方大学签署了 130 多份合作交流协议，内容涉及校际互访、学术交流、互派留学、学分互认等多方面。

2015 年 9 月 16 日，第三届中国—阿拉伯国家大学校长论坛的主题为"服务'一带一路'建设，创新合作发展平台"，论坛就未来五年双方高等教育战略合作重点、合作内容、创新合作模式等展开深入探讨。论坛期间还举行了中阿大学校长圆桌会议、中阿大学学者学术研讨会、中阿高等教育发展等多项活动，中阿高校共签订合作办学、人才联合培养、师生互换、高级翻译人员培养等项目的合作协议 161 项。此外，论坛发表了《中阿高等学校战略性合作行动计划（2015—2019 年）》。

2017 年 9 月 26—28 日，"第四届中国—阿拉伯国家大学校长论坛"在约旦扎尔卡大学举行。来自中国 32 所大学近 300 名代表和来自 13 个阿拉伯国家的 50 多所高校的代表出席了论坛，共同讨论深化中阿高等教育合作。本届论坛以"巩固中阿传统友谊、深化互利合作关系"为主题，围绕中阿大学间合作成果经验交流、中阿大学人文交流与合作的新使命、中阿高等职业教育的人才培养与合作三大议题，在中阿双方大学智库建设、学生互换、扩大留学生规模、高等职业教育等方面，进行了深入的对话和交流。

"中国—阿拉伯国家大学校长论坛"作为中阿双方间唯一一个高等教育合作平台，已经连续举办了四届，论坛的举办增强了中阿高校相互理解，为共同应对时代挑战和提高国际竞争力提供了强烈支撑，有力地推动了双方高等教育交流与合作向前发展。

5. 中国—中亚国家大学校长论坛

2016 年 9 月 26—27 日，在中国乌鲁木齐成功举办了第一届中国—中亚国家大学校长论坛，参会的 100 余位代表主要来自"丝绸之路经济带"沿线 7 个国家的 51 所高校。论坛期间，中国和中亚国家的大学校长和教育官员就中国与中亚国家教学科研合作、学生流动互换、语言教学合作等议题进行了广泛深入的交流和探讨，8 所新疆高校与 16 所国外高校签订校际合作协议 25 个。

6. 上海合作组织成员国"教育无国界"教育周

2008年年初，俄方提出组建上海合作组织大学的构想。2008年10月23日在哈萨克斯坦的首都阿斯塔纳签订了《上海合作组织成员国教育部关于为成立上海合作组织大学采取进一步一致行动的意向书》。2009年上半年，经成员国协商，一致确定把区域学、生态学、能源学、IT技术和纳米技术等专业领域作为优先合作方向，并按照基本的要求和标准，在本国高校中遴选出项目院校，其中哈萨克斯坦10所、吉尔吉斯斯坦7所、中国10所、俄罗斯16所、塔吉克斯坦10所，共计53所。

2009年5月26日，在俄罗斯的莫斯科大学举行的上海合作组织成员国"第二届'教育无国界'教育周及首届大学校长论坛"期间，有关项目院校共同签署了"上海合作组织成员国人文大学联盟"协议及章程。

2010年4月26日，在上海合作组织成员国"第三届'教育无国界'教育周"中，项目院校共同商讨了合作协议草案，签署了"大学多边教育合作创新机构"备忘录和纪要，确定了硕士研究生的培养方案、教学计划和相关课程设置，并于2010年下半年，在区域学专业率先开展硕士研究生招生。

2011年11月6—9日，第四届上海合作组织成员国"教育无国界"教育周在俄罗斯首都莫斯科隆重开幕，中国教育部派出以于继海副司长为团长、由上海合作组织大学中方15所项目院校代表组成的31人代表团与来自上海合作组织其他成员国47所项目院校的数百名代表共同参加了本届教育周。本届教育周最重要的成果是各成员国62所项目院校代表共同签署了《上海合作组织大学章程》，这标志着上海合作组织大学在法律基础上取得了重要进展。本届教育周期间还召开了上海合作组织成员国教育合作专家工作组会议，并签署了会议的最终文件。

2012年5月13—16日，由俄罗斯联邦教科部主办的第五届上海合作组织成员国"教育无国界"教育周在俄罗斯首都莫斯科开幕，由教育部国际交流与合作司副司长于继海为团长的23人代表团参加了在莫斯科举行的上海合作组织成员国第五届"教育无国界"教育周活动。参加会议的有来自中国、俄罗斯、哈萨克斯坦、吉尔吉斯斯坦、塔吉克斯坦五个国家的教育部官员、上合组织大学各项目牵头院校等70人。会上，各国代表就"各国教育主管部门在上合组织大学运行筹备方面的任务"进行了讨论，分析了各国在上合组织大学筹备过程中所做的工作、面临的困难和问题以及解决问题的相关措施，阐明了教育主管部门在上合组织大学运行和筹备过程中的任务。会议期间，上合组织成员国教育领域合作常设专家工作组召开了专门会议。会议就第四次上合组织成员国部长会议的日程及相关草案进行了磋商，同时根据人才培养需求，在原有纳米技术、能源学、信息技术、生态学和区域学基础上，增设经济学和教育学方向。与此同时，还召开了上合组织大学校长委员会主席第一次会议。会议讨论并通过了上合组织大学的管理机构、管理模式、毕业证书、定期召开校长会议等工作议题。

2013年5月22—24日上海合作组织第六届"无国界教育"教育周暨上海合作组织大学第三届校长扩大会议在莫斯科举行。参加教育周活动的有上海合作组织成员国教育部代表、上海合作组织大学各国项目院校的代表共100余人。会议期间，上海合作组织大学各方向项目院校分别召开了专家工作会议，就本方向项目院校间国际合作的具体事宜进行磋商，并就联合培养硕士研究生的具体操作流程达成共识。上海合作组织大学校长扩大会议，讨论修改了上海合作组织大学的部分文件，签署了上海合作组织大学区域学、生态学、能源学、信息技术和纳米技术5个方向的框架合作协议。

2014年5月20—23日，上海合作组织成员国第七届"教育无国界"教育周活动在俄罗斯乌法市举行。上海合作组织大学校长、俄罗斯科学院代表和上海合作组织成员国科学、教育、文化领域的代表及专家参加了教育周活动。本届教育周重点讨论在经济学和教育学方向发展国际科教合作和共同完成科研计划及项目的问题。本届教育周分别在巴什基尔国立师范大学和乌法国立航空技术大学举行"欧亚地区高等教育体系中教育人才培养的现代化进程"和"经济学领域合作院校网络协调机制下大学教育项目协作"两次圆桌会议。教育周期间还举办了职业教育机构科教项目展并举行新闻发布会。

2015年5月28日,上海合作组织成员国第九届"教育无国界"活动在俄罗斯别尔哥罗德开幕,来自上海合作组织成员国各高校的一百多个代表团参加。中华人民共和国教育部国际合作与交流司副巡视员于继海、大连外国语大学校长孙玉华、上海合作组织大学中方校长办公室主任任雪梅,以及来自哈萨克斯坦、吉尔吉斯斯坦、塔吉克斯坦和俄罗斯的教育部、上合大学项目院校的代表出席了此次活动。本届教育周达成了12个双边协定:6个框架协议和6个在环境、经济、社会学、教育和国外区域管辖等领域的联合教育计划。

2016年5月16—20日,第十届上海合作组织成员国"教育无国界"教育周活动首次在中国的大连外国语大学举行。本届"教育无国界"教育周围绕"上海合作组织教育合作十周年:回顾、实施与展望"主题,由上海合作组织大学人才培养各方向圆桌会议、上合大学各方向教师及专家研讨交流、上海合作组织成员国教育合作十周年图片展等组成。其间,近80位来自区域学、生态学、能源学、IT技术、纳米技术、经济学和教育学等领域的专家、学者在回顾总结上合组织教育合作10年发展的基础上,对目前上合大学发展过程中存在的问题进行探讨,以促进成员国之间教育合作与交流,为上海合作组织各领域全面合作提供人力资源保障。

2017年4月25日至5月1日,第十一届上海合作组织"无国界教育"教育周活动在哈萨克斯坦举行。来自俄罗斯、吉尔吉斯斯坦、哈萨克斯坦、塔吉克斯坦及中国等上海合作组织成员国教育部及高校代表70余人参会。教育周主要开展了上海合作组织国家教育合作专家工作组会议、上合组织教育合作全体会议、上海合作组织大学校长论坛及上海合作组织大学区域学等方向的圆桌会议。本次教育周特别强调了提升上合大学项目学生的市场竞争力;加强学生流动,尽快拓展博士和本科层面的学生交流,包括中职学生的交流;开展教师交流等重点内容。

自成立以来,上合组织在人文合作领域取得了一系列显著成果。

上合组织大学已经开始运作，成员国还多次成功举办艺术节、音乐节、青年节、教育周等丰富多彩的人文交流活动。继续推动上合组织人文交流具有深远意义，有利于增进成员国人民之间的了解与友谊，为上合组织的持续发展筑牢基础。

## 二 成立区域教育合作组织

为推动中国与"丝绸之路经济带"沿线国家在教育、科研和技术领域里的一体化进程，增添教育、科研、文化合作新动力，中国与经济带沿线国家相继成立了区域教育合作组织，依据所签署的协议开展学生、教师和科研人员的交流工作，扩大教学和科研合作。

### （一）丝绸之路大学联盟

2015年5月22日，由西安交通大学发起、20多个国家和地区近百所高校积极响应的"丝绸之路大学联盟"正式成立，大会联合发布了《西安宣言》。

丝绸之路大学联盟是"丝绸之路经济带"沿线国家大学结成的非政府、非营利性的开放性、国际化高等教育合作平台，联盟以弘扬"和平合作、开放包容、互学互鉴、互利共赢"的丝绸之路精神为宗旨，以首倡"丝绸之路学术带"为内涵，推动"丝绸之路经济带"沿线国家大学间在人才培养、项目合作、文化交流、政策咨询、医疗服务等方面的交流合作，培养具有国际视野的高素质、复合型人才。

2016年4月9日，丝绸之路大学联盟在西安交通大学召开了第一届常务理事会，通过《丝绸之路大学联盟章程》，并发布《西安共识》。2016年11月25日，丝绸之路大学联盟在西安交通大学召开了第二届常务理事会，会议通过了若干提案，发布联盟网站。丝绸之路大学联盟还设立了法学院、管理学院、法医及先进制造四个子联盟，不断深化丝绸之路大学联盟服务"一带一路"的能力。

2017年4月14日，"2017丝绸之路机器人创意大赛"举办，丝绸之路大学联盟合作交流层次不断提升，联盟成员之间的合作更加深入。

截至2017年12月，已有来自34个国家和地区的134所高校参与丝绸之路大学联盟，形成了五大洲的高等教育合作平台。

### （二）上海合作组织大学

2010年4月26日，在俄罗斯莫斯科签订《哈萨克斯坦、中国、吉尔吉斯斯坦、俄罗斯和塔吉克斯坦高校关于成立上海合作组织大学的合作备忘录》，正式成立了上海合作组织大学。它作为成员国高校间组建的一个非实体合作网络，是在上海合作组织的框架下建构和运行的，目的在于促进上合组织成员国间的高等教育合作与交流。成员国项目院校将按照协商一致的培养计划和教学大纲，联合培养各国所需的高水平专业人才，为深化上海合作组织各领域的合作提供人才支撑。2012年9月，上海合作组织大学开始招收硕士研究生。在人才培养层次上，目前上海合作组织大学已拓展到本科、博士研究生等领域，并举办各类进修班和培训班，召开国际研讨会、学术交流会等。

### 三 搭建合作交流共享平台

为促进中国和东盟在更广领域的务实合作，中国和东盟双方共同努力，搭建合作交流共享平台，积极开拓促进文化、教育等领域进行有益交流的渠道，建立综合信息库，开展市场调查活动，举办各类对话会议，为打造中国—东盟高等教育共同体，深化双边合作搭建平台，提供通道，培育动力。

### （一）丝绸之路教育合作交流会

2017年丝绸之路教育合作交流会6月4—7日在西安举行。交流会期间，举行了"一带一路"职教联盟、国际汉唐学院、西安外国语大学波兰研究中心、西安外国语大学阿拉伯文化研究中心、中国（陕西）自由贸易试验区涉外法律培训基地5个涉及"一带一路"的教育教学和研究机构的揭牌仪式，签署了西安交通大学与香港理工大学共建丝路国际工学院合作协议、西北政法大学与《中国社会科学》杂志社"一带一路"问题研究合作协议、西安外国语大学与波兰卢布林天主教大学合作协议、西北大学与巴基斯坦白沙瓦大学合作备忘录、陕西职业技术学院与印度尼西亚北苏拉威西省教育厅及印度尼西亚商会"一带一路"应用人才培训示范基地建设合作协议5项合作协议，发布了《"丝绸之路经济带"发展报告（2016）》等6项"一带一路"教育合作交流重要成果。

丝绸之路教育合作交流会的举办，旨在充分利用交流活动的契机，开展"一带一路"中外高校对接活动，进一步提升沿线国家教育国际化水平，促进资源共享、深入对接，推进经济带国家在教育领域加强沟通、加深交流、增进友谊、拓展领域、深化合作，提升层次，努力在深化合作中实现共赢。

（二）中国—"丝绸之路经济带"研究中心

为了推动中国与"丝绸之路经济带"沿线国家学历学位认证标准连通，截至2017年12月，我国先后与24个"一带一路"国家签订了学历学位互认协议。重点组织开展国别和区域研究，设立专项课题，共发布了141项研究课题，其中涉及"一带一路"46个沿线国家有70项。此外，还覆盖了"一带一路"沿线66个国家的研究智库课题及相关系列报告。

丝绸之路大学联盟建立了"丝绸之路经济带"协同创新中心、欧亚经济论坛研究院、"一带一路"自贸区研究院。

在我国，有不少高校建立了中亚研究中心，诸如，兰州大学中亚研究所、陕西师范大学中亚研究所、新疆大学中亚研究院、西北师范大学中亚研究院等，还有针对中亚个别国家设立的国别研究中心，例如西北大学、上海大学等都设有哈萨克斯坦研究中心。

陕西有许多高校也相继成立了专业的教学研究机构，旨在加强与中亚地区的教育合作和发展战略研究。例如，西安交通大学成立丝绸之路国际法与比较法研究所，西北大学成立中亚学院，西安外国语大学成立中亚学院和"丝绸之路经济带"发展研究院。

（三）"一带一路"国际化人力资源联盟和"丝路国际学院"

为紧密对接国家"一带一路"倡议，落实《推进共建"一带一路"教育行动》，2016年12月，教育部学校规划建设发展中心联合中兴通讯、中国中车、中广核等企业，举办了"'一带一路'产教融合与企业国际化发展论坛"，深入探讨"一带一路"背景下的产教融合发展趋势及企业人力资源管理的变革与创新问题。在论坛上，教育部学校规划建设发展中心倡议建立"一带一路"国际化人力资源联盟和丝路国际学院，希望以联合体的方式共同推进"一带一路"教育合作，搭建平台对平台的合作体系。"丝路国际学院"由"丝绸之路经济带"沿线国家高校合作建设，以产教融合、校企合作为主要方式，以培养技术技能人才为重点，满足企业国际化人才需求，将学历教育、继续教育、技术应用和社区服务集成一体，探索建立一种校企共同"走出去"的"丝路国际学院"模式，能够更好地为"一带一路"沿线国家培养经济社会发展，特别是产业发展需要的技术技能人才。

**四 推进多层次教育合作交流**

（一）加强学生交流往来

2015年5月22日"丝绸之路大学联盟"正式成立以来，西安交通大学已与35个国家和地区的135所学校签署各类合作协议，有针对性地开展留学生教育合作，向联盟学校提供了100个"丝绸之路奖学金"名额，积极推动"丝绸之路经济带"沿线国家人才培养。陕西省集中在西安交通大学、陕西师范大学、长安大学、西北大学、西安石油大学、西安外国语大学等高校，主要为中亚国家培养现代农业、特色工业、文化传播、国际贸易等急需专业的留学生。除陕西外，新疆、兰州等西部地区地缘省份和北京、上海等民族类、语言类高校也是与中亚国家教育交流合作主要集中地。例如，21世纪初，中央民族大学就率先在外国语学院原有俄语专业基础上设立了"俄—哈""俄—吉""俄—乌"等语言本科专业，学生在校期间既要学习俄语也要学习一种中亚语言。

根据教育部相关数据统计可知，2016年中亚四国来中国留学的学生分别为哈萨克斯坦学历生7971人，非学历生6025人；吉尔吉斯斯坦学历生1727人，非学历生1520人；塔吉克斯坦学历生1104人，非学历生1502人；乌兹别克斯坦学历生1669人，非学历生1460人。

2017年，仅陕西省就吸引来自156个国家和地区的11160名留学生到陕西学习或进修，其中"一带一路"国家留学生6036名，占该省留学生总数的51.7%。

2017年暑期，来自中国大陆、香港、哈萨克斯坦等地的200多名学生开启他们的"丝路文创暑期课程"。他们从西安启程，参访敦煌、阿拉木图这些古丝绸之路的重要节点。在"丝绸之路大学联盟"框架下举行的"丝绸之路青年领袖计划""丝绸之路暑期夏令营",吸引了越来越多的学生参与其中,增进了青少年之间的了解和友谊。

（二）强化对外汉语推广

加强向"丝绸之路经济带"沿线国家推广汉语,深化与"丝绸之路经济带"沿线国家的高等教育区域合作,让"汉语桥"成为连接"丝绸之路经济带"沿线国家的纽带,是推进"丝绸之路经济带"沿线国家高等教育区域合作的一项重要内容。

中国与"丝绸之路经济带"沿线国家主要通过建立孔子学院、孔子课堂,推广汉语教学、汉语人才培养和汉文化传播。

截至2017年年底,中国已在中亚4国开办了13所孔子学院,其中,哈萨克斯坦5所、吉尔吉斯斯坦4所、乌兹别克斯坦2所和塔吉克斯坦2所、孔子课堂22个、吉尔吉斯斯坦21个、塔吉克斯坦1个。在俄罗斯开办了孔子学院20余所,在印度开办了孔子学院3所,在蒙古开办了孔子学院3所,在9个阿拉伯国家建立了孔子学院11所、孔子课堂3所。

孔子学院主要面向在校本科生、研究生、中学生、公司职员和社会其他人员,课程内容主要以专项培训为主,包括对中亚本土汉语教师的培训。此外,孔子学院还举办一系列大型文化活动,例如汉语知识竞赛、"汉语桥"比赛、世界大学生中文比赛、元旦晚会、迎中秋、中国文化周等。

随着孔子学院、孔子课堂的建立,汉语教育在"丝绸之路经济带"沿线国家已形成一定规模,构建起了比较完整的教学体系和教育制度。

（三）搭建学术交流平台

2003年"中印教育与科技联盟"在印度班加罗尔成立,2014年"中印联盟大学""中印文化交流中心"成立。

2017年,吉尔吉斯斯坦7位学生在西安交通大学丝路中亚商学院开始了学习之旅。西安交通大学丝路中亚商学院由西安交通大学和吉尔吉斯斯坦国立工程交通与建筑大学联合设立。

西安交通大学先后与新南威尔士大学共建联合实验室,与利物浦大学合作共建联合研究院。联合国教科文组织国际工程科技知识中心丝路培训基地也落户西安交通大学,每年将为"一带一路"沿线国家培养上万名工程科技人才。该基地计划 2017 年构建丝路沿线国家国情咨文、文化历史、人口环境等六大主题数据库。

## 第二节 高等教育区域合作的政策理路

"丝绸之路经济带"高等教育区域合作行动实施,要遵循一定社会标准、规范和准则。在"一带一路"建设推进进程中,政策沟通居于"五通"之首,是"一带一路"建设的重要保障。经过几十年的积极探索,中国与"丝绸之路经济带"沿线国家共同签订了双边高等教育交流合作相关的一系列法令、协定、条例、办法等,建立了共同政策制度框架,为加快推进"丝绸之路经济带"高等教育区域合作优化了制度环境,提供了行动规范、准则遵循。

**一 推进共建"一带一路"教育行动**

2016 年 7 月 13 日,教育部牵头制定并发布的《推进共建"一带一路"教育行动》,其作为国家《推动共建"一带一路"愿景与行动》在教育领域的落实方案,列入了 2016 年推进"一带一路"建设工作部署和"十三五"规划纲要中我国要实施的 100 个重大项目,将为教育领域推进"一带一路"建设提供重点共建"五通"(政策沟通、设施联通、贸易畅通、资金融通、民心相通)的人才支撑。《教育行动》设计了"四方面内容",涵括加强"丝绸之路"人文交流高层磋商、充分发挥国际合作平台作用、实施"丝绸之路"教育援助计划和开展"丝路金驼金帆"表彰工作等。[①]

截至 2017 年 12 月,教育部已与 14 个"一带一路"重要节点省(区)、市签署了《"一带一路"教育行动国际合作协议》,主要有:

---

① 尹艳冰:《教育部关于印发〈《推进共建"一带一路"教育行动》的通知〉》,2017-10-01,http://www.moe.edu.cn/srcsiteA20/s7068/201608/t20160811_274679.html。

内蒙古、吉林、黑龙江、福建、广西、海南、贵州、云南、陕西、甘肃、青海、宁夏、新疆、青岛等,重点给予签约省市倾斜性政策支持,发挥签约省市在推进"一带一路"教育行动中的引领示范作用。

## 二 签署中国—"丝绸之路经济带"国家合作交流协议

境外办学稳妥推进,中外合作办学水平稳步提升。截至2017年,我国高校已在"一带一路"沿线14个国家和地区开展合作办学,共有2539个中外合作办学项目通过审批。其中,1248个本科以上层次项目和机构,928个高职高专层次项目和机构。推动建设了一批示范性高水平中外合作办学项目,包括深圳北理莫斯科大学、浙江大学爱丁堡联合学院等15个中外合作办学机构,57个合作办学项目。

中国与中亚国家间签署了多项教育合作协议,例如,2003年中国与哈萨克斯坦签署了《中国教育部和哈萨克斯坦教育科学院教育合作协议》,2001年、2006年中国与吉尔吉斯斯坦签署了《中国教育部和吉尔吉斯斯坦教育部教育合作协议》,中国与塔吉克斯坦签署了《中国国家教委和塔吉克斯坦教育部合作协议》等。

2003年中国发布《中国对欧盟政策文件》,明确提出中国对欧盟的政策目标。在教育领域,加强和扩大各层次的交流,适时建立中欧教育合作磋商机制,强化在学历学位互认、留学生交流、语言教学、互换奖学金生、教师培训等方面的合作,办好中欧国际工商管理学院,培养更多高层次人才,相互鼓励和支持语言教学。

2006年6月签署的《上海合作组织成员国政府间教育合作协定》,规定成员国联合举办关于教育领域多边合作具体领域的科研实践学术会议、座谈会、研讨会和圆桌会议,促进成员国教育机构以及学生和科研教学工作者的相互交流,鼓励国家教育机构和组织学生相互参加国际奥林匹克竞赛、大奖赛、联欢节,以及联合举办的生态、旅游、体育及其他领域的活动。各方在提高教育质量,交换各方国家教育机构和组织及其教育项目的许可、认证、评估程序的信息方面开展合作,促进成员国教育机构和国家教育主管部门颁发的标准式样的学历证书互认和对等机制的建立,促进成员国各方学生社团之间的合作。

2013 年中国与俄罗斯签署《中华人民共和国和俄罗斯联邦关于合作共赢深化全面战略协作伙伴关系的联合声明》，规划在机制化和长期化的基础上扩大两国青年交流，筹办 2014 年至 2015 年中俄互办青年友好交流年活动。

2013 年中国与土库曼斯坦签署《中华人民共和国和土库曼斯坦关于发展和深化战略伙伴关系的联合宣言》，双方将加强互派留学生和语言教学方面的合作，为在本国推广对方国家语言提供便利，双方支持两国高校建立合作联系，推动两国学术机构间加强合作。

2014 年中国与吉尔吉斯斯坦签署《中华人民共和国和吉尔吉斯斯坦共和国关于进一步深化战略伙伴关系的联合宣言》，双方鼓励两国高等院校和科研机构建立联系，在科技和学术信息交换领域开展合作。

2014 年中国与哈萨克斯坦签署《中华人民共和国和哈萨克斯坦共和国联合宣言》，双方同意继续加强文化、教育、新闻出版和广播影视、旅游、卫生、体育对口部门的交流互访和互利合作。

2014 年中国与乌兹别克斯坦签署《中华人民共和国和乌兹别克斯坦共和国联合宣言》，双方愿进一步加强和扩大科技、人文领域合作，特别是在科学、教育、体育和旅游方面开展合作。

2014 年中国与塔吉克斯坦签署《中华人民共和国和塔吉克斯坦共和国关于进一步发展和深化战略伙伴关系的联合宣言》，双方愿进一步加强科技、教育、文化、卫生、体育和旅游等领域合作，扩大教育科研机构、新闻媒体、民间友好组织、文艺团体和青年组织友好交往与合作，不断增进两国人民间的相互了解和友谊。

1996 年，中国与蒙古签署了《中蒙 1996—2000 年教育交流与合作计划》、2005 年签署了《中蒙 2005—2010 年教育交流与合作计划》、2011 年签署了《中蒙 2011—2016 年教育交流与合作执行计划》。2000 年，中国和以色列签署了《中华人民共和国教育部—以色列教育部教育合作协议》，涵盖互派留学生、学术交流、语言教学等方面内容。

2016 年，《中国对阿拉伯国家政策文件》发布。这是中国政府制定的首份对阿拉伯国家的政策文件，文件从政治、投资贸易、社会发展、人文交流、和平与安全五个领域详细阐述了中方全面加强中阿关系的各项政策举措，提出坚持共商、共建、共享原则，推进中阿共建"一带一路"。加强文明对话，密切双方专家学者交流，积极研究建立中阿智库长效交流机制。鼓励和支持非政府组织和社会团体有序开展形式多样的友好交往，积极推动中阿青年交流。

### 三 促进学历文凭与学位互认

中国与"丝绸之路经济带"沿线国家积极推动高等教育合作学历、学位制度改革的同时，双方还利用中国—"丝绸之路经济带"教育交流平台，努力探索学历、学位制度建设及实施。

随着对外开放的逐步扩大，中国与"丝绸之路经济带"沿线国家的教育交往日益密切。截至2018年，中国已与47个国家和地区签订了学历学位互认协议，其中，"丝绸之路经济带"沿线国家23个，包括波兰、立陶宛、爱沙尼亚、拉脱维亚、匈牙利、罗马尼亚、保加利亚、捷克8个中东欧国家；土耳其、阿塞拜疆2个西亚国家；哈萨克斯坦、土库曼斯坦、吉尔吉斯斯坦、乌兹别克斯坦、亚美尼亚5个中亚国家；俄罗斯、乌克兰、白俄罗斯3个独联体国家；印度、尼泊尔、斯里兰卡3个南亚国家；蒙古1个东亚国家；埃及1个北非国家。

1983年12月16日中国与亚美尼亚、阿塞拜疆、印度、哈萨克斯坦、吉尔吉斯斯坦、蒙古、尼泊尔、俄罗斯、斯里兰卡、塔吉克斯坦、土耳其、土库曼斯坦等国家签订承认高等教育学历、文凭和学位的地区公约书的协议，1990年6月23日与保加利亚、1993年3月6日与乌兹别克斯坦、1995年6月26日与俄罗斯、1995年7月4日与罗马尼亚、1997年11月17日与埃及、1997年12月2日与匈牙利、1998年10月28日和2000年7月26日与白俄罗斯、1998年12月11日与乌克兰、1998年12月11日与蒙古、2002年6月24日与吉尔吉斯斯坦、2006年12月20日与哈萨克斯坦、2010年10月22日与拉脱维亚等国家签订承认高等教育学历、文凭和学位的地区公约书的协议。高等教育学位学历互认关系的建立，为开展进一步教育合作奠定了坚实的基础。

### 四 实施《"丝绸之路"留学行动计划》

在实施"丝绸之路"留学推进计划的过程中，我国十分注重来华留学质量建设，加强高端留学人才培养力度，设立卓越奖学金项目，培养发展中国家青年精英和未来领导者,还设立"丝绸之路"中国政府奖学金项目,每年向沿线国家额外提供总数不少于3000个奖学金新生名额。

中国与蒙古2000年签署了《利用中国无偿援助款项培养蒙古留学生项目执行计划》,2015年签署了《关于合作设立中蒙交流专项奖学金项目备忘录》。2015年,中国与以色列双方签订了《中国国家留学基金管理委员会与以色列高等教育委员会合作协议》,30多所中国大学与7所以色列大学签订了合作交流协议,中以双方每年共同资助60名中国学生赴以攻读硕士学位,200名中国在校本科生或研究生暑期赴以短期交流学习。

## 第三节 高等教育区域合作的规范调适

深化中国与"丝绸之路经济带"沿线国家之间的高等教育合作,应植根于彼此间强烈政治互信、文化认同、价值引领的行动目标,遵循一定社会标准、规范和准则。目前,推进中国与"丝绸之路经济带"沿线国家高等教育合作,构建中国—"丝绸之路经济带"高等教育共同体,仍然受制于政治、经济、文化、教育、民族宗教等诸多"情景"因素的困扰和制约,面临行动规范的冲突、调适与整合。

### 一 地缘政治关系的沟通协调

教育是外交政策的"第四方面"[①]。政治互信,是深化中国与"丝绸之路经济带"沿线国家高等教育合作,构建中国—"丝绸之路经济带"高等教育共同体的基本保证。20世纪90年代,随着冷战的结束和中国的逐步崛起,全球各区域特别是中亚、东亚、东南亚地区相继出现中美双方权力转移的现象,权力天平逐步向中国倾斜。随着中国经济的快速增长和综合实力的增强,包括欧盟、阿拉伯联盟、中

---

① [美]菲利普·G.阿特巴赫:《比较高等教育:知识、大学与发展》,人民教育出版社2001年版,第37页。

亚五国在内的不少国家对中国的发展战略意图以及中国未来发展走向妄加猜测，甚至产生种种疑虑。特别是受美国印太战略和东北亚、中亚、南海利益争夺等因素的影响，"丝绸之路经济带"沿线国家对中国重新出现了担忧，继而诱发中国与"丝绸之路经济带"国家政治互信度偏低，很大程度上影响着中国与"丝绸之路经济带"沿线各国在高等教育领域的合作。

（一）中国—欧盟的政治互信

处在"丝绸之路经济带"的欧盟，对中国缺乏战略互信，担心中国产品和企业大量进入欧洲会抢了欧洲人的饭碗，特别担心中国强大以后会在全世界与他们抢夺资源和市场，在国际政治事务中支持发展中国家，甚至跟欧盟对着干，对欧盟及西方政治体制形成巨大挑战和威胁。近年来，欧盟对中国贸易实施限制，中欧贸易摩擦时有发生。2004—2011 年欧盟发布了关于中国事务的 155 个法律文件，其主要内容是对中国产品的反倾销、反规避和反吸收。2012 年年底，欧盟针对中国政府采购的"报复性立法"草案完成，并取得欧洲议会的支持。欧盟之所以对中国企业和产品进行限制，仍然是"中国威胁论"作祟，同时急于消除欧盟对中国出口的逆差，对一些中国企业抱有一定的成见和偏见。当然，最为根本的仍然是中国与欧盟在国际政治的一些重大原则问题上存在严重分歧。中国与欧盟在意识形态和政治制度等领域存在极大差异，在一些国际政治的原则问题上，例如"人权高于主权""不干涉内政"等存在不同的立场。特别是近年在处理利比亚危机、叙利亚危机、伊朗核问题、朝鲜半岛问题等方面，存在重大分歧。中国政府始终坚持"和平共处五项原则"，尤其是"不干涉内政"原则，坚持与邻为善、以邻为伴，坚持睦邻、安邻、富邻，突出亲、诚、惠、容的理念，这种态度和立场跟欧盟、美国等西方国家奉行的霸权主义、单边主义做法很不相同，这些原则性的分歧是中欧深化全面战略伙伴关系的障碍因素之一。

对于意识形态和政治制度的分歧，我国政府应当本着求同存异的态度，积极开展与"丝绸之路经济带"沿线国家之间的交流对话，坚持走新时代中国特色社会主义发展道路，不盲目照搬西方政治体制，但欧盟及西方国家的先进管理体制和经验，我们要努力学习借鉴。要通过与欧盟及其成员国的交流对话，积极争取欧盟的理解、支持。

对于国际政治领域存在的一些重大分歧，中国政府应始终坚持"和平共处五项原则"，在涉及本国主权、国家安全等核心利益的原则问题上绝不妥协，为维护国际和平、推动国际治理、推进世界发展而斗争，为深化中国与"丝绸之路经济带"沿线各国在高等教育领域的务实合作夯实政治基础。

（二）中国—阿拉伯国家联盟的政治互信

冷战结束，中国与全部22个阿拉伯国家建交。2001年"中阿友好协会"组建，2004年"中阿合作论坛"建立，2010年中国与阿拉伯国家宣布建立战略合作关系。阿拉伯国家与中国同属发展中国家，双方在政治外交、经贸金融、文化教育等领域一直保持着良好的交往与合作，面临着"谋和平、求发展"的共同任务。

海湾战争后阿拉伯世界进入碎片化分裂时期，2011年"阿拉伯之春"爆发，中东局势出现严重动荡，地区国家间关系趋于复杂。转型国家政权与体制艰难重构，教俗和宗派、种族矛盾激化，伊斯兰教与基督教、伊斯兰教内部逊尼派与什叶派的对抗更加激烈，分离主义思潮抬头和扩散，大国特别是美俄在阿拉伯国家激烈角逐，恐怖主义空前嚣张泛滥。在国际形势急剧变化的新时期，中阿关系面临新挑战。

由于政治体制、国际地位和文化习俗等差异，中阿双方对彼此的认知和理解存在较大偏差。同时，西方对国际舆论的强势主导地位，也对中阿关系产生了十分消极的影响。尽管中阿人文交流与合作面临诸多严峻挑战，但中国政府一直坚持平等对话和交流，奉行"大周边"外交战略，维护世界多样性和发展模式多样化。在坚持原则前提下灵活应对中阿关系出现的新问题，推动双方加强战略对话，深化对阿拉伯部落文化、伊斯兰文明核心价值观、伊斯兰教派分化、阿拉伯国家发展模式、西亚北非的国别甚至政治派别等的认知，增进彼此战略互信，不断加强与阿拉伯国家在各领域的合作，实现互利共赢，携手共建和谐世界，筑牢中国与阿拉伯国家高等教育合作的人文根基、民意基础。

(三) 中国—中亚国家的政治互信

中亚地区,泛指哈萨克斯坦、土库曼斯坦、吉尔吉斯斯坦、阿富汗、塔吉克斯坦、俄罗斯南部部分地区和中国新疆地区,总面积超过500万平方千米。1991年苏联解体,次年中国与乌兹别克斯坦、哈萨克斯坦、土库曼斯坦、吉尔吉斯斯坦、塔吉克斯坦等国家建交,确立了睦邻友好、和平共处,合理合作、共同繁荣,以及不干涉别国内政,维护主权独立和地区稳定的外交政策。中国与中亚国家关系呈良好发展态势,双方政治互信度较高,经贸合作发展迅猛,人文交流日益扩大,为地区的持久和平、共同繁荣做出了巨大贡献。

自上海合作组织成立以来,中国与中亚四国在"上合组织"框架下展开了较为深入的合作。经过各方不懈努力,双方建立了上海合作组织内不同等级的合作机制,在经贸、教育、文化、卫生、科技等领域的合作不断扩大,已经发展成为一个切实维护地区和平安全稳定,促进共同繁荣发展的一个有效的组织机制和建设力量。

中亚地理上位于亚欧大陆腹地,是大国政治势力和地区政治势力缓冲区和交会区。复杂的地区安全形势和重要的地缘政治关系,使中亚地区在"冷战"后成为国际社会关注的重点区域。由于政治制度、文化传统、民族宗教等差异的存在,特别是美国、俄罗斯和土耳其在该地区的影响,对中国与中亚国家之间的友好合作构成了极大挑战。加之本区域内哈萨克斯坦等个别国家政局动荡,社会不稳定局面随之增加。冷战结束,泛突厥主义思潮大行其道,土耳其意欲建立"突厥人共同体",扩大在中亚地区的影响。"9·11"事件之后,美国借反恐战争之机打开了中亚国家大门,先后推出"大中亚计划"和"新丝绸之路计划"。俄罗斯一向把中亚地区视为本国的势力范围,不容其他大国挑战其在中亚地区的权威。乌克兰危机以后,尤其是2015年以来,中亚出现了新一轮的"大国外交热",美国、日本、印度、土耳其等都明显加大了对中亚的外交力度,不断挑战着俄罗斯的影响力。中亚各国出现不愿向俄罗斯"一面倒"倾向,试图借力中亚地缘政治格局多元化实施平衡外交,推进多边外交。

在此背景下，奉行和平、友好的外交政策，坚持走和平发展道路，扩大与中亚国家之间的交流，深化双边战略合作伙伴关系，与中亚国家成为真正的"好邻居、好朋友、好伙伴"，这是对中国与中亚国家关系的最好诠释。

"国之交在于民相亲，民相亲在于心相通"。尽管中国与中亚国家的社会制度、意识形态不同，经济发展水平存在极大差异，只要我们始终本着"以邻为伴、与邻为善"的原则，增强政治互信，加强与中亚各国政府的沟通，积极推进人文交流，努力把中国"一带一路"倡议与中亚国家发展战略对接起来，克服困难，务实行动，就一定能够推动本地区的区域合作，互利共赢，为各国人民谋福祉，为推动全球治理做出贡献。

### 二 经济发展结构的平衡调整

从货物与服务的进出口之比的角度，对"丝绸之路经济带"沿线50国进行描述统计分析。货物和服务出口是指向世界其他国家供应的所有货物和其他市场服务的价值，其数据按现价美元计。数据源自世界银行国民经济2016年的核算数据，以及经济合作与发展组织2016年国民经济核算数据文件。

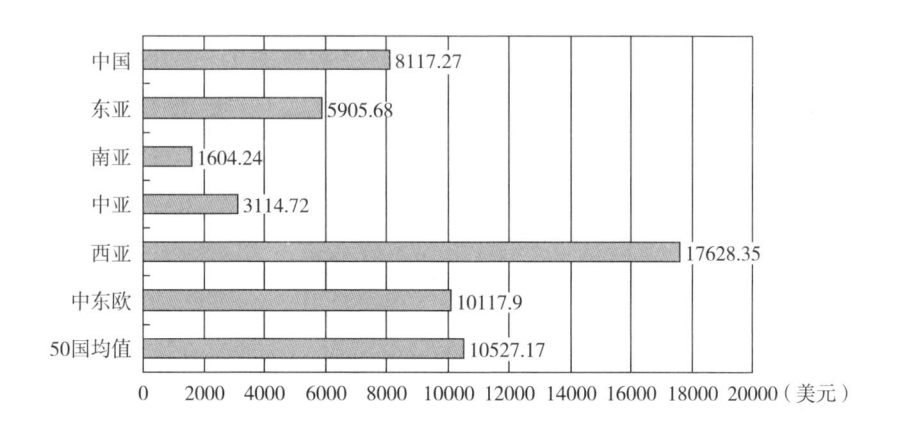

| 地区 | 数值 |
|---|---|
| 中国 | 8117.27 |
| 东亚 | 5905.68 |
| 南亚 | 1604.24 |
| 中亚 | 3114.72 |
| 西亚 | 17628.35 |
| 中东欧 | 10117.9 |
| 50国均值 | 10527.17 |

图 5-1　货物与服务进出口之比（现价美元）

其中东亚的货物与服务的进出口之比均值最低，为 0.89，说明该地区的货物与服务以出口为主，该地区包括中国与蒙古两个国家，2016年中国的货物与服务进出口占比为0.88，蒙古的货物与服务进出口占比为0.9，都是以货物与服务输出为主的国家。"丝绸之路经济带"沿线地区中，货物与服务进出口占比最高的是中亚地区，均值达到2.85。说明"丝绸之路经济带"中亚地区国家的货物与服务以进口为主，其输出规模远小于进口规模。中亚国家中的阿富汗拉高了中亚地区货物与服务进出口占比的均值，阿富汗2016年的货物与服务进出口占比为7.1，说明该国货物与服务以进口为主，这与阿富汗较低水平的制造业有关。

其次是南亚地区，其货物与服务进出口占比为2.01，高出"丝绸之路经济带"沿线50个国家的均值0.64个百分点。南亚国家中，货物与服务进出口占比最高的是尼泊尔，其2016年的货物与服务进出口占比达到4.15，最低的是印度，其货物与服务进出口占比为1.09，"丝绸之路经济带"沿线南亚国家的货物与服务进出口占比都高于1，说明南亚地区国家的货物与服务的进口规模都高于出口规模，不丹、巴基斯坦、孟加拉国和尼泊尔货物与服务进出口占比较高的主要原因是这些国家的制造业都处于较低水平，且产业结构水平较低，导致货物与服务的输出不足，多靠进口满足消费需求。

西亚与中东欧的货物与服务的进出口之比都高于1，但都略低于"丝绸之路经济带"沿线50个国家的均值，分别低了0.26个和0.3个百分点。其中，西亚国家中，货物与服务的进出口之比高于1的国家有亚美尼亚（1.29）、格鲁吉亚（1.36）、伊拉克（1.26）、约旦（1.60）、黎巴嫩（1.85）和土耳其（1.13）。中东欧国家中，货物与服务的进口与出口之比高于1的国家有阿尔巴尼亚（1.58）、白俄罗斯（1.00）、马其顿（1.29）、黑山（1.56）、罗马尼亚（1.02）、塞尔维亚（1.15）和乌克兰（1.13）。说明这些国家的货物与服务进口规模大于出口规模。"丝绸之路经济带"沿线国家西亚与中东欧国家中，经济发展水平处于较高水平的国家较多。其货物与服务的进出口比例总体大于1的原因在于国家的产业结构相较于低收入水平的国家更为优化，其低水平的制造业在产业结构中占比较低。

## 三 异质文化之间的交融互鉴

"国之交在于民相亲"。"一带一路"沿线各国以共商、共建、共享为原则，以开放包容为特征，以互利共赢为向导，弘扬丝绸之路精神，聚焦"五通"，不断深化合作，共同打造开放、包容、均衡、普惠的区域合作架构，努力夯实和谐合作、互学互鉴和共同繁荣的人文根基，深耕细作，绵绵用力，久久为功，引领"丝绸之路经济带"沿线不同国家、不同民族朝着共同发展的方向前行。

### （一）物质文化的交流

丝绸之路不仅是千百年来亚欧非互通有无的商贸大通道，是亚欧、北非大陆进行经济、政治、文化交流的主要交通动脉，更是促进亚欧、北非各国和中国友好往来、沟通东西方文明的纽带。物质文化的交流，是丝绸之路各民族互通有无的最初表现形式。在数千年的历史长河中，在横亘崇山峻岭的茶马古道上，"丝绸之路经济带"沿线各国相互进行着交通往来和物质交换，为不同文明、异质文化的发展注入了新的元素。

中国是世界四大文明古国之一，拥有璀璨夺目的文化。丝绸之路的开辟，把东方与西方连接了起来，中国先进的文明，以物质的交换为载体，源源不断地流入西方国家。其中，有代表性的，在技术方面，是众所周知的"四大发明"，即指南针、造纸术、火药、活字印刷术；在物种方面，是水稻及其栽培技术；在物产方面，是号称"三大贸易"的丝绸、茶叶和瓷器。在长期的中外文化交流的过程中，中华文明除了滋养中国人外，也广泛地传播到世界各地，丰富了沿途各个国家的物质生活，赋予了这种物质交流以丰富的文化内涵，在很大程度上推动了世界文明发展的历史进程。

指南针、造纸术、火药、活字印刷术，是中国古代文明的重要标志。四大发明就是通过丝绸之路传播到世界各地，对人类文明的发展尤其是世界近代化起到了极大的助推作用。魏晋南北朝时期，朝鲜半岛生产的麻纸、楮皮纸和桑皮纸，即受到蔡伦发明的造纸术的影响。中国纸与书卷早在公元 2 世纪便已传到越南。唐朝时期，中国造纸术通过被俘唐兵中的造纸匠传入中亚地区。公元 10 世纪，中国造纸术通过阿拉伯世界传入西班牙，1189年传入法国，1276年传入意大利。其后，造纸术随着阿拉伯势力扩张传播至北非地区。造纸术、印刷术的传入，纸张的发明和广泛使用，推进了西方国家教育的普及化，促进了欧洲的启蒙运动、文艺复兴和新教的发展，对当时欧洲思想文化的交流传播都产生了深远的影响。指南针的使用，让欧洲人发现了新大陆。火药的发明、枪炮的使用，彻底摧毁了封建主义的堡垒，为西方现代文明奠定了基础。①

丝绸之路开通后，中国的冶炼、凿井、饮食烹饪、医药、数学、天文等领先技术源源不断地外传。张骞出使西域，中国的铁器和冶铁技术经由丝绸之路传入东亚、东南亚国家。汉代的冶铁工艺于两汉之际传至西域、中亚。铁器的使用，劳动工具的改进，极大地提高了农业劳动生产率，加速了手工业的发展，为西方商品经济的发展奠定了物质基础。六朝时期中国的制酒法传入老挝。秦汉时期，凿井技术、水利灌溉技术传入塞北，并相继传入中亚、西亚，有力地促进了当地灌溉农业的发展，大大地提高了农作物产量。唐代唐三彩，传到朝鲜、日本，远至波斯、埃及等地。先秦时就出现的炼丹术传至西方后，成为近代化学的先驱。

农作物也是中外商贸的重要内容。中国是世界上最早的农业起源地之一。中国原产的粮食作物主要有粟、黍、水稻和大豆，其中水稻起源于7000年前。在浙江的河姆渡遗址曾经发现了人类最早的水稻实物。中国南方是水稻的原产地。汉代时粳稻经过越南或海路传播到东南亚地区，包括菲律宾、印度尼西亚等地，经过辽东地区传播到朝鲜半岛，渡海传播到日本。5世纪，水稻传到西亚，随后传到非洲和欧洲，美洲以至全世界。水稻的栽培和传播，极大地丰富了人类的粮食作物，对改善人类生活做出了重大贡献。

丝绸、瓷器、茶叶是中国文明的符号。中国是世界上最早养蚕缫丝、制作陶器瓷器、种植茶叶的国家。可以说，早在新石器时代，中国就已经开始了养蚕制丝。传说中黄帝的后妃嫘祖教导百姓养蚕，缫

---

① 孙机：《中国古代物质文化》，中华书局2014年版，第13页。

丝织绸，制作衣裳。到了商代，丝绸业已十分发达，并开始销往域外国家。早在古希腊时代，中国丝绸传播到欧洲。到了罗马时代，丝绸已经是大宗的进口货物。到了汉代，西域人开始学会中国的养蚕制丝技术，发展丝绸制造业。汉朝初通西域，中国除了丝绸之外，还有漆器和铁器等输出。中国是茶叶的原产地，早在汉代就有了茶叶的买卖，唐代开始有了饮茶习俗。来自西域的回鹘商人、长安的日本留学生，也都养成饮茶的习惯，并将茶种带回国内。到了近代，即16世纪以后，茶叶是中国与欧洲贸易的大宗货物。茶叶经过丝绸之路海运和陆运，销往欧洲。唐朝时，瓷器沿着丝绸之路输往西方国家。宋元时期，瓷器大量外销。到了明清，瓷器大量销往欧洲。① 此外，中药原料如黄连、土茯苓、生姜、肉桂等，以及无患子、马鞍、桑树、铜合金等，源源不断西传。中国"三大物产"，在近代欧洲，在16世纪后期到18世纪前半期一百多年的时间，渗透于欧洲各国社会生产、生活、贸易的各个领域，对世界文化发展产生了广泛影响。

　　在东西商贾贸易往来之中，西方一些物产和珍禽异兽也经由丝绸之路传入中国。距今4000—5000年前，两河流域西亚的小麦传到了中国，商代原产中亚一带的马牛羊引入中国。到了汉代张骞通西域，许多原产于西域的植物传到中国，包括石榴、苜蓿、葡萄、玉门枣、胡桃、胡麻、胡豆、胡荽、胡蒜等。唐代与国外的贸易特别发达，这一时期引进了西域葡萄酒制作技术和印度的制糖技术。明末清初，1492年哥伦布首次航行到美洲大陆，激发了包括动物、植物甚至微生物在全球范围内的"哥伦布大交换"。许多原生在美洲的作物包括玉米、番薯、豆薯、马铃薯、木薯、南瓜、花生、向日葵、辣椒、番茄、菜豆、菠萝、番荔枝、番石榴、烟草等被引进中国。这些美洲物种的传入，大幅度提高了粮食产量，人们的饮食结构得到了极大改善。明末清初是欧洲与中国直接开始进行贸易的时期，许多欧洲的商品传入到中国，包括香料、貂皮、药品等。阿拉伯的乳香，索马里的

---

① 余太山、李锦绣：《丝瓷之路——古代中外关系史研究》，商务印书馆2014年版，第161—162页。

芦荟、苏合香、安息香,北非的迷迭香,东非的紫植等香料,传到中国。这一时期传入的西方代表性物品还有钟表。最早在 1601 年,意大利传教士利玛窦来到北京,向万历皇帝进献的就是两台钟。另外,从西域和中亚输入中国的大批珍禽异兽如汗血马、犀牛、羚羊、狮子、鸵鸟、斑马、长颈鹿、孔雀、大雀、大象等,促进了中国畜牧业发展,很大意义上影响了我们今天的生活。明清之际,利玛窦等天主教耶稣会传教士到我国传教,同时开展修历、译书、绘图、制炮等活动,撰写了涵括天文、历算、机械、火器、水利、舆地等领域的专著几百种,为中西文化的交流作出了重要贡献。19 世纪后半期和 20 世纪初,西方工业革命的成果陆续传到了中国,比如西方发明的电力、火车、电报电话、汽车等的传入,使中国人的日常生活发生了根本性的变化。[①]

(二) 思想文化的碰撞

丝绸之路东起长安、洛阳,西至罗马,它不仅是东西方政治、经济、文化、科技联系的桥梁,同时也是一条宗教文化传播、交融、碰撞之路。在旷日持久的绵延岁月里,欧亚非大陆上的各民族、各种文化展开了大交流、大汇通、大融合,中外多种文化思想在丝绸之路上融合、碰撞,推进了双方文化的繁荣发展。

丝绸之路历史上是一个多民族地区,可以说是一个民族走廊。秦汉时期,匈奴是中原帝国北部的强邻。突厥、回绝、铁勒诸部、鲜卑、乌孙、月氏、易萨、柔然、阪哒、粟特、阿兰聊(奄葵)和蒙古民族,分布在辽阔的草原丝绸之路上。活跃在丝绸之路西域道的少数民族有匈奴、乌孙、突厥、回绝、党项、塔里木盆地西域三十六国土著民族和哈萨克等民族。[②]

魏晋南北朝、隋唐时期,丝绸之路上西域一带有突厥于阗、粟特、回鹘、吐蕃等民族。唐初在西域设置龟兹、于阗、碎叶、疏勒四

---

① 石竞琳:《丝绸之路上中外文化的交流与交融》,《中国民族报》2017 年 2 月 20 日。
② 李明伟:《古丝绸之路与西北民族的凝聚》,《西北民族研究》1994 年第 2 期。

镇，后又设立安西都护府和北庭都护府。① 辽、宋、夏、金时期，中国多个王朝分立，在丝绸之路上比较有影响的少数民族主要有契丹、党项、回鹘等。可以说，丝绸之路是各民族共同开辟的贸易交往和文化交流之路，是古代亚洲、欧洲、非洲各民族互通有无、促进友好往来的友谊之路。②

在几千年东西方文明交融碰撞过程中，印度的佛教、印度教、耆那教，波斯的祆教、景教、摩尼教，西亚的伊斯兰教，以色列的犹太教，还有欧洲的基督教、天主教等，通过丝绸之路传入中国。中国的道教，则通过这条道路传向西方。由此，丝绸之路又被称作"宗教之路"与"信仰之路"。

公元前6世纪，佛教在印度兴起，并开始在亚洲通过印度商人、僧侣和波斯商人进行宗教传播。佛教大约在公元前1世纪传入高昌地区。西汉时，传教译经风行一时，龟兹、高昌、敦煌、凉州成为著名的佛教圣地和传播中心。东汉明帝时，中国出现了第一座佛教寺院——洛阳白马寺，随后佛教便在中国境内逐渐发展壮大。

公元7世纪左右，景教通过丝绸之路传入中国。在唐朝长安和洛阳，景教建有波斯胡寺，教徒既有西域商人，也有唐人。唐人加入景教团体，为唐太宗颁诏恩准。

摩尼教从公元4世纪至6世纪广泛流行于中亚以及地中海一带，并于武则天延载元年（694年）传入中国。代宗广德元年（763年），回鹘牟羽可汗将摩尼教引入漠北，并定为国教。自此，摩尼教在唐境内势力大增，影响遍及黄河与长江流域。③

至元代，佛教、道教、基督教、伊斯兰教、摩尼教、印度教等在中国境内盛行，泉州成为世界宗教博物馆。1368年，元朝覆灭，丝绸之路一度中断，琐罗亚斯德教、犹太教及景教都在东方逐渐消失，摩尼教后来仅在福建霞浦、晋江、福州等地得以留存，但已转化为民间

---

① 《资治通鉴》（第195卷），《唐纪十一》，"唐太宗贞观十四年九月乙卯"条。
② 史金波：《"丝绸之路"上的少数民族》，《历史教学》2016年第6期。
③ 芮传明：《东方摩尼教研究》，上海人民出版社2009年版，第238页。

信仰。只有伊斯兰教在维吾尔族、哈萨克族、柯尔克孜族和回族、撒拉族等民族中予以保存。势力最为强大的佛教，同样与中国传统文化相融合，形成儒释道三教合一的新格局。①

伴随丝绸之路宗教的传播、激荡、衍生，各种宗教相互融合，同生共存，和睦相处。新疆吐鲁番出土的各种宗教文献有回鹘文、粟特文、梵文、波斯文、突厥卢尼文、佉卢文、叙利亚文、藏文、汉文、希腊文等20多种。随着这些宗教文献的传播，各民族也开始逐渐学习和使用这些文字。吐鲁番地区所存宗教遗迹，深深地刻上了当地传统文化和外来民族宗教文化共存的烙印。随着丝绸之路商旅往来，佛教、祆教、景教、摩尼教等也先后涌入敦煌，再沿丝路东行至长安、洛阳。②集思想、语言、文字、艺术等为一体的古代各种宗教在丝绸之路上的传播衍生，互相融摄，交相混杂，相互融通。由于大量侨民居住在中国，从汉代开始即设立鸿胪寺，专门管理外国事务。中国坚持兼容并蓄、求同存异原则，与侨居民族友好相处，对外来宗教宽容以待。中华文明海纳百川，思想文化繁荣发展。③

（三）习俗文化的交融

丝绸之路不仅是一条东西方商贸往来的大通道，也是一条欧亚非各民族和谐相处、融合发展的道路。在这条通道上，商贾往来，人流川息，思想交流，文化碰撞，各民族和谐共生，创造了多姿多彩、璀璨夺目的习俗文化。

1. 音乐和舞蹈

伴随丝绸之路的开通，中西方文化相互传播，音乐和舞蹈得以广泛交流。建元二年即公元前139年，张骞出使康居、大月、大夏、安息诸国，带回了西域乐曲。至东汉时，西域音乐、乐器已随丝绸之路传入中国。据《后汉书·五行志一》记载，"灵帝好胡服、胡帐、胡

---

① 杨富学：《林瞪及其在中国摩尼教史上的地位》，《中国史研究》2014年第1期。
② 杨富学、彭晓静：《丝绸之路与宗教文化的传播交融》，《中原文化研究》2014年第5期。
③ 中国社会科学院历史研究所等编：《英藏敦煌文献（汉文佛经以外部分）》第5卷，四川人民出版社1992年版，第223页。

琳、胡坐、胡饭、胡空侯、胡笛、胡舞,京都贵族皆竞为之。""胡乐"在京都蔚然成风。南北朝,康国的琵琶、安国的乐舞、米国的《凉州》等流入中国。据《旧唐书·音乐志二》记载,进入隋唐,"管弦杂曲将数百曲,多用西凉乐,鼓舞曲多用龟兹乐,其曲度皆时俗所知也。"唐代十部乐作为宫廷庆典、宴享所用,在燕乐、清乐、西凉乐、天丝乐、高丽乐、龟兹乐、安国乐、疏勒乐、康国乐、高昌乐中,一半以上是西域的乐舞。① 而流行于波斯的曲项琵琶、唢呐等乐器,通过丝绸之路传入中亚及欧洲,并出现了许多著名的西域音乐家。伊朗当地的竖直垂角竖琴、伊朗萨莎王朝宫廷中所使用的乐器笙都是来自东方,通过丝绸之路传入。日本伎乐,即是公元612年从吴国的音乐引入的。在古代丝绸之路文化中,各民族独特的音乐表演形式更多的是与舞蹈交流融合的,《霓裳羽衣舞》就是中原、西域和印度乐舞艺术之集大成者。新疆的十二木卡姆,是新疆传统音乐的表现形式,它源于西域土著文化,深受伊斯兰教文化的影响,是穆斯林诸民族的一种音乐形式。它涵括传统音乐、演奏音乐、文学艺术、戏剧、舞蹈等多要素,展现抒情性和叙事性鲜明特性。② 中国早期音乐文化的重要艺术载体《乐舞飞天》,就是一首有着中国西域曲风的音乐作品,歌曲将独具代表性的电音琵琶和西域风格相结合,蕴含了歌曲在丝绸之路上文化演变的历史内涵。意大利著名作曲家贾科莫·普契尼根据童话剧改编的三幕歌剧《图兰朵》(*Turandot*),使具有中国文化符号象征的图兰朵公主作为与丝绸之路沿线国家合作交流的桥梁和纽带,让中国文化从亚洲走向欧洲,进而影响整个世界。丝绸之路上的音乐、舞蹈形式多如繁星,广泛地流行于各民族,世代相传。记录了各民族的社会生活,也展现出各民族的智慧和创造力。

2. 丝绸和服饰

一定意义上,丝绸之路也是一条服饰文化相互融通之路。中国服饰丰富多样,是各民族互相交流、相互借鉴的结果。汉代以前,中国

---

① 阴法鲁:《丝绸之路上的音乐文化交流》,《人民音乐》1980年第2期。
② 周菁葆:《古代丝绸之路音乐舞蹈钩沉》,《新疆艺术学院学报》2003年第1期。

就已经开始和西域乃至更远的西亚地区进行商贸往来，丝绸就是丝绸之路上最重要的商品。与丝绸贸易相随的是养蚕技术、纺织技术以及服装服饰制度。在汉代，这些技术即已完备，服装服饰制度逐步建立，染织、刺绣和金属相关工艺迅速发展，服装装饰的质材、式样、颜色等都有很大的变化。西汉时期，服饰根据四季节气的变化而取舍其颜色，如春青、夏赤、秋黄、冬皂。汉代妇女日常服装，即为上配衣下搭裙。魏晋服装服饰虽然承袭了汉代的制式，但融入了古波斯、古阿拉伯国家的元素，且主要体现在花纹丝织品的变化上。由于北方各族入主中原，将北方民族的服饰带到了这一地区。妇女的日常衣服上身着襦、衫，下身穿裙子。公元6世纪波斯图案花纹通过"丝绸之路"传入中国，隋唐宫廷一度盛行西域服饰，唐朝还流行女子穿"胡服"。唐代服饰不仅把中原的丝织品、丝织样式影响到周围国家，同时也汲取了游牧民族的服饰元素运用于自己的生活当中。唐装从外形到装饰多以中亚、印度、伊朗、波斯及北方和西域外族服饰为参考。隋唐时妇女的日常服饰是衫、袄、裙，上身着襦、袄、衫，而下身束裙子。丰富多彩，奇异多姿。① 宋代，妇女服饰多为上身配袄、襦、衫、背子、半臂，其下身着裙子、裤。元代，蒙古族入关统治中原，其服饰既承袭汉代服饰制度，又推行蒙古本族服饰制度。蒙古族的衣冠，以头戴帽笠为主，男子多戴耳环。妇女服饰，富贵者多以貂鼠为衣，戴皮帽。明朝先是禁胡服，承接唐制。妇女服饰着装有禁令，民间妇女只能用紫色，不能用金绣。明代开始出现用纽扣式样。清代男子的服饰以长袍马褂为主，妇女服饰既有满族样式，也有汉族样式，样式及品种越来越多样，如有大衣、云肩、背心，还有裙子、围巾、手套、抹胸、腰带，而且眼镜开始出现。20世纪20年代，汉族妇女逐步接受西洋服装式样，旗袍开始风行。中国是家蚕丝的发源地，早在新石器时代，即已发明丝绸织造以及朱砂染色技术，对推进丝绸染织技术的发展，丰富、美化人们的服饰文化生活，推动各地区、各民

---

① 李肖冰：《丝绸之路服饰研究》，新疆人民出版社2010年版，第56—59页。

族文明进步做出了重要贡献。①

3. 诗歌和戏曲

丝绸之路作为一条极为重要的多元文化交流大通道，对中国传统戏曲的生成、演化、发展产生了极其广泛而深刻的影响。丝绸之路自古便是歌舞之乡。在丝绸之路开通之后，随着贸易商队的此来彼往，丝绸之路成为东西文明交汇繁衍的场所。

中华民族的文学与音乐源远流长，诗词是文学和音乐结合的产物。唐诗宋词则是中国文学史上承上启下最为绚丽的成果，它秉承《诗经》《楚辞》以来的中国本土古典诗歌风格，深受丝绸之路"胡乐""胡舞"的浸润，中西相融，文乐结合，形成了中国诗歌的鼎盛时期。

丝绸之路民间音乐，大量取材于波斯系的诗歌和突厥系的民间史诗。隋唐中国音乐与丝绸之路传来的胡乐结合，成为新声、新曲，对诗歌产生了重大影响。张骞通西域，带回《摩诃兜勒》乐曲，宫廷乐师李延年根据此曲创作出新曲，作为军中仪仗乐。军乐便是一个重要的诗歌体裁——鼓吹与横吹。鼓吹来源于胡乐。唐代伟大诗人李白的《将进酒》，便是鼓吹曲。横吹曲，乃北狄诸国马上作乐。《乐府诗集》统计，"汉横吹曲，二十八解，李延年造。魏、晋已来，唯传十曲：一曰《黄鹄》，二曰《陇头》，三曰《出关》，四曰《入关》，五曰《出塞》，六曰《入塞》，七曰《折杨柳》，八曰《黄覃子》，九曰《赤之扬》，十曰《望行人》。后又有《关山月》《洛阳道》《长安道》《梅花落》《紫骝马》《骢马》《雨雪》《刘生》八曲，合十八曲。"② 丝绸之路的胡乐，对唐诗题材也产生了重大影响。唐代著名诗人白居易创作的《琵琶行》，王翰著名的《凉州词》，便是以琵琶作为主体的长诗。歌咏其他胡乐乐器的，像"羌笛何须怨杨柳，春风不度玉门关"中的羌笛，诗人李颀《听安万善吹觱篥歌》中的觱篥等。胡乐丰富了唐诗的体裁和题材，对于宋词的形成则起到了更为直接和决定

---

① 王宛春：《丝绸之路民族服饰对现代服饰的影响》，《商》2014 年第 22 期。
② 靳飞：《丝路上的音乐交响》，《北京晚报》2018 年 7 月 26 日。

性的作用。隋唐燕乐的大发展，促进了词的产生。由隋唐燕乐发展而来的二十八调系统，在宋词中一直沿用。宋词都有曲牌，这在很大程度上来源于隋唐燕乐的曲名。唐代崔令钦所著《教坊记》中所记载的许多曲名直接转化成了后世常用的宋词词牌，如清平乐、浣溪沙、乌夜啼、定风波、浪淘沙、木兰花、望江南、菩萨蛮、临江仙、虞美人、玉搔头、苏幕遮、西江月、鹊踏枝、破阵子、渔父引、诉衷情、摸鱼儿、六幺令等。而《教坊记》中所收录的曲目基本是隋唐燕乐，多数是通过丝绸之路传来的胡乐。[①] 唐朝诗歌，通过丝绸之路流传至东南亚各国，特别是东亚国家，对其文化发展产生了广泛影响。

中国戏曲的孕育、生成、发展和创新，融会了中华文化的诸多元素，吸收了诸多少数民族文化、异域文化的合理成分。商朝时，偃师戏即已与西域戏剧有了交流，傩戏刻上了西域傩文化的印记。周代的六代舞也是各民族乐舞的集中和交流。西域乐舞的传入，约在秦汉之际，汉初宫中已有《于阗乐》。汉初来源西北民族马上之乐的鼓吹乐与北狄乐舞戏出现，胡乐北歌与西域戏剧交流融合。公元前138年张骞通西域，带回了西域诸国的胡角、横笛、琵琶、胡琴和乐曲《摩诃兜勒》。《摩诃兜勒》古曲，影响了汉代乐曲的发展，与后来的唐宋大曲也有传承关系。自汉代开始，中原和西域的文化艺术交流就使汉歌舞、百戏、武术文化在遥远的西域声名远播。同时，西域的乐舞、杂技、幻术、杂戏等也通过多种途径传入以长安为中心的中原地区，深刻地影响汉民族文化。汉代的《盘鼓舞》，融中原的优美典雅和西域的热烈奔放为一体，产生了舞蹈审美的鲜明特征。中原和西域乐舞交流的另一成果，产生于北朝征战时代的新型乐舞《西凉乐》。出自中亚石国的《柘枝舞》，流传到宋还盛行不衰。公元2世纪前后佛教梵剧剧本《舍利弗传》，公元6—8世纪吐火罗文A本《弥勒会见记剧本》，公元9—11世纪回鹘文《弥勒会见记剧本》，相继传入西域与中原，对中原艺术产生了很大影响。[②]

---

[①] 靳飞：《丝路上的音乐交响》，《北京晚报》2018年7月26日。
[②] 李强：《中西戏剧文化交流史》，人民音乐出版社2002年版，第56—89页。

隋唐时期，歌舞戏剧对外传播，唐乐传入天竺国。同时，龟兹乐远播至日本、朝鲜、缅甸、越南等国，影响颇为深远。朝鲜半岛流传的"长鼓"，就是随龟兹乐舞传入的。日本的"雅乐"中也有许多乐曲与龟兹有关，如筚篥、五弦琵琶等已被作为日本的传统乐器。宋代《柘枝舞》与中原大曲歌舞相融合，促进胡舞创造出一种新的民族舞蹈形式。辽金元民族乐舞与杂剧，展现了草原民族乐舞戏剧的民族风情。起源北宋，盛行于南宋、金、元时期的诸宫调，以说唱为主，用琵琶等乐器伴奏，是一种古老的传统民间艺术，为后世戏曲音乐开辟了道路。西夏乐舞杂剧，反映了党项人民的日常生活、劳动景象和精神信仰。北宋年间突厥诗剧《福乐智慧》，是一个古老的具有高度文化的民族的思想结晶。《木卡姆》，源于西域土著民族文化，深受波斯—阿拉伯音乐文化的影响。它涵盖音乐、文学、舞蹈、戏剧等各种语言和艺术形式，再现了维吾尔族人民多彩的生活。[1] 公元14世纪中叶至20世纪初，明清传奇与杂剧分别从宋元南戏和金元杂剧发展与丰富起来，两种戏曲艺术在明代中叶以后达到了高峰，从而构成了中国戏曲繁荣发展的新阶段。

丝绸之路戏曲，既有来自印度佛教文化系统的宗教戏剧《舍利弗传》《弥勒会见记》《释迦因缘戏剧》等，也有西域文化系列的歌舞戏《钵头》《兰陵王》《苏幕遮》《合生》《上云乐》《柘枝》等，还有来自波斯、希腊文化系统的戏剧文学片段。这些光彩夺目的戏剧文化瑰宝，是多民族友好往来、文化汇聚的一个历史缩影，客观见证了举世瞩目的丝绸之路的兴衰和人类文明的繁荣发展。

**四　高等教育发展的优势互补**

基于1999—2016年的纵向高等教育数据，选择"丝绸之路经济带"沿线50个国家的高等教育毛入学率、高等教育生均财政支出占人均GDP比例和高等学校生师比三个指标进行分析，"丝绸之路经济带"沿线50国高等教育发展水平存在较大不平衡性，继而也存在极

---

[1] 黄钟：《略论维吾尔〈十二木卡姆〉中的个人创造——以和田地区〈十二木卡姆〉为例》，《武汉音乐学院学报》2011年第1期。

大互补性。

(一) 高等教育发展规模

截至 2016 年,按三条路线分析,北线上除马其顿、波黑、摩尔多瓦共和国、中国、匈牙利、罗马尼亚六个国家外,其余 16 个国家均已进入普及化阶段;中线有 14 个国家处于大众化阶段;南线 5 国中除印度进入大众化阶段外,其他 4 国仍处于精英化阶段。

表 5-1　"丝绸之路经济带"沿线 50 国高等教育毛入学率

| | 普及化 | 大众化 | 精英化 |
|---|---|---|---|
| 北线 | 捷克 64.46,爱沙尼亚 72.05,拉脱维亚 68.18,立陶宛 65.99,波兰 66.56,斯洛伐克 52.68,斯洛文尼亚 80.05,阿尔巴尼亚 61.21,白俄罗斯 87.02,保加利亚 71.23,克罗地亚 67.48,俄罗斯联邦 81.02,塞尔维亚 62.14,黑山 56.88,乌克兰 83.42,蒙古 64.56 | 马其顿 41.14,波黑 22.11,摩尔多瓦 41.21,中国 48.44,匈牙利 48.03,罗马尼亚 48.02 | |
| 中线 | 沙特阿拉伯 66.60,以色列 64.16,伊朗 68.84,土耳其 95.43,格鲁吉亚 51.88,亚美尼亚 51.08 | 科威特 32.57,巴林 46.57,阿曼 44.60,阿联酋 36.85,阿塞拜疆 27.24,黎巴嫩 38.20,伊拉克 16.06,哈萨克斯坦 46.12,叙利亚 39.18,约旦 36.26,巴勒斯坦 42.76,塔吉克斯坦 28.84,吉尔吉斯斯坦 45.89,卡塔尔 15.42 | 土库曼斯坦 7.97,阿富汗 8.48,乌兹别克斯坦 8.44 |
| 南线 | | 印度 26.93 | 不丹 10.51,巴基斯坦 9.73,孟加拉国 17.33,尼泊尔 11.80 |

注:数据来自联合国教科文组织 (UNESCO) 2016 年高等教育毛入学率的统计数据,http://data.uis.unesco.org/Index.aspx? DataSetCode = EDULIT_DS。

按"丝绸之路经济带"的沿线国家1999年至2016年的高等教育毛入学率发展趋势分析，都基本保持上升趋势。北线国家高等教育毛入学率发展速度最快，其次是中线，南线国家发展相对缓慢。

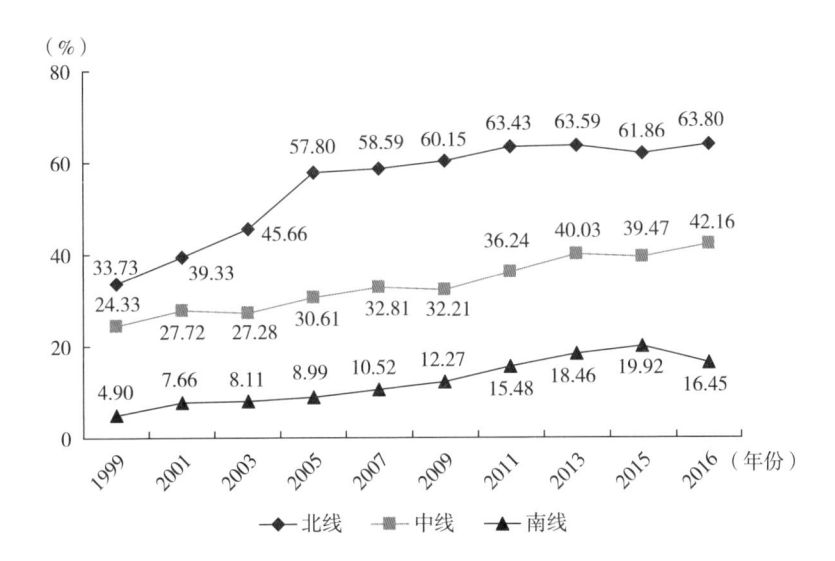

图 5-2 "丝绸之路经济带"沿线50国高等教育毛入学率发展趋势

北线国家高等教育毛入学率从1999年的33.73%增长到2016年的63.8%，增长约30个百分点，增长率为78%，使多数国家已经进入普及化阶段。中线国家高等教育毛入学率均值从1999年的24.33%增长到2016年的42.16%，增长了约18个百分点，增长率为73%，整体水平低于北线国家但高于南线国家。南线国家从1999年的4.9%增长到2016年的16.45%，增长了12个百分点，从高等教育精英化阶段迈入大众阶段。南线国家毛入学率为三线中最低，与中线国家相比相差约26个百分点，与北线国家相比落后约47个百分点。

（二）高等教育财政投入

北线国家中，高等教育生均财政支出占人均GDP比例最高的是摩尔多瓦37.65%，最低的为蒙古10.57%，中线国家比例最高的是科威特109.5%，也是"丝绸之路经济带"沿线国家中最高的，最低的为吉尔吉斯斯坦，仅占 5.59%。南线国家最低的是孟加拉国，为 25.21%，最高的是不丹 54.6%。

表 5-2　　"丝绸之路经济带"沿线 50 国高等教育生均财政支出占人均 GDP 的比例　　单位:%

| | 高收入 | 中高收入 | 中低收入 | 低收入 |
|---|---|---|---|---|
| 北线 | 捷克 20.12，爱沙尼亚 30.67，匈牙利 22.82，拉脱维亚 21.61，立陶宛 20.07，波兰 25.51，斯洛伐克 21.48，斯洛文尼亚 21.82 | 阿尔巴尼亚 13.11，白俄罗斯 17.17，波黑□，保加利亚 16.08，克罗地亚 25.92，马其顿 22.5，黑山□，罗马尼亚 23.21，俄罗斯联邦 14.64，塞尔维亚 35.82，中国 37.4 | 摩尔多瓦 37.65，乌克兰 37.10，蒙古 10.57 | |
| 中线 | 巴林 21.44，以色列 19.08，科威特 109.5，阿曼 42.80，卡塔尔□，沙特阿拉伯□，阿拉伯联合酋长国□ | 阿塞拜疆 18.05，格鲁吉亚 11.41，伊朗 18.32，伊拉克□，黎巴嫩 17.70，土耳其 21.83，土库曼斯坦□，哈萨克斯坦 9.90 | 亚美尼亚 9.70，约旦 23.27，巴勒斯坦□，叙利亚 47.92，乌兹别克斯坦□，塔吉克斯坦 19.79，吉尔吉斯斯坦 5.59 | 阿富汗 42.39 |
| 南线 | | | 不丹 54.60，孟加拉国 25.21，巴基斯坦 27.29，印度 49.17 | 尼泊尔 25.43 |

注：数据来自联合国教科文组织 2016 年高等教育生均财政支出占人均 GDP 的比例，http://data.uis.unesco.org/Index.aspx?DataSetCode=EDULIT_DS。卡塔尔、沙特阿拉伯、阿拉伯联合酋长国数据缺。

总的来看，"丝绸之路经济带"沿线国家中，南线国家高等教育生均财政支出占人均 GDP 普遍高于北线和中线国家。北线国家高等教育生均财政支出占人均 GDP 比例均值稍微高于中线国家。此外，中亚国家大部分都是中低收入水平国家，人均 GDP 较低且有 50% 的国家正在从高等教育大众化阶段向普及化阶段转变，高等教育毛入学率呈上升趋势，使高等教育生均财政支出占人均 GDP 的比例偏低。

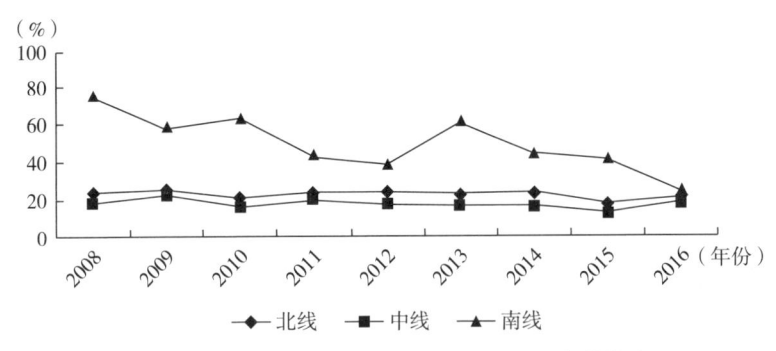

图 5-3 "丝绸之路经济带"沿线 50 国高等教育
生均财政支出占人均 GDP 的比例

（三）高校师资水平

"丝绸之路经济带"沿线国家的高等教育生师比均值为 15.96∶1，教师资源还较为缺乏。高等教育生师比较低的五个国家是黎巴嫩、土库曼斯坦、亚美尼亚、格鲁吉亚和不丹，说明这些国家高等教育教师数量充足，高等教育发展潜力大。高等教育生师比偏高的沿线国家主要有叙利亚和尼泊尔等国，这些国家高等教育人力资源紧张，高等教育机构人才储备不足，这将在一定程度上制约本国的高等教育发展。

表 5-3 "丝绸之路经济带"沿线 50 国高等院校生师人数比

|  | 普及化 | 大众化 | 精英化 |
| --- | --- | --- | --- |
| 北线 | 捷克 26.02，爱沙尼亚 10.74，匈牙利 13.61，拉脱维亚 12.56，立陶宛 10.50，波兰 17.10，斯洛伐克 15.46，斯洛文尼亚 12.03，阿尔巴尼亚 16.44，白俄罗斯 15.08，保加利亚 11.80，克罗地亚 10.05，罗马尼亚 19.86，俄罗斯联邦 10.51，塞尔维亚 22.60，黑山 15.21，乌克兰 10.37，蒙古 12.46 | 马其顿 17.69，波黑 11.23，摩尔多瓦 15.77，中国 19.49 |  |

续表

| | 普及化 | 大众化 | 精英化 |
|---|---|---|---|
| 中线 | 沙特阿拉伯 20.34，以色列□，伊朗 14.00，土耳其 40.72 | 科威特 17.03，巴林 18.98，阿曼 16.22，阿联酋 16.97，阿塞拜疆 10.05，格鲁吉亚 7.31，黎巴嫩 4.99，伊拉克 22.09，哈萨克斯坦 16.37，叙利亚 64.41，亚美尼亚 7.16，约旦 15.83，巴勒斯坦 28.87，塔吉克斯坦 17.43，吉尔吉斯斯坦 11.92 | 卡塔尔 12.56，土库曼斯坦 5.44，阿富汗 23.89，乌兹别克斯坦 10.67 |
| 南线 | | 印度 23.75 | 不丹 7.75，巴基斯坦 17.56，孟加拉国 28.97，尼泊尔 60.01 |

注：数据来自联合国教科文组织 2016 年的高等教育学生与教师人数之比的统计数据，http://data.uis.unesco.org/Index.aspx?DataSetCode=EDULIT_DS。

"丝绸之路经济带"三线中，北线和中线国家的生师比均值相差不大，从 1999—2016 年其均值主要为 15—20，距离世界一流大学 6—13.6 的水平尚有一段差距。北线高等教育生师比最高的是捷克，达到 26.02，高等教育学生与教师人数之比最低的是克罗地亚，1 个老师大约辅导 10 个学生。北线国家之间高等教育生师比差异较小，且变化趋势平稳，可见北线国家高等教育办学条件差距不大且稳定。中线国家高等教育生师比最高的是叙利亚，达到 64.41，也是"丝绸之路经济带"沿线国家中高等教育学生与教师人数之比最高的国家。数值最低的是黎巴嫩，只有 4.99。南线国家高等教育生师比均值变化幅度大，18 年来增长了 9.8 个百分点。主要是由于印度高等教育生师比增长幅度大，拉高了南线国家的生师比。再由于南线国家近些年来高等教育规模有所扩大，而办学条件又跟不上高等教育的发展，导致其教师资源紧张。最高的是尼泊尔，达到 60.01，数值最低的是不丹，生师比为 7.75。可见，南线国家高等教育办学条件普遍弱于北线与中线国家。

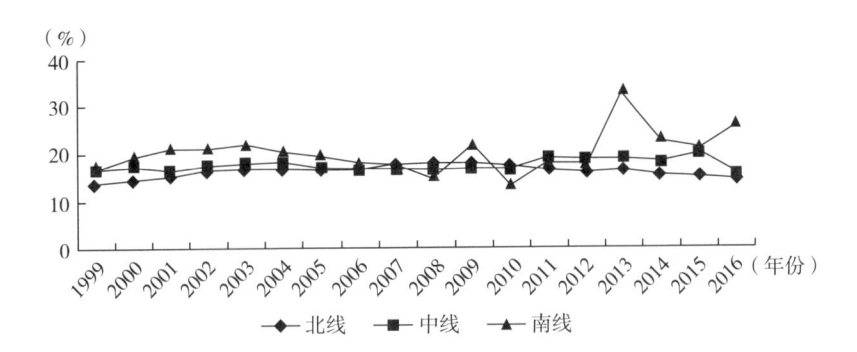

图 5-4 "丝绸之路经济带"沿线 50 国高等教育生师比发展趋势

(四) 高等教育优势互补

基于"丝绸之路经济带"沿线国家高等教育发展规模、高等教育生均财政投入、高等教育师资配备等存在较大差异，建议从发展经济、加大财政投入和加强国际合作三个方面来积极推动沿线发展中国家的高等教育发展，从而推进"丝绸之路经济带"沿线国家高等教育共同繁荣。

1. 调整经济结构，拓展人力需求，转换高等教育发展新动能

"丝绸之路经济带" 50 国要在发展本国经济的基础上，发挥经济促进高等教育发展的动力作用。"丝绸之路经济带"国家大多是低收入的发展中国家，如阿富汗、乌兹别克斯坦、孟加拉国、不丹、巴基斯坦、尼泊尔等，经济发展水平普遍较低，政府对高等教育的经费投入受到限制，高等教育规模发展、内涵建设、质量提升问题突出。为此，必须全面优化经济带各国产业结构，促进农业、林业、畜牧业和采集业等劳动密集型产业转型升级，努力扩大经济发展对高技能劳动力的需求量，进而刺激高等教育规模增长。同时，推进高等教育扩大开放，强化国际合作，积极吸收国外优质高等教育资源，扩充本国高等教育规模。"丝绸之路经济带"沿线新兴经济体国家，如伊朗、印

度、土耳其、俄罗斯等,要紧紧把握人口结构年轻化或经济活力优势,推动经济发展水平不断提升与经济结构提档升级,拓宽劳动力市场对高素质与高技能知识型人才的需要,加速高等教育的发展以满足不断增长的社会需求。中国作为"丝绸之路经济带"建设倡议国,应该积极顺应全球经济一体化趋势,在保持6.8%经济高速增长的同时,提升经济发展质量水平,继续扩大对外开放,与"丝绸之路经济带"沿线国家和地区加强经济交往与合作,尤其是与经济发展水平较低的中线、南线国家的合作。畅通与各国间的"五通",推动沿线国家经济的包容性增长,为其高等教育的发展注入新动力。

2. 扩大教育供给,保障资金供应,提升高等教育发展新动力

由于"丝绸之路经济带"沿线国家尤其是中线和南线的摩尔多瓦、乌克兰、蒙古、亚美尼亚、约旦、巴勒斯坦、叙利亚、乌兹别克斯坦、塔吉克斯坦、吉尔吉斯斯坦、不丹、孟加拉国、巴基斯坦、印度14国多是中低收入国家,阿富汗、尼泊尔两国为低收入国家,经济发展极为落后,因此这些国家应当把教育摆在优先发展的位置,从国家战略层面重视发展高等教育,保证国家对高等教育的经费投入,减轻高校因生源减少而出现的经营压力,以高等教育的高速快速发展反哺带动经济带的发展。按照UNESCO(2012)报告年均1.4%的规模增速,推进中线4国亚美尼亚、约旦、吉尔吉斯斯坦和黎巴嫩到2020年高等教育毛入学率跨越50%,进入普及化国家行列。推动目前尚处于精英高等教育阶段的卡塔尔、土库曼斯坦、阿富汗、乌兹别克斯坦、不丹、巴基斯坦、孟加拉国、尼泊尔8国,努力发展高等教育,扩大高等教育规模,提升高等教育质量水平,积极推动高等教育大众化发展。在高等教育规模不断扩展的背景下,保障政府高等教育财政支出和生均财政支出稳中有升,大幅度增加政府高等教育财政投入总量。同时,作为"一带一路"倡议国的中国,应积极倡导设立"丝绸之路经济带"高等教育合作发展专项基金,通过社会捐赠、奖励和资助等形式广泛吸纳社会资金,与金融、税务等部门协商,在融资、投资、减免税费等方面给予"丝绸之路经济带"沿线合作国家特别支持。打通银行金融资金供应链,增强合作成果转化过程中的风控

能力。"丝绸之路经济带"沿线50国高校,要设立高等教育合作交流专项基金,推进人才培养、项目合作、技术研发。企业要积极开展市场融资,建立成果转化平台,为双方合作项目提供孵化器,为合作高校提供教育基金,支持科研技术人员的教育培训、学位提升。

3. 增进互联互通,强化区域合作,培育高等教育发展新动脉

以高等教育合作为契机,建设联通"丝绸之路经济带"沿线50国40亿人口合作发展的高等教育共同体,建立高等教育区域合作协议,完善教育服务贸易协定,优化跨境交付、境外消费、商业存在以及自然人流动方式,创新和实施沿线50国包容性教育合作制度安排,推动教育交流合作、教育服务贸易规则更加公正、合理、包容。深化沿线50国高等院校、科研院所、研发中心科学技术合作,注重知识产权保护,助力实现持久和平、共同繁荣的千年梦想。加强沿线50国教育智库建设和话语体系建设,学会运用世界话语传播丝绸之路文化,讲好丝绸之路故事,弘扬丝绸之路精神,为"丝绸之路经济带"建设提供有力的理论支撑、舆论支持、文化引领。积极争取联合国及国际机构的援助,在本国高等教育供给无法满足需求的情况下,积极支持或者选派学生到国外大学深造学习。处于精英高等教育阶段的卡塔尔、土库曼斯坦、阿富汗、乌兹别克斯坦、不丹、巴基斯坦、孟加拉国、尼泊尔8国,要通过大力发展民办高等教育、实现跨境课程资源共享、推动留学生输入与输出、设立国际联盟学校、开展联合科学研究等,积极推进高等教育大众化发展。生师比较高的捷克、阿尔巴尼亚、塞尔维亚、蒙古、土耳其、伊拉克、阿富汗、叙利亚、巴勒斯坦、印度、约旦、孟加拉国、尼泊尔13国,要通过内培外引的办法,与国外大学建立多种学术交流关系,积极引进国外大学优质师资力量,以缓解本国师资不足的突出矛盾,优化生师比,为实现高等教育健康可持续发展提供人力资源保障。

# 第六章 "丝绸之路经济带"高等教育区域合作比较：学习与借鉴

塔尔科特·帕森斯"唯意志论行动理论"认为，为意义而奋斗的行动者，基于共同的价值规范不断实现自我内化，以此为基础推动社会整合，形成社会共同体。行动者构成的各个社会共同体之间存在着密不可分的关系，这种关系维系着社会秩序的正常运转。人类命运共同体理论坚持科学社会主义的原则，从现实的人的共同利益和需要出发，在人与人、人与社会互谅互信、自由平等、共同发展关系基础上，构建全人类合作共赢的生活世界，实现在全球化进程中各国平等发展、协调发展、共同发展。面对世界经济一体化、文化发展多样化、政治变革多元化的行动条件，许多国家和地区基于文明共存、人民中心、共赢发展、智慧共享、正义平等的共同价值规范，调适观念，升华高校战略联盟意识；规范制度，完善高校战略联盟法规；优化管理，推动高校战略联盟发展，有力地推动了区域高等教育一体化、国际化和信息化发展，为推进"丝绸之路经济带"高等教育区域合作、合作共建"丝绸之路经济带"高等教育共同体的集体行动，提供了思想引领、规则遵循、行动借鉴。

## 第一节 高等教育区域合作背景

在世界经济一体化、新兴科技智能化、高等教育集群化发展的总体形势下，世界各国、各组织集团、各地区突破现有思维的束缚，加大改革创新的力度，打破现有行政区划的壁垒，跨境跨区域推进高等教育合作，共商共建高等教育共同体，实现高等教育资源的区域流动和优化配置，推进合作各要素以及对合作行为构成支撑的载体和纽带的有机整合、有效运行，创建了高等教育区域合作的多种模式，持续提升各区域合作国家高等教育质量，为推进区域经济社会发展提供了重要人文支撑。世界各国高等教育区域合作，有其深刻的区域经济基础、科技发展支撑和高等教育改革背景。

### 一　世界经济一体化发展

世界经济发展所展现出来的一体化趋势，是指有关国家、组织或地区为使其经济更加紧密地结合起来，对内促进区域组织成员享有共同利益，对外增强区域集团及其成员的实力地位，做出的经济发展制度安排。20世纪80年代中期以来，伴随经济全球化发展，世界经济活动通过对外贸易、资本流动、技术转移、提供服务等多种方式，优势互补，合作共赢，形成了全球范围的共同体。在此背景下，主要的发达资本主义国家，相当数量的发展中国家先后加入经济一体化进程，通过政府间协商缔结条约，签署协议，采取更为开放、自由、平等的政策，结成经济联合体以至国家集团。区域一体化经济组织呈现由低级往高级，由松散到紧密，由局部向整体方向发展的趋势。

随着世界经济一体化驱动，经济资源、经济要素越境跨国在全球范围内自由流动。各国经济更紧密地联结在一起，相互开放相互融合，相互依存相互制约。目前，世界经济一体化发展呈现出以下趋势：其一，签署区域自由贸易协定，推进区域贸易便利化、高速化，成为多边贸易体制中最显著的特点。例如东盟自由贸易区、美洲自由贸易区，按照成员国协定，开展自由贸易，有力推动了区域经济的快速发展。其二，经济一体化组织成员的同质性逐步趋弱，如欧共体、北美自由贸易区、亚太经合组织成员国、东盟等内部成员社会经济制度和政治制度同一性逐步为多样性所替代。其三，经济一体化组织出现多层次性和交叉性，区域一体化组织内部，根据地域关系、亲疏程度、历史文化传统等因素，形成若干小范围的次级区域经济共同体。其四，经济一体化所覆盖地域，地理空间空前扩大，地域界限不断突破并超越。其五，经济一体化各成员国间合作与竞争关系将长期存在，各成员国将既合作又竞争，相互依存，共同发展。其六，伴随经济一体化发展，成员国之间制度化、合约化良性运行机制逐步形成。

　　世界经济一体化的推动，世界各国、各地区、各组织产业结构调整和产业优化升级、转移速度不断加快，为各国、各地区、各组织优化产业结构，实现产业的提档升级提供了机会，创造了条件。在此背景下，各区域、各个国家要主动顺应经济一体化走势，积极深化经济体制改革和金融改革，维护多边贸易体制，大力发展海外直接投资和跨国经营，加速产业结构调整，更加重视人才培养，强化科技研发，推动成果转化，加强教育合作交流，推进教育投资贸易，努力增强国家内生动力，建立国家竞争优势，全面融入世界经济一体化进程。

　　为应对世界经济一体化发展潮流，欧盟提出了建设一个自由、民主、平等、开放的欧洲高等教育区的发展目标，确立了欧洲高等教育应对新挑战、重振欧洲高等教育雄风的努力方向。基于一体化的压力和自身发展的需要，欧洲迫切寻求高等教育重新崛起之路。1948年欧洲各国提出了欧洲一体化的倡议，1951年欧洲各国签署《建立欧洲煤钢共同体条约》。随后，欧洲一体化进程迅速推广到了经济领域的其他方面，不断向社会福利、军事、文化、教育等领域，尤其是高等教育领域拓展。在此背景下，1999年欧洲29个国家的高等教育部长和200多位欧洲高等教育界的代表们齐聚意大利博洛尼亚大学，围绕欧洲高等教育体系变革召开研讨，正式开启欧洲高等教育一体化进程。

　　东盟作为亚洲最主要的一体化组织，是世界上仅次于欧盟的一体化程度最高的区域合作组织。东盟为推进其区域内部经济、社会和文化一体化发展，构筑东南亚整体发展意识，1967年8月成立了东南亚联盟，并提出建立东盟共同体的设想。2007年11月东盟第十三次首脑峰会上《东盟宪章》的颁布，宣告东盟一体化迈入一个新的发展阶段。随着东盟一体化进程的加快，东盟高等教育一体化也不断向前推进。1965年，东盟成立了东南亚教育部长组织，旨在推动东盟高等教育区域合作发展。1992年，东盟第四次首脑峰会召开，为建立"东盟大学网络"组织进行整体设计,并对东盟大学联合体做出了系列建设规划。2007年,第四十二次东南亚教育部长组织会议和第二次东盟教育部长会议在印度尼西亚的巴厘岛召开,通过了《2004—2010万象行动计划》。积极发展高等教育,推进区域高等教育合作与交流,成为实现东盟一体化发展的基本手段和现实路径。

进入20世纪90年代以后,为迎接经济全球化浪潮冲击,"非洲统一组织工作重心转向促进非洲经济一体化发展,积极推动各方面泛非合作,协调和统一当前和未来的区域经济组织政策,希望通过一体化发展建设一个团结合作的非洲,借助地区组织的整体力量来应对全球竞争冲击,加快'非洲复兴'进程"[①]。1991年第27届非洲首脑会议通过《关于建立非洲经济共同体条约》（又称《阿布贾条约》）。1997年举行首次非洲经济共同体首脑会议,非共同体正式启动。21世纪以来,非洲一体化发展不断加快,非盟泛非大学以及各种区域大学联盟相继成立,非洲国家间加强了文化、教育、科技领域的合作交流。增强非洲高等教育区域合作,培养适合非洲发展需要的合格人才,为"非洲复兴"这一坚定愿望提供人力资源支撑,继而实现非洲经济社会一体化发展,是非盟54个会员国共同的利益指向。

**二 新兴科技智能化发展**

当今世界,以信息科技革命为先导,以新材料科技为基础,以新能源科技为动力,以空间科技为外延,以生命科技为战略重点的全方位科技革命,给世界各国带来了重大而深远的影响。

新信息通信技术快速发展,大带宽、低时延、高容量、高可靠、众连接的特点优势,催生人工智能、虚拟现实、大数据等信息技术和智能技术的成熟应用,世界各区域、各个国家之间的联系更为便捷,全球开始进入信息化、网络化和智能化时代,为欧盟、非盟和东盟等区域组织高等教育合作提供了外在动力。信息化、网络化和智能化的发展,转变了人们的教育观念,推动了以学习者为中心、以学定教的

---

[①] 李化树、叶冲:《论非盟高等教育空间的创建及启示》,《比较教育研究》2016年第12期。

全新教育生态构建，使高等教育的时间、空间、形式和手段都发生了前所未有的变革，推进了高等教育更加开放、更加适合、更加人本、更加平等、更加可持续的发展。移动通信技术的革新，推动教学方式智能化，培养模式个性化，资源配置公平化，教育生态网格化。AR/VR全息技术的应用，全面实时的信息感知和数据传输，全方位改进课堂体验。人工智能使教育环境更加智慧化，线上线下课程的无缝融合，全方位增强学生的学习认知。强大的移动通信技术优势，突破时间、空间、内容、媒介的限制，增进高等教育服务的全面共享，推动教育生态的融通互联和智慧涵盖，极大提升教育的智能协同。

全球新一轮科技革命、产业变革正在加速演进，人工智能的发展，基于5G技术的广泛应用，必将会进一步推进高等教育的深刻变革。在此背景下，世界各国经济社会发展对高等教育的依赖空前增强，推动人才的广泛流动，推进科技成果的转化及广泛应用，各区域、各个国家之间的高等教育合作前所未有加强，高等教育国际化、集群化发展趋势不断凸显。面对新一轮科技革命、产业变革所带来的冲击和挑战，各国政府高度重视大力发展高等教育，不断加大对高等教育的各项资金投入，进一步优化高等教育体系，完善高等教育管理结构、布局结构，创新高等教育发展模式，提升高等教育质量。网络虚拟大学、现代开放大学、战略联盟大学应运而生。一场以主动适应新技术、新形态、新模式、新产业需求，主动应对人工智能和大众化、信息化、集群化发展的高等教育改革，正在世界各国、各地区之间蓬勃展开。

从目前情况看，欧盟各成员国之间道路畅通、设施联通、信息沟通，欧洲成为全球信息化和网络化最为发达的区域。丰厚的物质条件，发达的设施设备，使欧洲多数国家充分利用网络信息资源，提供跨校、跨国、跨境的网络课程，实现优质课程资源共享，强化欧洲高等教育区域合作，进而有力加快欧洲高等教育区建设的进程。东盟积极推进高等教育区域合作，把建立大学信息网络作为其战略重点，实现东盟和东盟外大学网络合作，实施跨学科的学术课程共享。东盟多个会员国高校的硕士和博士课程必须包括区域合作课程。伴随信息化时代的到来，非盟充分利用新信息技术建立总部位于肯尼亚内罗毕的非洲虚拟大学（AVU），推动高等教育空间建设，促进高等教育区域合作。1997年，世界银行资助非洲的一个项目即建设非洲虚拟大学（AVU）。2006年，在非洲27个国家设立了57个学习中心。虚拟大学通过卫星传输技术和现代信息技术，让非洲接受优质教育资源，促进非洲高等教育国际化发展，努力提升非洲高等教育质量。

### 三　高等教育集群化发展

高等教育集群，是高等教育布局结构、管理结构、选课专业结构在地域空间上的分布、耦合、运行状态。表现为一定区域众多高等学校，基于资源共享、成本分担、绩效提升的目标追求，集聚在一起所形成的区域性大学群落。高等教育集群一般具有共同的价值向度、目标追求、理想信念、合约规则，相对完整的地域性特征，教育圈、经济带、城市群、产业链高度耦合，多产业相融、多机构相连、多条约相依，经济、社会、政治、文化和生态融为相互依存的共生体，能够高扬大学理想，遵循合作规则，集聚教育资源，共享设施设备，推进互利合作，增强规模效应，提升群体核心竞争力。高等教育集群相互依存，放大优质资源，增强造血功能，提升对区域经济社会发展的贡献度、辐射力。

高等教育与区域经济社会之间的依存关系为高等教育集群化发展奠定了内在基础。提升城市群、大湾区文化品位，推动区域经济社会品质发展需要高等教育与经济的良性互动作为支撑。国外学者强调指出，促进区域经济社会的崛起是高等教育不可推卸的责任。19世纪中期，美国向西部进军，以土地法、退伍军人法为法律保障，积极发展高等教育，产生了威斯康星思想，其大学应为社会服务的理念开辟了高等教育与区域社会互动的先河。林顿（Layton）和爱尔曼（Airman）倡导大学要与社会部门合作，强调高等教育要组织时效知识来解决实际问题。[①] 美国学者布鲁斯（Bluestone）以培养熟练劳动者为出发点，研究高等教育对区域的影响[②]。2005年，牛津大学的校长约

---

① 陶爱珠：《世界一流大学研究》，上海交通大学出版社1995年版，第25页。
② Bluestone Barry, "UMASS/Boston: An Economic Impact Analysis", The University of Massachusetts, 1993, pp. 12–15.

翰·胡德（JohnHood）在《大学对城市的影响》中指出："世界各国高校与经济社会形成了多元的互动模式，二者有着相互影响的关系"。① 综上所述，西方学者普遍认为，高等教育与经济发展存在内在关联性关系。

高等教育集群发展与区域经济社会发展内在存在着紧密联系，高等教育集群与产业集群相互依存、互为动力、彼此推进。自20世纪70年代以来，经济全球化进程加快，城市群、大湾区、三角带区域一体化发展成为全球经济社会发展的重要动力源。据2018年世界银行数据显示，全球经济总量的60%源于湾区经济。东京湾区、纽约湾区和旧金山湾区世界三大湾区最为突出的特质，就是开放的经济结构，高效的资源配置能力，强大的集聚外溢功能，发达的国际交往网络，跨区域的顶层设计和协同发展。区域经济一体化，各种生产要素整合汇集，优化配置，有序流动，生产效率全面提高，生产力水平全力提升。在此背景下，为促进劳动力资本加速流动，强化经济发展的智力支撑，世界不同地区纷纷出台有关区域高等教育一体化发展的公约。区域合作是世界经济发展的大势所趋，客观上需要高等教育与所在区域融合互动。高等教育区域合作、集群化、国际化发展，已然成为全球经济一体化进程实现飞跃式发展的重要动力。

目前，从世界范围看，纽约湾区、东京湾区、旧金山湾区、伦敦港、悉尼湾区在全球享有盛誉。美国的西海岸区、东北区、五大湖区、南部海岸区，日本东京湾区，高等教育集群发展水平、国际化程度极高，与区域经济社会发展有着密不可分的联系。纽约湾区拥有副学士学位以上高校304所，四年制大学227所。众多的世界顶级一流高水平大学集群发展，构建了一个层次性、梯度型、紧密度的高等教育集群。湾区这些高等学校充分发挥整体优势，融合发展成为功能要素相互作用、相互补充、相得益彰的高等教育共同体。日本的东京湾区是日本最大的工业城市群和国际金融中心、交通中心、商贸中心，东京大学、早稻田大学、东邦大学、上智大学等120多所高水平一流

---

① 约翰·胡德、邵常盈：《大学对城市的影响》，《复旦教育论坛》2005年第6期。

大学实现集群化发展，成为世界著名的高等教育集群。

综观国际湾区高等教育集群化发展，一流湾区具有其共同的特征，即全球物资、高质量人才、信息资源、管理创新在一流湾区高度集中，同时湾区也是世界高水平一流大学的集聚中心，各层级的高等教育集群为湾区经济发展提供智力支撑、人才支持、知识奉献，极大地推进了湾区的繁荣发展。湾区高等教育集群地理相邻，文化多元，产教融合，不同特色的大学互利合作，实现物质和知识资源的交流与整合。集群内大学课程资源共享、学历学位互认、专家教授互聘、设备设施共享，产学研用深度融合、完美衔接。湾区大学集群发展，有力推动校企合作，产教联姻，大学知识创新、人才培养、科技研发、社会服务能力得到不断强化，凝聚为湾区高等教育内生动力和核心竞争力。

## 第二节 高等教育区域合作范式

开放与合作是世界高等教育的主题，集群发展是世界高等教育一般规律。伴随世界经济一体化、新兴科技智能化、高等教育集群化发展，世界各国、各区域通过交流、整合、互换、合作和共享等方式，推动高等教育区域合作呈现多样态发展态势。

**一 中国—东盟高等教育共同体**

构建中国—东盟高等教育共同体，是面向新时代推动"一带一路"倡议落地落实的伟大实践，是推进中国—东盟共同体建设战略构想由理念变为行动、由愿景变为现实的地缘路径，顺应了高等教育国际化融合发展的变革潮流，对积极参与全球治理体系改革和建设，构建更加公平合理的新型国际关系，全面参与国际教育规则制定，切实提高高等教育国际竞争力和话语权，推进落实人类命运共同体理念具有重大价值意义。

（一）出台合作政策协定

中国与东盟 1991 年开启政治对话，随着双边关系的进一步深化，高等教育区域合作也不断加强，相继签订出台了高等教育区域合作的系列协定、办法、条例等。这些政策是以法律文件和协议等形式呈现的，大致分为以下两类：

1. 宏观层面的教育合作政策

与东盟组织的教育合作政策主要有：《中国与东南亚国家联盟全面经济合作框架协议》（2002年11月）、《中国与东盟面向和平繁荣战略伙伴关系联合宣言》（2003年10月）、《中国政府和东南亚国家联盟成员国政府文化合作谅解备忘录》（2005年8月）、《落实中国—东盟面向和平与繁荣的战略伙伴关系联合宣言的行动计划（2016—2020）》（2016年3月）等。中国与东盟组织双边人力资源开发、相互派遣留学生、开设学校或教育培训机构等高等教育合作政策，都融合在上述专项合作政策文件之中，成为其有机组成部分或者切入点，规范、指导宏观层面高等教育的交流合作。

2. 中观层面的教育合作政策

与东盟国家的教育合作政策主要有：教育交流与合作政策。例如，《中马教育合作谅解备忘录》（1997年7月、2005年12月）、《中老2002—2005、2005—2010年教育合作计划》（2002年2月、2005年10月）、《中国与文莱达鲁萨兰国关于高等教育合作谅解备忘录》（2004年9月）、《中缅教育合作谅解备忘录》（2004年10月）、《中泰教育合作协议》（2009年6月）、《中柬教育合作协议》（2014年12月）等。这些文件对双方教育领域合作事项进行了规制，把双边教育合作事业推上了规范化、法治化轨道。

学历和学位互认政策。例如，《泰王国与中国关于相互承认高等教育学历和学位的协定》（2007年5月）、《中国政府和越南政府关于相互承认高等教育学历和学位的协议》（2008年4月）、《中国政府和菲律宾共和国政府关于相互承认高等教育学历和学位的协议》（2009年11月）、《中国政府和马来西亚政府关于相互承认高等教育学历和学位的协定》（2011年4月）、《中国政府和印度尼西亚政府关于相互承认高等教育学历和学位的协定》（2016年6月）。中国与上述东盟5国就高等教育学历学位互认作出了政策协商，为推进双方高等教育交流合作更加规范化、制度化和透明化，促进跨境教育服务的自由化，保障双边办学主体权益，提供了政策依据。

招收外籍留学生政策。例如，《中国与东南亚国家联盟成员国政府全面经济合作框架协议服务贸易协议》（2007年1月），对中国、东盟双边互派留学生和相互到对方国家开设学校或教育培训机构做出了规定。2010年9月教育部颁布《留学中国计划》，2010年8月首届中国—东盟教育部长圆桌会议决定实施"双十万学生流动计划"。2016年8月中国提出打造"中国—东盟双十万学生流动计划升级版"，对来华东盟留学生留学工作做了规划设计和制度安排。

跨境学生奖学金政策。例如，《中国—东盟纪念峰会联合声明》（2006年10月）明确提出：设立中国—东盟名誉奖学金。《中国—东盟（AUN）奖学金项目申请办法》自2008年开始实施，办法对来华东盟留学生奖学金项目申请做出了具体规定。

跨境教育培训政策。例如，《中国外交部和新加坡外交部关于中国中、高级官员赴新加坡学习培训项目的框架协议》（2001年4月）、《中国外交部和印度尼西亚外交部关于互惠培训合作的谅解备忘录》（2004年2月）、《关于借鉴运用新加坡园区管理经验开展中西部开发区人才培训合作的谅解备忘录》（2007年7月）等。目前，与东盟签署跨境教育培训合作协议的国家有柬埔寨、新加坡、马来西亚、印度尼西亚、缅甸、越南等。

这些协议、备忘录、联合声明等，作为推进中国与东盟高等教育合作的政策平台，为构建中国—东盟高等教育共同体营造了初前期的法治环境和政策环境。

（二）建立工作运行机制

中国自与东盟开展对话、建立战略合作伙伴关系以来，教育合作交流日益频繁，三个层面的交流合作机制已见雏形，引导着双边高等教育区域合作的运行实践。

1. 举办年度领导人会议机制

该会议机制主要涵括中国—东盟领导人会议"10+1"、东盟与中日韩领导人会议"10+3"、东亚峰会"10+8"等。中国—东盟高等教育区域合作相关重大议题，内在地包含在该规划决策机制之中。其中，与高等教育直接相关的人力资源开发是"10+1"确定的五大重点合作领域之一，科技、青年及教育是"10+3"确定的17个部长级会议机制其中的3个，教育是"10+8"确定的六个重点合作领域之一。

2. 召集年度部长级会议机制

直接跟教育相关的部长级会议机制，有中国—东盟合作论坛、中国—东盟文化论坛、中国—东盟信息港论坛、中国—东盟教育部长圆桌会议等。在中国—东盟合作论坛机制下，设有中国—东盟产教融合合作论坛、中国—东盟教育交流周暨中国—东南亚高等教育合作论坛等。

3. 召开工作层对话会议机制

中国与东盟高等教育的交流合作事项，主要通过双边或多边活动论坛得以落实，例如中国—东盟教育交流周、中国—东盟大学校长论坛、中国—东盟职业教育论坛、中国—南亚教育论坛、中国—南亚智库论坛、中国—东盟博览会等，其中，中国—东盟大学校长论坛，自2002年开始由中国与东盟相关国家轮流主办。2008年，"中国—东盟教育交流周"开始举办。截至2018年，"中国—东盟教育交流周"已成功举办11届，为中国与东盟教育交流合作搭建了广阔的舞台。

上述三个层面的工作机制尽管都不是为中国—东盟高等教育交流合作独立设立，但它都涵盖了中国、东盟双边高等教育交流合作相关事项，自上而下相互协调配合，形成一个从宏观到微观相对完整的运行体系，对推动构建中国—东盟高等教育共同体，发挥了机制作用。

（三）政府民间共同推动

为推动中国与东盟各成员国在教育、科研和技术领域里的一体化进程，增添教育、科研、文化合作新动力，中国与东盟从政府到民间相继成立多类型区域教育合作组织，依据所签署的协议开展各类教育合作交流工作。

1. 中国—东盟博览会

中国—东盟博览会，是由中国和东盟10国经贸主管部门及东盟秘书处共同主办，广西壮族自治区人民政府具体承办的经贸交流展览会，自2004年开始，每年在广西首府南宁举办。博览会主要涉及商品贸易、投资合作、高层论坛、科技对话、文化交流等内容，为中国与东盟高等教育交流合作搭建了一个重要平台。

2. 中国—东盟中心

中国—东盟中心于2011年11月18日在第十四次中国—东盟领导人会议上揭牌成立。该中心作为中国和东盟共同成立的唯一政府间国际组织，主要致力于促进贸易、投资、教育、文化、旅游五大重点领域务实合作，为深化中国与东盟合作关系做贡献。

3. 东盟发展论坛

东盟发展论坛（ASEANDevelopment Forum），是中国与东盟就双边、多边关系及事务开展相互对话的工作机制。倡议和主办东盟发展论坛，旨在"10+1"框架下，谋划区域和平与繁荣，为中国与东盟各国搭建一个相互交流的平台。

4. 中国—东盟大学校长论坛

中国—东盟大学校长论坛，是个开放合作交流的平台。论坛的举办为我国高校与东盟成员国家的大学开展教育合作与交流创造了良好的机遇，通过友好交流、共享成果、包容互鉴，不断增进相互了解，达成更多共识；不断丰富合作内容，拓宽合作领域；不断增进合作的深度和广度，提高合作质量。论坛对推动中国—东盟高校间教育资源共享，加强人才培养，完善学科建设，开展科学研究，促进国际学生流动，开拓师生视野等方面取得积极的成果，尤其在增进各地方高校与东南亚国家各大学间的交流与合作发挥了建设性的作用。首届中国—东盟大学校长论坛，于2002年在泰国举办。中国与东盟协商，论坛从2002年开始，每年将由中国与东盟相关国家轮流主办。

2010年3月30—31日，"第三届中国—东盟大学校长论坛"在马来西亚举行。论坛由中国教育部、东盟秘书处和东盟大学网络联盟共同举办，由马来亚大学承办。论坛主题为"中国—东盟：分享智慧，沟通心灵"。中国教育部国际司副司长刘宝利、马来西亚高等教育部副部长何国忠等出席论坛。来自包括北京大学、山东大学、厦门大学、中山大学、云南大学等在内的 15 所中方重点高校，文莱的文莱大学、新加坡的新加坡国立大学等东盟 10 个国家的 22 所大学的校长、副校长或代表，东盟秘书处、AUN 秘书处及中国、泰国、马来西亚教育部官员近 80 位代表参与论坛讨论。论坛是推进开展的中国—东盟高等教育政策实施最重要的合作平台之一，目的在于促进中国—东盟更紧密的合作、加大学生交流、构筑高等教育合作框架以支持中国—东盟区域合作。论坛回顾了 2007 年第二届中国—东盟校长论坛举办以来中国大学与东盟各大学的合作情况；同意继续加强中国—东盟高校间的学生交流；加强在气候变化、水资源管理、传染性疾病、能源、危机及灾害管理、文化多样性、语言及教育等方面的科研合作；开展中国—东盟大学间博士生的联合培养等。

2015 年 7 月 28 日至 30 日，第四届"中国—东盟大学校长论坛"在新加坡举行。此届论坛主题为"为大学合作引入新的战略思考：中国—东盟伙伴关系面临的挑战"，来自中国和东盟国家 50 余所大学校长共同探讨了中国与东盟大学的合作之路。

5. 中国—东盟工科大学联盟

2014 年 9 月，中国卓越大学联盟（E9）和东盟 8 所高校签订联合声明成立"中国—东盟工科大学联盟"，主要开展交换生学习[①]、短期学习交流、暑期班培训等，鼓励人员流动，为学生提供奖学金和各类资助。2015 年，成立中国教育国际交流协会与东南亚教育部长组织（简称 SEAMEO）联盟，旨在促进双边国家间的教育、科学和文化合作，扩大中国与东盟各成员国的教育交流。目前，该联盟已发展有 11 个会员国、7 个联系会员国、3 个附属会员国。[②] 2016 年 10 月，成立中国—东盟大学智库联盟。联盟旨在开展政策沟通，加强成员之间的交流与合作，推动中国—东盟区域经济一体化发展，助力"一带一路"建设。

---

① AUN, About AUN – ACTS, http：//acts. ui. ac. id/index. php/home/about_ acts, 2014 – 01 – 19.

② What is SEAMEO？, http：//www. retrac. seameo. org/index. php？option = com _ content&view = article&id = 90&Itemid = 517，2017 – 12 – 20.

## (四) 高校合作实践实施

中国和东盟、中国和东盟各成员国密切合作，积极实施青年合作交流计划，推进办学体制、办学模式改革，为深化双边高等教育合作交流营造了良好的发展环境。

1. 实施青年合作交流计划

2006年10月30日，中国、东盟签署《中国—东盟纪念峰会联合声明》，倡导双方推动中等教育、高等教育各类机构深化合作，设立中国—东盟名誉奖学金，促进双方青年教育高水平发展。2010年8月3日上午，中国—东盟教育部长圆桌会议暨第三届中国—东盟教育交流周在贵阳举行，中国宣示启动实施"万名青年交流计划"。2016年8月1日，在第九届中国—东盟教育交流周暨第二届中国—东盟教育部长圆桌会议上，中国提出打造"中国—东盟双十万学生流动计划升级版"，并设立"中国—东盟海上丝绸之路奖学金"，让人文交流合作成为中国—东盟战略伙伴关系新的支点，提升合作的深度与广度，稳固了共同发展的良好战略伙伴关系。统计显示，东盟已成为中国境外办学最集中的地区，双边跨境教育合作项目多，留学人员交流频繁。目前我国在东盟国家已有3个境外办学机构，30个境外办学项目。

2. 推行双联制学位制度

开展全方位、多层次和宽领域的交流与合作，建立双联制学位制度，推动学历、学位互认，颁发合作高校双文凭，对深化中国和东盟教育合作，将教育交流合作打造成中国—东盟战略伙伴关系的强力支柱，为推进中国—东盟区域经济一体化发展提供智力支撑，具有重要战略意义。为此，中国和东盟、中国和东盟各成员国密切合作，积极推进办学体制、办学模式改革，为深化双方高等教育合作交流营造了良好的发展环境。

20世纪90年代，东盟成员国马来西亚，首先开展了双联制学位制度的实践探索。20世纪末，为顺应高等教育国际化发展，迎接新千年的到来，马来西亚制定《2020年先进国建设方略》(1991—2020年，又称"2020年宏愿")，提出把马来西亚建设成为本区域优质教育中心。1994年，马来西亚国会下议院通过有关大专法令修订案，允许外国大学在马来西亚设立分校，并可以英文为教学语言。至2001年，马来西亚建设有4所外国大学分校。1996年，马来西亚颁布《私立高等院校法》，2002年，马来西亚私立大学发展到10所，私立院校发展到652所。在政府的鼓励和支持下，马来西亚私立学院纷纷与国内的公立大学、国外的大学、各种专业的考试机构合作，提供本地及和外国院校合作的双联制学位，积极开展对外合作办学，建立学分转移和双联课程的教育模式，实行与英国、美国、澳大利亚、新加坡等国家大学联校的教育体制。该体制主要有"1+2""2+1""3+0"三种形式。"1+2"模式，即一年在马来西亚上大学，两年到国外上大学。"2+1"模式，即在马来西亚先读两年后，再去国外读一年的课程学制。"3+0"模式，即三年在国内上，但拿的是国外大学的学历。也就是将高等教育合作国家著名大学的课程部分或全部（"1+2""2+1""3+0"）转移至马来西亚分校或合作院校，毕业时获得由高等教育合作国家著名大学颁发的学历文凭或学位证书。"双联课程"的出现，体现了马来西亚在高等教育制度上的开放性，同时也减轻了许多家庭的高等教育费用。马来西亚实行课程转移独特的国际化教育方式，留学生转签第三国手续简便，教育监督机制健全，尤其是纯正的英语教学，优越的教育体制，国际化的教学方式，良好的自然环境，吸引了大量中国、新加坡、日本、韩国、美国、英国、法国、澳大利亚、印度等国家的留学生。双联课程文凭不仅为中国承认，更为国际公认。双联课程在马来西亚的实施已有二十多年的历史，它帮助成千上万的学生完成了外国学位。2017年7月，马来西亚泰莱大学接受第一批通过"东盟通道计划"到访的越南FPT大学学生，积极实施双联课程制度。"东盟通道计划"是在2012年泰国兰实大学举办的一项大会上设立，出席院校有柬埔寨诺顿大学、老挝国立大学、缅甸计算机学中心及越南维新大学。泰莱大学日前也签署意向书加入该项计划。泰莱大学通过国际承认的齐全与综合系列学术课程，为学生提供高等教育，包括大学先修、专业文凭、双联学位及学分转移课程等。在双联课程制度下，学生在本院修完部分课程，随后在外国合作大学修完其余部分。同时，也实施新形式的"3+0"学位课程。

20世纪80年代中期以来，为迎接经济全球化、高等教育国际化的挑战，新加坡确立了国家21世纪国际化发展战略，提出努力使新加坡发展成为区域教育中心的战略目标，开始关注作为知识服务产业的国际教育服务。20世纪90年代末，知识经济初见端倪为新加坡区域教育中心建设提供了全球大背景，新加坡政府决定以加快高等教育涉外合作办学为突破口，将国际教育服务作为教育产业纳入国民经济发展之中，为新加坡实现"世界校园"的梦想奠定基础。1998年，新加坡贸易工业部下属的经济发展局提出旨在提高新加坡教育、科研、创新能力的"双翼发展"构想（The Ideaof Twin Wings）。计划在未来10年内引进至少10所世界顶尖大学到新加坡开办分校或进行合作办学，即著名的"10所顶级大学计划"，开展教学和科研合作，联合培养学生。引进世界一流大学在新加坡建立分校，为本国和本地区提供更多的学习和培训机会。经过5年发展，新加坡成功引进8所世界顶尖大学前来合作办学。在合作办学过程中，主要实施开发联合学位和双学位项目模式，比如新加坡南洋理工大学与法国埃塞克工商学院、瑞士圣加伦大学等分别联合开设双硕士学位或联合硕士学位培养项目。2009年9月，新加坡南洋理工大学首次与来自瑞典的卡罗林斯卡学院联合开办生物医药博士学位课程。到2013年3月，该合作项目已增至7个。目前，新加坡南洋理工大学的外来研究生占其研究生总体比例已达到60%。新加坡私立院校与国外大学合作，按照合作国外大学政策规定安排课程教学，学生按照规定在完成所有课程学习，授予国外合作大学的相应学位。为了加强对私立院校的监督以及促进私立院校教育质量的提升，新加坡政府推出了三项针对性计划，包括"新加坡素质级私立教育机构认证"（Singapore Quality Classfor Private Education Organizations）计划、"消协保证标志教育认证"（Case Trust-for Education）计划和"学生利益保护计划"（Student Protection Scheme）。

中国积极探索与东盟国家双联学位制度改革实践，积极推行双联学位制度改革，实施多种合作办学模式，培养适应中国—东盟自由贸易区建设需求的复合型人才。中国拓宽海峡两岸教育交流的领域，推动双联学位等实质性合作，促进两岸教育交流的常态化、机制化。2010年8月30日，在两岸经济合作架构协议ECFA签订，大陆学生赴台就学以及台湾承认大陆学历的"陆生三法"通过背景下，台湾政治大学智能财产研究所宣布与北京大学知识产权学院达成双联学位协议，2011年正式实施。根据协议，只要在政大智财所和北大知识产权学院注册的学生，都可申请双联学位，经过内部选拔取得修业资格。2010年9月30日，台湾清华大学与北京清华大学签署《联合培养双硕士学位项目协议》，本着平等互惠的原则和友好合作的精神，每年由两岸清华大学各推荐10名硕士生进行联合培养双硕士学位计划。两校学生可以通过双联学位方式，同时取得两岸清华硕士层级的学位。两岸清华大学签订校级的双联学位协议，台湾清华大学是台湾与大陆学校签订校级双联学位的第一所大学。2011年，台湾逢甲大学与山东大学开展了双联学位项目合作。2013年11月6日，吉林大学与台湾东华大学签署《吉林大学管理学院与台湾东华大学管理学院及人文与社会科学学院双联双学位制合作项目备忘录》。中国人民大学、西安交通大学等高校，已分别与台湾的政治大学、新竹交通大学等学校就双联学位事宜进行了接洽。近年来，两岸高校在设立双联学位方面展开了积极的探索，为大陆加强与东盟各国的双联双学位制度实施，夯实了基础，积累了经验。由于中国与东盟国家高等教育水平在全世界范围内依然处于中低层次，提高中国以及东盟国家的高等教育水平是最为迫切的任务，而适合的课程以及学位制度是提高高等教育水平的有效途径。双联制不仅有助于改善中国及东盟国家现行的固化的课程以及学位制度，而且将增强中国与东盟国家高等教育国际化水平和认可度。

3. 构建学分累积转换机制

学分转换计划就是让学生通过学分累积获得相应学位，东盟大学主要在私立学院与国外大学之间推行。学生在当地大学就读，累积规定学分，然后到建立联系关系的国外大学学习。"东盟大学联盟学分互认机制的建立，其目的在于促进东盟国家间学术的深入交流，为东盟2015年的整合提供优秀学生资源储备，并在区域内协调统一东盟精神，通过向学生提供进一步选择课程方案的方式来给予大学相关补充项目"①。该由东盟大学联盟执行的学分互认机制以本科生和研究生为实施对象，主要应用于学生交流项目，且其评价体系适用于交换期为一个学期或两个学期的学生。内容主要涉及现有学术机构和国家学分体系中关于学生学习时间、学术成果的显示和转换。在现有的学术单位和国家学分制度下，学分互认机制不得修改。

在亚洲开发银行的支持下，东南亚教育部高度重视大湄公河次区域的高等教育协调与联络以及学分互认机制的建立，并且和区域外国家（日本、韩国）协作，积极建立学分互认机构，不断落实大湄公河次区域学分互认机制项目。该项目包括探索、实验、经验获取和扩展实践四个步骤，"意在构筑一个能够涵盖该区域所有科研院所的学分互认框架模式。学分转换计划的实施实现区域内高等教育资源的有效整合，质量认证和学分互认的透明度不断增强，推进区域高等教育的标准化发展，使区域人才流动、学术交流得到进一步发展"②，充分发挥了高等教育在人力资源开发中不可替代的作用。

2012年，中国百色学院与马来西亚英迪国际大学签署《中国百色学院与马来西亚英迪国际大学学分互认协议》。根据协议，广西百色学院通过英语测试的专科毕业学生可以去英迪国际大学学习，并修满学分后获得英迪大学颁发的本科毕业证书。而通过英语测试且获得学士学位的本科毕业生，则可以前往英迪大学攻读硕士学位。同样，马来西亚英迪大学符合交流标准的学生也可以到百色学院学习。这种互认学分的办学模式，是东盟成员国与中国地方高校以中国—东盟博览会为平台，进行的高等教育交流合作有效探索。

4. 加强对外汉语推广交流

深化中国—东盟战略合作伙伴关系，推进中国与东盟的区域合

---

① 李化树、叶冲：《论东盟高等教育共同空间构建及启示》，《比较教育研究》2015年第3期。

② 同上。

作，经济发展是基础，政治互信是保障，文化交流是纽带。随着中国经济的腾飞，中国与东盟关系的不断深化，加强向东盟国家推广汉语，让东盟各国感受中华文化的魅力。在中国与东盟各国交流合作不断深化的大背景下，汉语在东盟各国各领域的作用越发凸显，许多国家把华语（东盟国家把汉语称为华语）作为继英语之后的外语学习对象。可以说，日渐升温的"汉语热"是中国和东盟国家文化交流的一个突出体现，也是中国和东盟国家各领域深入合作的必然结果。

为加强对外汉语推广，1987年7月我国成立了国家汉语国际推广领导小组办公室，简称国家汉办，挂靠在国家教育部。在国家汉语办办公室领导下，中国与东盟国家汉语推广得到有效实施。中国大力开展《国际汉语教师证书》考试认证，中方新派教师全部实现持证上岗。翻译出版《汉语图解词典》《汉语800字》等工具书，研发本土汉语教材，开发网络孔子学院汉语文化课程。举办丰富多彩的文化活动，邀请东盟各国师生来华体验中华文化，组织东盟各国青少年学生参加"汉语桥"系列赛事，"孔子新汉学计划"资助东盟国家青年学生来华攻读博士学位或访学研修。东盟国家很多孔子学院举办"一带一路"专题讲座、办语言培训班、召集国际会议，积极为所在国家、高校、研究机构与中国的经贸往来、友好省州交流等提供服务，语言教学、文化交流、学术研究和服务社会的能力明显增强。截至2016年年底，中国已在全球140个国家开设孔子学院513所［其中，亚洲32国（地区）115所］和孔子课堂1073个，中外专兼职教师4.6万人，各类学员210万人。其中，中国在东盟开办了40余所孔子学院，分别在泰国、老挝和新加坡建立了中国文化中心，马来西亚吉隆坡中国文化中心正在筹建。2005年我国与印度尼西亚发表《中华人民共和国与印度尼西亚共和国联合声明》，签署《中国国家对外汉语教学领导小组办公室与印度尼西亚教育部基础与中等教育总司关于汉语教学的协议书》。2015年全球首家海上丝绸之路（海上丝路）孔子学院24日在泰国博仁大学正式成立，中国—东盟中心与天津国际汉语学院共建的中国—东盟汉语言文化教育基地在天津国际汉语学院设立。2016年在云南大学建成"一带一路"南亚东南亚国家汉语推广基地。

上述各种合作的开展，为深化中国与东盟国家间的教育交流合作，指明了方向，开拓了思路，积累了经验。

## 二 非洲联盟高等教育空间[①]

自1963年5月，《非洲统一组织宪章》的发表宣告非洲统一组织正式成立，并为实现"非洲复兴"的伟大使命而努力。至20世纪末，经半个多世纪的民族解放和文化复兴运动，非洲实现政治独立愿望，同时泛非大学以及各种区域大学联盟相继成立，加速区域共同发展进程，"联合国教科文组织、世界银行、非洲联盟（African Union，AU，以下简称非盟）等机构以及非洲各国开始致力于推动非洲高等教育发展"[②]。2007年，非盟《非洲高等教育一体化战略》的提出，明确了"创建高等教育空间的发展目标"[③]。非盟2015年颁布的非洲《2063年议程》，为高等教育空间建设划定了新的发展方向。2016年非盟制定《非洲大陆教育战略（2016—2025年）》，提出了要培养新一代非洲人的战略任务，要求高等教育空间建设向纵深化发展。迄今，非盟高等教育区域合作通过50余年的积极发展，高等教育空间建设取得了显著成效。

（一）建立高等教育空间组织

半个多世纪以来，在"非洲复兴"使命召唤下，非洲高等教育区域合作按照非盟一体化进程路线图，形成有效运行的组织形式、工作机制，在非盟、次区域组织、非盟国家多层面得到实施。伴随非洲高等教育区域合作的深入推进，非盟高等教育空间创建，在国际组织、政府、区域组织、协会、高校多主体推动下，呈现出多层次、立体化联动发展态势。

1. 建立非洲大学协会

非洲大学协会（the Association of African Universities，AAU）于1967年11月成立，现共有340多所成员大学。其成立为解决面临的

---

① 李化树、叶冲、孟亚歌：《论非盟高等教育空间创建及启示》，《比较教育研究》2016年第12期。

② 同上。

③ Union A，"Harmonization of higher education programmes in Africa: A strategy for the African Union"，Retrieved August，2007：1-2，3-6.

区域共同问题,实现区域的协调发展,提供了一个共同参与研究、讨论、咨询政策的重要平台。2000 年以来,"非洲大学协会前后出台了《2003—2010 年战略规划》和《2011—2015 年战略规划》两个战略规划,实施了系列计划,以及非洲高等教育质量保障支持项目、学术人员交流项目等,极大地推进非洲大学国际化发展,构建起非洲高等教育区域合作协商对话、信息交流平台,实现学术合作和联合研究,不断完善高等教育质量保障与认证机制建设"[1],稳步提升非洲高等教育的质量水平、适切性和区域竞争力,加强非洲大学区域能力建设。

2. 建设非洲虚拟大学

伴随信息化时代的到来,非盟充分利用新信息技术建立总部位于肯尼亚内罗毕的非洲虚拟大学(AVU),旨在推动高等教育空间建设,促进非洲高等教育区域化、国际化发展。[2] 让非洲有机会共享优秀师资,接受更好教育资源。非洲虚拟大学是通过远程开放和数字化学习等方式实现教育的空间联合。非洲虚拟大学分三个阶段进行。"第一阶段为测试阶段(1997—1999 年),建立并加强撒哈拉以南非洲高等教育机构之间的交流与合作;第二阶段为发展阶段(1999—2002年),推广非洲虚拟大学课程,为学生提供完整的大学学位课程;第三阶段为普及阶段(2002—2007 年),提供英语、法语双语教学,提供学历学位课程,在 50 个非洲国家建立高等教育资源共享平台,建成 150 个学习中心"[3]。

3. 成立南部非洲发展共同体

1992 年成立南部非洲发展共同体(南共体,SADC),目前共有 15 个成员国。南共体的成立,在高等教育区域合作方面,成员国之间的合作程度很高。"1997 年签订《教育和培训协议》,2003 年发布

---

[1] 李化树、叶冲、孟亚歌:《论非盟高等教育空间创建及启示》,《比较教育研究》2016 年第 12 期。

[2] 高振宇:《非洲虚拟大学的建设与发展及当前面临的挑战》,《比较教育研究》2012 年第 6 期。

[3] 同上。

《南共体区域指示性战略发展计划（RISDP）》"①，2011年提出建立区域学历资格框架（RQF），2012年提出《南部非洲地区的高等教育：当前的趋势、挑战和建议》。其中，《南部非洲地区的高等教育：当前的趋势、挑战和建议》提出的扩大和改造南部非洲发展共同体地区高等教育的十大战略，为非洲高等教育的持续健康发展指明了方向，具有划时代的意义。上述协议和计划，为提升区域质量，促进人才的跨国流动，增强高等教育的学术研究和开发能力，为高等教育区域合作提供了政策依据、力量支撑。

4. 设立东非大学理事会

东非大学理事会设立于1980年，在实现课程资源共享、学位资格互认和统一区域质量保障体系方面，推动合作交流。

建立东非质量保障体系（QA）。强化质量管理，是推进东非地区高等教育区域合作发展的重要手段和根本保障。19世纪末至20世纪初，东非地区高等教育机构数量不断增多，高等教育质量保障受到社会广泛关注。2006年6月举办了主题为"建立东非区域质量保障计划"研讨会，开始致力于东非质量保障体系的建立。以国际学术标准，制定分为四卷的质量保证手册即质量路线图，并要求各高校成立自我评估委员会，建立东非高等教育质量保障人员网络，促进东非高等教育质量管理。2012年东非高等教育质量保障网络（EAQAN）正式成立。东非高等教育质量保障体系基本架构已建立完成，它有效地推动了质量保障体系在非洲地区的运行。

建立东非学历资格框架（RHEQF）。2007年，乌干达、坦桑尼亚和肯尼亚三国开始实施东非高等教育认证和质量保障体系。目前，已有47所大学加入学分互认体系。"学分互认制度统一了医学、机械工程、基础科学和农学四个学科课程，制定了四个学科的最低课程标准，对课时、学分、入学条件和课程要求等作出明确规定"②。学分互

---

① Cesar D. P. Y., World Regionalization of Higher Education: Policy Proposals for International Organizations, Higher Education Policy, 2006 (1): 60 – 68.

② Ibid..

认制度的制定和弹性学制的推行，为在终身学习背景下，协助高等教育机构和学习者明晰学习路线，促进学生、教师有效流动，推进终身学习，建设知识非洲，推动非洲经济可持续发展，提供了重要政策保证。

5. 组成西非经济和货币联盟（UEMOA）

西非经济和货币联盟是西部非洲的 7 个法语国家于 1994 年组成的联盟，目前已发展为 8 个成员国。其建设目的在于通过实现整个区域内人员、资源和资金的流通，推进区域经济、社会、文化、教育的一体化发展，最终建成西非共同体。西非经济和货币联盟在高等教育领域实施了高等教育复兴战略、高等教育"学士—硕士—博士"（LMD）学位制度改革两大计划。"以期将法属殖民地成员国的学位结构与非洲英语国家一致化，通过统一课时，建立学分转换制度、国家和地区的质量保障与监督机制的方式来实现区域学生、教师、学术研究人员和工作人员流动时的学历互认，保障交流机制的畅通"。① 西非经济和货币联盟实施的复兴战略和学位制度改革，缩减了殖民主义时期遗留的文化体制差异，促进非洲法语国家与英语国家高等教育合作交流，构筑起非盟特色的高等教育区域学历资格框架，推进非盟高等教育空间建设进程，实现经济社会一体化发展。

（二）编制高等教育区域合作战略计划

为保障高等教育区域合作高效、有序进行，在创建高等教育空间、推动高等教育区域合作发展过程中，非盟颁布了系列相关政策文件，提供政策支持，提出若干协议、条约、规划。

1. 制定《阿鲁沙公约》

1981 年非盟《阿鲁沙公约》制定，并于 1983 年 1 月 1 日颁布生效。公约旨在实现非洲证书、文凭、学位或其他学术资格的统一认证，突破国家间的限制，促进缔约国学术人才资源流动，增强非洲大陆文化认同，构建更团结统一的非洲。"截至 2015 年，非洲的 22 个

---

① Damtew Teferra, Jane Knight, *Higher Education in Africa: The International Dimension*, Association of African Universities, 2008: 484.

国家积极响应该条约。条约倡导由区域委员会来组织协调高等教育各项合作事项,并为缔约国提出工作实施建议,缔约国定期报告条约推行进展情况"①。在 2007 年非盟开展高等教育一体化战略后,由联合国教科文组织和非盟委员会合作监督《阿鲁沙协定》的修订,于 2014 年 7 月 22—23 日在亚的斯亚贝巴举行《阿鲁沙公约》签署仪式。"修订后的《阿鲁沙公约》是非洲高等教育一体化的法律支撑,也是整个非洲学历认证的主要框架,为非洲高等教育区域合作战略建立了一个综合性平台"②。

2. 编制《2003—2010 年战略规划》《2011—2015 年战略规划》

《2003—2010 年战略规划》设立三个战略目标,旨在发挥非洲大学协会整体协调优势,推动各非洲高等教育机构协调优化,支持、监督其发挥好教学、科研、服务社会三大核心职能,稳步提升高等教育质量,形成非洲高等教育的整体竞争力,促进非洲高等教育机构在区域与国际的影响力、引导力。

《2011—2015 年战略规划》分为三大模块和七个关键领域,"目标是加强非洲大学协会自身的协调能力,发展服务职能,建立泛非大学,健全高等教育资源、高级人才流通机制,在教育过程中强调现代信息技术的运用。同时加快高等教育机构的治理能力提升,建立完善现代教育管理制度,建立区域高校间课程共享与学历学位互认制度"③。

3. 出台《非洲高等教育一体化战略》

应非洲高等教育复兴的时代要求,要建立非洲一体化的高等教育系统,作为非洲教育区域合作中的优先发展领域,2007 年 8 月非盟《非盟高等教育一体化战略》在南非约翰内斯堡举行的非盟教育部长会议第三次常委会上获得批准。"它强调了高等教育区域化、本土化

---

① Cesar D. P. Y., "World Regionalization of Higher Education: Policy Proposals for International Organizations", *Higher Education Policy*, 2006 (1): 60 – 68.

② Alecia D. McKenzie, "New Arusha Convention Sparks Hopes for Degree Mobility", http://www.universityworldnews.com/article.php?story=20150205065029104, 2015 – 02 – 06.

③ Union A., "Harmonization of Higher Education Programmes in Africa: A Strategy for the African Union", *Retrieved August*, 2007: 1 – 2, 3 – 6.

发展要求，明确非盟高等教育一体化的发展目标和发展原则等，成为非盟高等教育区域合作和一体化发展的制度基础，提供了非洲高等教育空间建设深入实施的政策保障"①。该战略的开展实施，极大地促进了非洲区域层面高等教育资格区域框架的构建与完善、资格认证最低标准的制定实施、交流项目与计划的形成与联合培养课程的开发。

（三）强化高等教育质量保障

非洲高等教育大众化发展态势，引发对质量保障的高度关注。强化质量保障，建立质量保障体系，成为非盟推进高等教育合作发展这一阶段的新要求。2007年非洲大学协会推行非洲高等教育质量保障支持项目。2011年，非盟建立了非洲质量等级机制，对非洲大学或者高等教育机构进行有计划的等级评估。同年东非大学委员会与德国学术交流中心、德国大学校长会议在东部非洲共同体区域合作开展了质量保障行动。2012年12月联合国教科文组织国际教育规划研究所、德国学术交流中心联合国教科文组织达喀尔办公室组织了一场"加强中非和西非高等教育质量保障区域合作"②会议，表明对非洲等发展中国家提升高等教育质量管理能力的支持态度。非洲高等教育质量保障需要不断优化质量保障程序，完善保障体系建设，着眼资源分享与能力建设，为非洲共同体复兴和非洲一体化助力。

（四）推动各类人员流动

"2003年、2011年非盟、非洲大学协会在《2003—2010年战略规划》《2011—2015年战略规划》中强调，加大合作交流的力度，积极组织开展学术人员交流项目，加大各类人员的流动。现在，以开展交换交流项目、特邀专家教授讲座、联合课程和联合学位计划、'三明治计划'等方式，不断实现教育资源的区域流动"③。

---

① 高振宇：《非洲虚拟大学的建设与发展及当前面临的挑战》，《比较教育研究》2012年第6期。

② Frican Union, "AU Outlook on Education Report: Continental Report", http://reliefweb.int/report/world/au-outlook-education-report-continental-report, 2014-04-29.

③ AAU. Introduction ASE, http://www.aau.org/content/academic-staff-exchange, 2016-06-15.

### 三 美国大学 CIC 战略联盟①

1958 年美国 CIC（大学合作委员会）战略联盟，是基于高等教育大众化、国际化的现实需求，以及为应对经济危机的强力冲击，而由美国中西部的 12 所研究型大学组成的一种松散的战略联合体。美国高校战略联盟出现于 20 世纪 20 年代，最初的交流合作，主要是高等学校之间开展的文体交流合作。到 20 世纪 80 年代，由于受到经济危机的强力冲击，高等教育质量发生较大影响，引发美国社会的广泛关注，建立高校战略联盟，强化高等教育合作，努力提升办学质量水平效益，成了高校应对经济危机的重要手段。

（一）建立校际合作委员会

美国 CIC 大学的联盟设有专门的管理委员会，负责联盟日常事务的管理。联盟还设有战略导向委员会，该委员会对联盟各个时期的战略规划作出部署和安排，对各成员高等学校实施评估监督。

（二）制订学者交流计划

美国 CIC 大学联盟 1963 年开始实施"学者交流"项目，旨在推进合作高校高层次人才交流互动。交流学者要按照联盟委员会所制定的相关规程注册登记，支付费用，并接受学校提出合理要求。② 学者交流计划的推行，盘活了联盟高校人力资源，放大了优质人力资源效益。

（三）推行合作服务项目

美国 CIC 大学联盟"通过资源共享、项目合作来实现合作空间、合作效益的最大化，促使各联盟高校不断优化合作机制，以实现资源共享、成果共有，节省科研经费，降低行政成本，提升学校声誉，增强办学实力"③。美国早期的高校战略联盟内容面向体育交流合作，应

---

① 李化树：《美国高校战略联盟建设及启示》，《西南交通大学学报》（社会科学版）2013 年第 5 期。
② 刘薇：《中国 C9 与美国 CIC 大学联盟之比较分析》，《长春教育学院学报》2013 年第 7 期。
③ 刘薇：《中国 C9 与美国 CIC 大学联盟之比较分析》，《长春教育学院学报》2013 年第 7 期。

时代之需，合作力度不断加大，合作形式呈现多样化趋势，合作内容也得到不断丰富，涉及教学、科研、管理、监督等。高校战略联盟的合作和服务项目主要集中在七个领域：行政与总务；招生与注册；课程（包含继续教育）；图书馆、信息及电脑服务；学生服务；师资；社区服务。此外，"联盟校院之间的合作项目还有交叉注册、图书馆资源共享、学科专业活动、学术交流、共同采购设施设备、学生职业生涯规划、科技研发等。许多联盟还专门设有网页、电子邮箱及传真等，有些还有视频会议的设备"①。

（四）筹措合作活动经费

美国 CIC 大学战略联盟的实施，得益于多种外部支撑体系的支持，以此决定了合作经费、融资渠道的多元化，包括联邦政府和地方政府的财政支持，高校的项目合作集资，行业企业的大量捐赠等。其中私人基金会是联盟高校研究经费的主要提供者，例如卡内基教育促进基金会、卡内基基金会、洛克菲勒基金会，以及后来成立的福特基金会。"基金会的经费支持为联盟一流研究型大学的建设提供了有力保障，促进科研能力和办学实力的提升，进而提高联盟及成员高校在世界高校中的声誉"②。同时由于基金会的社会性质，让其对高校教育的要求一定程度代表了社会对高等教育的要求，存在社会需求的内在取向，增强了一流高校教育的社会适切性和培养的针对性。"美国 CIC 大学战略联盟经费来源的多样性，充分表明美国政府和社会对发展高等教育予以高度重视与大力支持，也彰显了美国高校在资金筹措方面存在较好的社会环境优势"③。

（五）推动学分累积、转换互认

美国大学从 19 世纪 70 年代开始推行学分制，是将"学分"作为

---

① 李化树：《美国高校战略联盟建设及启示》，《西南交通大学学报》（社会科学版）2013 年第 5 期。
② 刘薇：《中国 C9 与美国 CIC 大学联盟之比较分析》，《长春教育学院学报》2013 年第 7 期。
③ 李化树：《美国高校战略联盟建设及启示》，《西南交通大学学报》（社会科学版）2013 年第 5 期。

学生学习量和教师工作量计量单位的教学管理制度。学分制的推行，使各类不同合作高等院校间学生的学习成绩评定有了相对统一的衡量标准，能够得到合作运行的认可认定，由此也迫使合作院校之间建立起科学的质量保证体系，促进大学办学质量提升。学生虽然在一所大学学习，累积课程学分，但他的学习成绩能为其他合作学校认可，并能让他带着学分转入其他合作高等学校继续学习。学分制的实施，为各类院校之间的转学教育提供了有效运行机制，以及对相对科目的学分的认可提供了先决条件和宝贵经验。美国 CIC 大学联盟在校际层面签署了"全面学制衔接协议"，为校际范围内社区学院与四年制联盟院校学分互认机制的建立提供条件和构建框架，内容涵盖了构建转学信息系统、转学咨询委员会、转学录取保障政策和转学生申诉程序等辅助机制等。CIC 大学联盟为学生提供的跨学院注册、选修课程、获取学位等方面的服务，有助于大学联盟的运行机制更加完善，促进更高效的人才培养模式的形成。

### 四 欧洲联盟欧洲高等教育区[①]

伴随世界经济一体化、新经济时代的到来，基于全球化和自身繁荣发展的迫切需要，1998 年，英、法、德、意四国高等教育部长在庆祝巴黎成立索邦大学 800 周年之际，召开索邦会议，研究各国高等教育改革发展问题，并签署《建设和谐的欧洲高等教育体系之联合宣言》，为欧盟高等教育改革提出规划、指明方向。1999 年，欧洲 29 国教育部长在博洛尼亚召开会议，签署《博洛尼亚宣言》，提出 2010 年建成欧洲高等教育区，为期 10 年的博洛尼亚进程全面启动。

#### （一）构建定期会议的工作机制

为建设欧洲高等教育区，按照《博洛尼亚宣言》实施内容，欧盟全力推动博洛尼亚进程，形成了定期举行多层次、多内容、多形式的会议工作机制。其中，教育部长会议每隔两年举行一次。会议主要回顾过去两年欧洲高等教育区的建设情况，总结经验，研究问题，并对

---

① 李化树：《建设欧洲高等教育区——聚焦博洛尼亚进程》，人民出版社 2014 年版，第 117—151 页。

未来工作作出规划设计。博洛尼亚峰会的举办,旨在就推进博洛尼亚进程国际性专题问题为内容,29 个签约国部长级别的官员、相关组织负责人、研究人员等参加。另外,在每次教育部长会议结束之后,欧盟还专门成立一个后续工作组主要任务是为下一次峰会举行做准备工作,承担两次部长会议期间相关事务。①

(二) 实施区域学分积累制度

在欧洲高等教育区建设实施进程中,欧盟引入了区域学分积累制度,即欧洲学分积累和转换系统(ECTS),为学生学习认证提供便捷,以促进学生在欧洲范围内的自由交流学习。该制度的建立及有效实施,为不同国家学生学习成绩在其他任何合作高等院校获得认可提供了保障,并由此吸纳了其他国家、地区众多的生源。欧洲学分积累和转换系统(ECTS)实施所需要的文件包括,"合格的信息包裹(学生的各方面的档案)、学习协议以及成绩记录"。② 为顺利推行实施学分积累制度,还设置了欧洲学分咨询顾问,优化改进高等教育学位系统,以增强就业能力和学术研究领域的透明度、公正性和社会广泛认可度,为学生学习资格认证提供可靠依据。

(三) 构建终身学习资格框架

在博洛尼亚进程推进过程中,为适应世界经济一体化、新科技革命挑战及高等教育国际化发展形势,2000 年开始,欧洲理事会为构建终身学习资格框架,推进博洛尼亚进程,强化欧洲高等教育区域合作,先后发布了系列关于构建终身学习体系的多种政策文件,推出《关于促进终身学习的决定》。2008 年,出台"欧洲终身学习资格框架"。欧洲终身学习资格框架的建立及有效实施,"突破了 29 个联盟成员国之间制度、体制、机制差异阻碍,搭建了跨区域学生学习交流平台,广泛推动了欧洲各国社会经济、文化教育、科技卫生等全面融

---

① 王新凤:《欧洲高等教育区域整合研究——聚焦博洛尼亚进程》,社会科学文献出版社 2013 年版,第 107 页。

② 同上书,第 248—249 页。

合"①。

（四）促进各类人员区域自由流动

建立一个开放、包容、多元、创新的欧洲高等教育区，集聚各种教育资源要素，提升合作交流水平，增强欧洲高等教育整体竞争力，必须推动各类人员合理流动，教师交流任教，科研项目合作，学生交换学习，形成相互依存、互利共赢的欧洲高等教育区。为此，欧盟设计实施了"埃拉斯莫计划"（ERASMUS）和"苏格拉底"计划（SOCRATES）。按照该计划，在整个成员国范围内，增加大量合作项目和弹性课程，提供给各类人员选择。"各成员国政府、教育行政部门和其他相关机构加强配合，积极落实移民、认证、学分学历互认和津贴等政策。合作高校提供贷款、奖学金，消除认证、居住地、工作许可等制度障碍"②。

（五）建立高等教育质量保障体系

建立高等教育质量保障体系，加强对29个成员国高等教育质量的监督评估，努力提升各国高等教育质量、区域竞争力，是建设欧洲高等教育区，推进博洛尼亚进程有效实施的目标任务。1994年，欧盟委员会推出了"欧洲高等教育质量评估先导计划"，以此架构欧洲共同的高等教育质量保障框架。1998年，欧盟理事会正式发表《关于加强欧洲高等教育质量保障合作的建议》，对加强欧盟各成员国高等教育质量保障作出整体设计。

1999年6月，欧洲29国教育部长齐聚意大利博洛尼亚，就欧洲高等教育合作发展进行沟通协商，最后发布《博洛尼亚宣言》。宣言鲜明提出要加强欧洲高等教育合作29国在高等教育质量保障方面的合作。2005年，欧洲第四次双年度教育部长会议召开，会议通过"欧洲高等教育质量保障标准"。2007年，第五次双年度教育部长会

---

① 李化树：《建设欧洲高等教育区——聚焦博洛尼亚进程》，人民出版社2014年版，第117—151页。

② 王新风：《欧洲高等教育区域整合研究——聚焦博洛尼亚进程》，社会科学文献出版社2013年版，第255—256页。

议在伦敦召开，正式提出建立欧洲高等教育质量保障机构登记处。①

欧洲高等教育质量保障标准，包括"内部和外部保障标准，以及欧洲外部质量保障机构自身评估的标准"。② 其内部质量保障主要通过"机构内部评价，资格证书授予批准、监控与周期性评价，学生评价，教师评价，学生资源和学习支持评价，以及信息系统和公共信息的评价来确保质量"。③ 外部质量保障形式一："评估、认证、审计和基准"④。外部质量保障形式二："欧洲注册、质量标志、欧洲排行"。外部质量保障形式三："协商论坛"⑤。

## 第三节 高等教育区域合作启示

伴随世界经济一体化，"互联网＋"、人工智能时代的到来，推进世界各区域、各地区、各国加强高等教育区域合作，推动高等教育信息化、集群化、国际化发展是人心所向、志同道合。保持与各区域国家紧密合作关系，按照"一带一路"建设战略架构、中非合作"461"框架、《东盟共同体愿景2025》战略构想、中国—阿拉伯国家《2018—2020年行动执行计划》、中国—欧盟《中欧合作2020战略规划》，全方位打造中国与"丝绸之路经济带"合作升级版，携手共建中国—"丝绸之路经济带"命运共同体，加强经济带沿线50国高等教育务实合作具有极其突出的现实意义。

---

① 雪萍、张科丽：《促进资格互认的欧洲资格框架探究》，《高等教育研究》2009年第12期。

② "European Association for Quality Assurance in Higher Education", Standard and Guidelines for Quality Assurance in the European Higher Education Area（R），2005.

③ ENQA Report on Standard and Gui dline of Quality Assurance in Higher Educaiton（pdf）(2005), http：//www.euqa.eu/bologn_ enqasta tements.lasso，2007－05－07.

④ ENQA workshop Report1. Institutiona levaluation in Europe（pdf），http：//www.euqa.eu/pubs.work－shop.lasso，2001－05－11.

⑤ London Communique（pdf），http：//ec.europa.eu/bologn _ coredocument.lasso，2007－05－18.

## 一 观念层面：创新理念，升华区域合作意识

观念的转变，理念的创新，是推进高等教育区域合作的源头活水。世界经济一体化、新兴科技智能化、高等教育集群化发展，为"丝绸之路经济带"高等教育区域合作提供了机遇，同时也带来了空前的挑战。在此背景下，"丝绸之路经济带"沿线50国势必要树立开放办学、互利合作的思想，确立"文明共存价值、人民中心价值、共赢发展价值、智慧共享价值、正义平等价值"的发展理念。唯有拓展合作空间，开发办学资源，提升发展水平，才能提高合作双方国家内生动力、核心竞争力。"丝绸之路经济带"沿线50国要抓紧制订区域合作规划，结合各自国家高校发展实际，提出相应实施策略。经济带沿线国家高校要因地制宜，对未来市场进行准确研判，科学定位发展目标。借助战略联盟，整合自身优势资源，实现合作共赢。高校合作，是一种多要素、多形式、全方位的行动实践，从政府、学校、科研院所、行业企业到社会中介，都要确立开展战略合作、谋求共同发展的意识。"丝绸之路经济带"国家要从经济社会发展的大局出发，积极倡导共商共建共享的全球治理理念，站在建设经济带50国人类命运共同体的高度，深化与周边国家的梯度合作、结构互补、互联互通，着力发展理念、发展模式、发展道路的全方位合作，让人类命运共同体意识在文化、生态、互联网领域得到运用、落地生根。经济带沿线国家教育合作主体机构，必须切实做到思想一致、使命一致、行动一致，强化理论学习，政策宣传，加强沟通协作，在制定签署区域合作战略合作与发展框架协议的基础上，加快推进沿线50国高校校校之间、校地之间、校科之间、校企之间在更高层次、更广领域、更大平台、更深关系开展合作，进一步提升深化合作、集聚发展、共享成果水平，为合作共建"丝绸之路经济带"高等教育共同体而不懈奋斗。

## 二 制度层面：建立合约，完善区域合作法规

高等教育区域合作的深入推进与高效运行，需要合作国家层面提供政策法律支持，政策扶持。在推动高等教育区域合作有效运行进程中，世界各国、各区域组织出台了相关的政策文件，提出若干协议、

条约、规划,保障了区域合作的有序实施。例如美国高等院校合作交流的法治化,欧盟欧洲高等教育区合作制度,东盟高等教育共同空间建设政策,非盟制定《阿鲁沙公约》系列政策,为高等教育区域合作提供了法制保障。从"丝绸之路经济带"50国情况看,地缘政治关系的沟通协调,经济发展结构的平衡调整,异质文化之间的交融互鉴,高等教育发展的优势互补,为双方合作提出了艰巨任务、诸多挑战。规范我国与"丝绸之路经济带"沿线国家高等教育区域合作的相关法律法规,共同协商制定双边合作合约协议,为双方合作提供制度前提和法律保障,推进双方高校在平等自愿、互惠互利原则指导下,约束各自办学实践,保障合作双边利益,是实现经济带国家高等教育区域合作有效运行的根本保证。

### 三 实践层面:深化改革,促进区域合作发展

非盟始终坚持努力实现非洲复兴愿景,欧盟全力以赴推动欧洲经济一体化发展,东盟努力提升经济社会发展水平,美国全力实现其全球影响力,以此为目标牵引,以高等学校战略联盟、高等教育区建设新思路、新思想为先导,以提升国家能力建设、区域竞争力为核心,整合各高等学校、各个国家、各区域组织力量,奋力打造高等教育共同体,合力推动经济一体化进程。

#### (一)科学选择合作模式

选择合适的战略合作伙伴,是建立区域高校合作战略联盟成败的关键。"丝绸之路经济带"高等教育区域合作,首先要根据高校自己的实际、发展定位、发展愿景,因校制宜,选取合作高校,确定联盟目标、形式、项目,以及有效选择区域高校合作路径。"不同层次、类别高校应根据其具体情况,充分把握战略伙伴间的各项基本信息,以此为基础,选择适合其自身发展的形式多样、组织灵活、各具特色的战略合作模式,确定合作意向,建立合作关系,确定合作方式"[①]。"要创立校校、校企、校科、校地等多种合作战略合作形式,深化校

---

① 王新凤:《欧洲高等教育区域整合研究——聚焦博洛尼亚进程》,社会科学文献出版社2013年版,第255—256页。

企合作，产教融合，打破地域和学科限制，整合不同部门间的资源"①。高校战略合作可以是实行课程共享，学分互换，学历互认，实施图书馆联盟，也可以采取教师交流、开发新专业、联合项目攻关、搭建合作平台等。

基于我国国情和"丝绸之路经济带"区域实际，要学习借鉴非盟推进泛非大学、卓越中心、知识中心等科技创新改革经验，吸纳当今新兴科技智能化发展创新成果，坚持科技创新和制度创新双轮驱动，打造一批新型孵化器和创意评估、创意交易等综合服务平台，建立一批协同创新中心、现代新型高端智库，力争在优势领域建设好一批国家重点实验室、工程技术研究中心、技术转移中心，积极培育和重点建设一批跨学科、跨领域的科研创新团队，形成一批重大原创性科学成果。加快构建区域科研成果转化交易平台和产学研用结合服务平台。着力加强银政企校对接，不断释放高校创新活力、创造能力，厚植创新创业基础，加快推动"丝绸之路经济带"沿线国家建设科技强国步伐。

(二) 积极构建高校战略合作体系

高校战略合作，是一个由政府、高校、社会组成的开放、平等、包容、创新的体制机制有效运行的过程。要充分发挥政府主管部门从制度、政策、信息、资金等宏观领域进行引导与组织的作用。要建立健全高等学校校际合作管理机构，以确保合作交流的有效有序运转。鼓励社会各界积极参与高校的合作工作，积极倡导第三方评估机构参加高校合作评估管理。要努力推进高校与企业、行业、科研院所、中介机构之间的产学研战略合作，共同兴办研究基地、研发中心、成果转化平台、博士后流动站等。高校要发挥主体作用，根据区域经济社会发展需求和自身发展规划，制定"丝绸之路经济带"高校战略合作政策，创新经济带50国区域高校战略合作治理机制，"构建区域学位资格框架、终身学习资格框架，建立健全区域合作高等院校教育质量

---

① 李化树：《建设欧洲高等教育区——聚焦博洛尼亚进程》，人民出版社2014年版，第117—151页。

保障框架体系，研制系统化的学分、学业成绩积累、互认、互换系统，打造学科专业、教材教具、实验实习实训、课程资源等开放机制，建设国际化合作课程，推动区域高等教育资源合理流动，加速高校知识创新和成果转化，实现学科专业、学术梯队、创新团队、课程资源等的共建共享"①，推动经济带 50 国高等教育由单传统一地区发展模式，逐步向区域战略合作发展模式转换，继而强力支撑区域经济社会可持续发展。

（三）协商建立高校战略合作机构

推进高等学校区域合作，应设置专门的战略合作机构，如战略联盟董事会，定期召开合作工作会议，制定合作发展规划，开展合作绩效评估，确保战略合作规范、有序、高效运行。

---

① 王新凤：《欧洲高等教育区域整合研究——聚焦博洛尼亚进程》，社会科学文献出版社 2013 年版，第 255—256 页。

# 第七章 "丝绸之路经济带"高等教育区域合作模式：集体行动的智慧

塔尔科特·帕森斯通过对社会行动的考察指出，行动是主体朝向目标的动作，行动最基本的特征是具有主体性、意志性和目的性。任何行动都包含三要素，即行动的目标、状态（包括手段和条件）和规范取向，三要素内在地存在于行动过程始终。① 人类命运共同体理论倡导多种文明和谐发展共同价值观，构建持久和平的世界，普遍安全的世界，共同繁荣的世界，推动全球化朝着均衡、普惠、共赢方向发展。基于帕森斯的社会行动理论、人类命运共同体理论分析，"丝绸之路经济带"高等教育区域合作，即是经济带国家在实现深化高等教育区域合作、构建高等教育共同体目标过程中，基于"和平、发展、公平、正义、民主、自由"的共同价值理念，由于自身行动手段的多样性、行动条件的限制性以及外在行为规范取向的规范性的集体行动共同作用的结果。由此，深化中国—"丝绸之路经济带"国家高等教育区域合作，当以其"和平、发展、公平、正义、民主、自由"价值理念为目标导向，确立双边区域合作的行动规范，优化区域合作的行动手段，改善区域合作行动条件的限制状态，进而通过集体智慧的"努力"，合作共建"丝绸之路经济带"高等教育共同体。

---

① ［美］塔尔科特·帕森斯：《社会行动的结构》，张明德、夏遇南、彭刚译，译林出版社2003年版，第44页。

## 第一节　高等教育合作的行动机制：要素、结构与功能

"机制"（mechanism）一词，按照词源学释义，是指机器的构造和工作原理。早先，机制被广泛应用到生理学、医学、生物学等自然科学领域，表示有机体的构造、功能和彼此关系，后被广泛应用到社会科学之中[①]。我国社会学专家郑杭生认为，"机制"一词有三个基本含义："一是指事物各组成要素的相互联系，即结构；二是指事物在有规律性运动中发挥的作用、效应及功能；三是指发挥功能的作用过程和作用原理。概括地讲，机制就是带规律性的模式。"[②] 据此，根据帕森斯社会行动三要素理论，"丝绸之路经济带"高等教育区域合作的行动机制，即是"丝绸之路经济带"高等教育区域合作运行过程中，所表现出来的行动目标、行动状态和规范取向相关变量相互作用的方式、发挥功能的作用过程和作用的原理。

### 一　高等教育区域合作目的与规范的关系

帕森斯的社会行动理论认为，行动者在行动之前，首先要设定行动的目标。行动的目标即行动者希望实现的未来状态。行动者要实现其行动目标，可采取对自己有利的手段，但必须接受群体共同承认的价值规范的调节制约。规范取向，即行动者在一定的情景中，设定目标、选择手段、转化条件时所遵循的社会标准，它构成了社会秩序的基础，并对行动发挥调整、控制和导向作用。[③] 行动者对行动手段的选择、行动条件的转化依赖其基本的行动规则、价值规范，而行动者

---

[①] 中国社会科学院语言研究所词典编辑室：《现代汉语词典》，商务印书馆1993年版，第517页。
[②] 郑杭生：《社会学概论新修》（第3版），中国人民大学出版社2003年版，第33页。
[③] Burger, Thomas, "Talcott Parsons, the Problem of Order in Society, and the Program of an Analytical Sociology", *American Journal of Sociology*, 1977, 85 (2).

对行动目标的确立则是以他的价值规范取向为其遵循。①

"丝绸之路经济带"建设,是国家重大倡议,是一项系统工程,既需要基本公共产品支撑,更需要坚持以平等合作、互利共赢义利观为统领,以共商、共建、共享为原则,以文化认同推进经济带建设价值认同,强化高等教育国际化发展,深化人文交流与合作,夯实坚实民意基础,努力构建人类命运共同体、利益共同体和责任共同体。②

深化"丝绸之路经济带"国家高等教育合作,构建"丝绸之路经济带"高等教育共同体,是推动"丝绸之路经济带"建设倡议落地落实的重要抓手,是顺应高等教育国际化变革潮流的重大举措,是增强经济带沿线50国高等教育内生动力和核心竞争力的战略选择。"丝绸之路经济带"高等教育合作的行动目标,具体体现在以下方面:

(1) 文明共存价值:提升经济带国家软实力,夯实合作交流的人文基础。推进不同文明的对话和解、融汇共享;争取民心,增信释疑,夯实民意基础;强化制度安排,提升话语权、影响力。

(2) 人民中心价值:积极推进创新人才培养,为经济带建设提供人力资源支撑。确立人才资源为倡议实施的第一资源观念;为倡议实施提供各类专业人才支持;建立沿线国家跨境人才流动机制。

(3) 共赢发展价值:全力实施科技协同创新,推动经济、社会、文化、教育、生态融合发展。把创新摆在教育合作全局的首要位置;努力打造经济带国家级高水平科研机构;搭建经济带科技创新及科研成果转化平台。

(4) 智慧共享价值:强化智力服务,注重顶层设计,科学谋划。努力发挥智库的智囊谋略作用;为政府决策提出政策方案;建立经济带高校学术共同体。

(5) 正义平等价值:实施文化先行战略,深化价值认同。增进合作价值认同;树立新国际义利观;推进文化交流合作。

---

① Parsnns T., *The Structure of Social Action*, New York: Free Press, 1768, p.44.
② 习近平:《弘扬人民友谊 共创美好未来——习近平在纳扎尔巴耶夫大学的演讲》,《人民日报》(海外版) 2013年9月9日第1版。

"丝绸之路经济带"高等教育合作目标的实现，必须以其价值和规范取向为基础。但这一行动目标的实现，还存在一些突出问题，面临社会标准、价值规范等诸多挑战。

（1）整体规划设计滞后。目前，尚未联手编制中国—"丝绸之路经济带"沿线50国高等教育合作的中长期发展规划及实施框架。中国与"丝绸之路经济带"国家层面、省市地方政府层面、各高等院校层面的合作规划，也未能提上工作议事日程。中国—"丝绸之路经济带"国家年度领导人会议、年度部长级会议和工作层对话会议三个层面合作机制基础上，中国与"丝绸之路经济带"沿线50国高等教育合作的专事组织机构——高等教育区域合作联席会议、高等教育区域合作秘书处等没有适时商定设立。中国、"丝绸之路经济带"沿线50国高等教育交流合作顶层设计不能适应双边关系深化发展的现实需要，交流合作缺乏前瞻性、计划性和规范性。

（2）运行机制尚不健全。深化中国—"丝绸之路经济带"国家高等教育交流合作，应当构建起从宏观到微观、从政府到民间左右协调、上下通畅的良好工作机制，确保双边信息畅通，资源共享。但从目前情况看，双边合作交流运行机制存在非计划性、不确定性和不规范性。高层对话磋商机制不健全。在中国—"丝绸之路经济带"国家确定的部长级会议机制中，没有确立中国—"丝绸之路经济带"国家教育部长会议多边交流机制、中国—"丝绸之路经济带"国家教育服务贸易委员会对话机制等，双边高层及时沟通、定期会晤磋商机制不健全。部门工作协调机制未建立。由国家经贸、科技、教育、文化等部委领导和中国—"丝绸之路经济带"国家相关部委领导、专家组成的高等教育合作交流协调管理委员会尚未设立，信息沟通渠道不畅，教育资源不能合理正常流动，合作双方工作进度和工作方式难以协调。民间沟通交流机制不完备。目前，尚未设立中国—"丝绸之路经济带"国家教育博览会，组织高层教育论坛，举办中国—"丝绸之路经济带"国家教育会展等。人才流动的渠道尚不通畅。与国际接轨的中国—"丝绸之路经济带"国家人才流动市场机制不健全。目前中国只与中国—"丝绸之路经济带"部分国家签署了教育培训合作协议，未能实现50国全覆盖。合作争端的仲裁机制缺失。目前还没有一部统一的专门针对中国与"丝绸之路经济带"国家高等院校校际合作争端仲裁的政策或法规。中国—"丝绸之路经济带"国家教育服务贸易准入机制、中国—"丝绸之路经济带"国家教育合作争端仲裁机制等尚未建立。

（3）政策法规标准缺漏。目前，中国与"丝绸之路经济带"国家双边教育合作的政策制度还不完善，部分法规、标准缺漏，与不同国家、不同领域合作政策或法规存在较大不平衡性。跨境校际合作政策制定滞后。目前，中国—"丝绸之路经济带"国家还没有出台一部双边高校校际合作办学的专门性政策性文件或法规，虽然2003年9月我国颁布了《中华人民共和国中外合作办学条例》及其实施办法，但条例对中外高等教育合作只做了概括性表述，无实质性具体措施，缺乏可操作性，更未凸显合作组织的区域性特性。学历学位互认政策未能全覆盖。中国与"丝绸之路经济带"23个国家建立了高等教育学历学位互认政策，未能实现经济带沿线50国全覆盖，由此牵制了双边高等教育合作的整体深入推进。教育质量保障认证制度缺失。高等教育质量认证、质量保障制度、跨境高等教育质量资格认证与评估机制尚未构建，高等教育服务贸易标准制定存在空白。课程学分转换制度不完善。除少数试点高校外，从国家层面尚未建立和试行统一的基于学分计量、选课选师的学分转化制度。合作高校跨校选课、学分收费、课程注册和选课准入等一系列规章制度不完善。

## 二 高等教育区域合作目的与条件、手段的关系

在帕森斯构想的最小单位行动分析框架中，行动者具有能动性、目的性、方向性。行动总是发生在社会现实"情景"中，受到外在社会因素的制约。由于行动者自身"努力"的能动作用，某种情景限制因素可能被削弱变为行动的"手段"，但也有一些限制因素是难以改变的，它们便成为行动的"条件"。① 行动者总是在现实社会情景之中，设定行动的目标，遵循一定的规范，选择并应用适当的手段，达

---

① Parsnns, T., *The Structure of Social Action*, New York: Free Press, 1968, p.44.

成预期的目标。①

深化中国—"丝绸之路经济带"国家高等教育合作，必须以彼此间强烈的政治互信、文化认同、身份认同为价值引领，进而通过集体智慧的"努力"，形成利益共同体和命运共同体。从目前情况看，实现构建"丝绸之路经济带"高等教育共同体行动目标，仍然受制于政治、经济、文化、民族宗教等诸多"条件"因素的困扰和制约。

（1）双方政治互信程度偏低。由于受美国印太战略、单边主义和中亚、西亚、东北亚各方利益争夺等因素的影响，加之复杂多变的国际形势的侵扰，中国—"丝绸之路经济带"国家的政治互信关系受到严峻考验。信任滞后，猜疑上升，合作动力下降，一定程度上扰乱了中国与"丝绸之路经济带"国家高等教育深化合作的和谐氛围。

（2）民族宗教信仰差异较大。丝绸之路历史上是一个多民族地区，可以说是一个民族走廊。"丝绸之路经济带"国家在漫长的历史进程中，形成了多个跨境民族。民族的多样性和宗教的复杂性，使中亚、西亚地区成为境外宗教渗透、国际恐怖主义袭击的前沿阵地，增加了地区不稳定、不确定因素，给中国—"丝绸之路经济带"高等教育合作发展环境带来极大挑战。

（3）经济发展水平极不平衡。"丝绸之路经济带"各国经济发展参差不齐，两极分化矛盾突出，高等教育经费投入存在较大差距。2016年，南亚地区人均GDP为1604.24美元，西亚人均GDP为17628.35美元。高收入国家与中高收入国家2016年的高等教育财政支出占教育财政支出比例分别为22.52%、22.24%，中低收入国家与低收入国家分别为15.71%与13.38%。随着中国与"丝绸之路经济带"国家高等教育合作领域进一步拓展，双方必然要提供足够的经济支撑，对"丝绸之路经济带"国家不同发展水平经济体国家的财政拨款提出了更高的要求。

（4）高等教育发展程度不一。"丝绸之路经济带"50国区域经济落后，政治体制多元，高等教育发展程度不一。依据国民生产总值及

---

① 吕付华：《社会秩序如何可能：试论帕森斯社会秩序理论的逻辑与意义》，《甘肃行政学院学报》2012年第6期。

高等教育毛入学率等多项指标评估，"丝绸之路经济带"50国分为高等教育发达、中等发达和欠发达国家三个层次，高等教育处于精英化的国家有8个，处于大众化的国家有20个，处于普及化的国家有22个，其以高等教育不发达国家居多。为此，中国—"丝绸之路经济带"国家双方在课程标准制定、学分累计制度建立、学历学位协商互认、终身学习资格框架构建等方面存在极大障碍。

### 三 高等教育区域合作条件与手段的转化

依据帕森斯社会行动理论，单位行动涉及主观和客观两个方面的因素，一方面，行动目标、能动作用、规范标准构成其主观范畴的因素；另一方面，条件和手段构成其客观范畴的因素。帕森斯认为，一切行动都内在地涵括了规范与条件、"努力"与"情景"诸因素之间的博弈关系。[①] 所有的行动都有一个规范尺度，都遵循其现实社会的共同价值、习俗观念。在此过程中，由于行动者"努力"的能动作用发挥，某些情景限制因素可能被削减，质性地变化为行动的目标，转化为行动的"手段"。但还有一些限制因素无法改变，成为行动的"条件"，[②] 制约行动目标的实现。

深化中国—"丝绸之路经济带"50国高等教育区域合作，构建"丝绸之路经济带"高等教育共同体，是基于深度利益交融和战略互信，以有效行动机制加以保证而建立的社会组织。为此，要始终坚持以平等合作、互利共赢义利观为统领，以价值认同、身份认同推进"丝绸之路经济带"高等教育共同体建设行动认同，以政府引导、民间主体、中介参与为原则，倡导开放合作、平等协商、互信互利精神，强化行动目标牵引，注重规范标准制定，完善改革发展手段，转化环境限制条件，推进其合作高效有序运行。

（一）顶层设计：明确工作目标，把握行动方向

深化中国—"丝绸之路经济带"50国高等教育合作，构建"丝

---

[①] ［美］杰弗里·亚历山大：《社会学二十讲》，贾春增译，华夏出版社2000年版，第19页。

[②] 张岩：《行动的逻辑：意义及限度——对帕森斯〈社会行动的结构〉的评析》，《北京邮电大学学报》（社会科学版）2006年第1期。

绸之路经济带"高等教育共同体，其首要的任务就是从国家战略层面明晰合作行动目标，把握行动方向，加强组织领导，完善领导体制和工作机制，注重协商对话和政策引导，夯实组织保障和政策保障。

1. 健全领导体制，强化顶层设计

"丝绸之路经济带"高等教育共同体涵括包容开放、守望相助的精神共同体、区域交流合作的利益共同体，和上升到国家利益层面的命运共同体。所以，从国家战略层面应确立以下共同目标：推动"一带一路"倡议与"丝绸之路经济带"国家发展规划对接，建设亚洲知识中心；弘扬丝绸之路精神，着力打造中国—"丝绸之路经济带"国家利益共同体；落实全球治理新理念，共商共建中国—"丝绸之路经济带"国家命运共同体。以此为引领，在年度领导人会议、年度部长级会议和工作层对话会议机制框架下，编制《"丝绸之路经济带"高等教育共同体建设中长期规划（2020—2030年）》，签署双边、多边和次区域合作的《中国—"丝绸之路经济带"国家高等教育合作框架协议》。从区域合作行动上，建立中国—"丝绸之路经济带"50国行政首长联席会议、高等教育区域合作秘书处和后续工作组，设立由国家相关部委和"丝绸之路经济带"50国经济、教育、文化、科技等部门领导、专家组成的中国—"丝绸之路经济带"国家教育合作协调管理委员会。从思想意识形态领域，践行文化血脉相亲，注重共同体意识培育，强化身份认同，增强法治意识，系统梳理中国—"丝绸之路经济带"国家已出台教育合作协议、协定、联合声明、备忘录等政策法规，研究制定机制协调与仲裁、文化交流与人力资源建设等方面的规则，推动双边高等教育合作交流规范化、法治化和合约化。

2. 完善工作机制，提升合作水平

对秩序的共同需要，推动着对各种国际机制的建立。为此，要设立中国—"丝绸之路经济带"国家高等教育峰会，优化中国—"丝绸之路经济带"国家年度领导人会议、年度部长级会议和工作层对话会议机制，将教育确定为年度领导人会议机制重点合作领域。在部长级会议机制中，确立中国—"丝绸之路经济带"国家教育部长会议多边交流机制、中国—"丝绸之路经济带"国家教育服务贸易委员会对话机制等，健全双边高层定期会晤磋商机制。创立中国—"丝绸之路经济带"国家高等教育论坛、中国—"丝绸之路经济带"国家教育博览会、中国—"丝绸之路经济带"国家教育会展，协调中国—"丝绸之路经济带"国家大学校长论坛和"丝绸之路经济带"国家大学校长论坛。设立中国—"丝绸之路经济带"国家高等教育合作专项基金，建立银行金融资金供应链，健全信息沟通渠道，推进双边人力资源、技术资源以及信息资源的合理流动。鼓励建立各类半官方、中介及跨地区的民间组织，为合作双方提供法律顾问、政策咨询、人员培训等服务。

3. 注重协商对话，加强政策引导

坚持以重点带动整体，加强与西亚、东北亚等高等教育发达国家更高层次的合作交流，注重对中亚、南亚等高等教育不发达国家和高校的援助。强化国家、部省和高校三个层面合作机制之间的对话磋商。利用中国—欧盟、中国—中亚五国、中国—阿拉伯国家教育部长会议、中国—"丝绸之路经济带"国家教育交流周等平台，加强双边高等教育合作战略问题和公共政策探讨，引导合作交流科学化运行。规避因宗教信仰、地缘政治、文化传统、民意社情等的复杂性所引发的矛盾冲突和利益纷争，消除误解误判，增强深化中国—"丝绸之路经济带"50国高等教育合作，构建"丝绸之路经济带"高等教育共同体的认同感，筑牢双方交流合作的社会根基。

（二）基层行动：倡导先行先试，狠抓行动落实

深化中国—"丝绸之路经济带"50国高等教育合作，构建"丝绸之路经济带"高等教育共同体，聚力推进共建"一带一路"，需要中国和"丝绸之路经济带"沿线50国地方政府、教育领域和社会各界主动作为，积极行动，推动双边高等教育区域合作走深走实，开花结果。

1. 地方重点推进

地方政府要积极推行放管服改革，引入市场机制，减少和规范高等教育国际合作行政审批事项，并在中国与"丝绸之路经济带"国家周边几个重点口岸试点人才签证制度，逐步实现中国与"丝绸之路经济带"国家间教育签证便利化。以"一带一路"倡议实施为契机，充分利用西亚、中亚、东北亚与新疆、内蒙古、陕西、云南、广西、

贵州等沿边省区市的区位优势，与"丝绸之路经济带"国家地方政府建立"友好省州""姊妹城市"平台，通过出台双边跨国校际合作、招收外籍留学生、留学生奖学金、跨境教育培训等地方性政策法规，制定课程、学历学位、质量标准认证体系，建立终身学习资格框架，对"丝绸之路经济带"高等教育共同体建设的近期、中期和远期规划谋篇布局。积极探索跨国合作培养与跨境自然流动的人才合作交流动态机制，推进多边、双边合作办学。深入挖掘民族文化资源，办好中国—"丝绸之路经济带"国家学生"汉语桥"、中国—"丝绸之路经济带"国家文化论坛、中国—"丝绸之路经济带"国家文化节，合力构建中国—"丝绸之路经济带"国家文化产业合作区，以双边地方政府合作带动区域教育交流、民间文化往来，以区域文化教育交流推动中国—"丝绸之路经济带"国家区域经济一体化发展。

2. 学校有序运行

各级、各类高校要把深化与"丝绸之路经济带"国家高等教育合作列入学校战略发展规划、年度工作计划，主动对接"丝绸之路经济带"国家大学学分转化、学历学位互认工作运行体系，制定人才培养、项目合作、资源共享、人员流动等管理办法，建立学分收费、课程互选、图书共享等一系列规章制度，探索高等教育标准一体化。推进与"丝绸之路经济带"50个国家签订学历互认和学位互授协议全覆盖，推行"双联制""混合所有制"以及集团化办学人才培养模式，实施中国—"丝绸之路经济带"国家"留学中国计划"，推进中国—"丝绸之路经济带"国家"海外名师项目"和"学校特色项目"等各项工作。加强与"丝绸之路经济带"国家高校联合培养硕士、博士等高层次人才计划，提升来华留学质量。

3. 社会顺势而为

民众的广泛认同，是构建共同体的核心要件和最终标志。因此，要组织引导区域协调发展的智囊机构、行业协会、协调评估、仲裁检验机构，为中国—"丝绸之路经济带"国家高等教育合作提供相关法律支援、项目咨询、人员培训等服务。合理布局、重点培养社会非营利组织网络体系，鼓励中国高校利用亚洲太平洋国际教育协会、亚洲大学联盟、环太平洋大学联盟等组织深化与"丝绸之路经济带"国家高校的伙伴合作关系。通过购买服务、市场调配等方式，支持非政府间教育类国际组织往来，以民间力量着力增强构建"丝绸之路经济带"高等教育共同体思想认同、价值认同，达到民心相通，夯实民意根基。

（三）中介监测：强化质量认证，注重行动引领

深化中国与"丝绸之路经济带"50国的高等教育合作，构建"丝绸之路经济带"高等教育共同体，要积极鼓励社会多元参与评价管理，建立健全科学、规范的评价机制，注重价值引领，强化质量认证，推动其规范运行，公平发展。

1. 推行第三方教育评估

中国与"丝绸之路经济带"国家要协商建立一批高资质、高信誉度的国际第三方专业教育服务机构，负责双方合作质量效益监督认证工作。扩大行业协会、专业学会、基金会等各类社会组织参与双边高等教育区域合作评估。重视扩大科技、文化等部门和新闻媒体对高等教育评估的参与。强化评估监督，构建中国—"丝绸之路经济带"国家、中国与"丝绸之路经济带"各国、中国各省市区与"丝绸之路经济带"各国各级地方政府三级完整、相对独立的高等教育区域合作督导机构，完善评估反馈机制，强化质量监督认证。积极推动中国、"丝绸之路经济带"国家双边高校开展自我评估，高校要充分运用学校学术委员会等机构，重点监控资质认证、课程设置、证书颁发、经费管理等，全面保障教育质量，引导和支持学校完善各具特色的内部质量保障体系。

2. 建立资质认证标准

对接"丝绸之路经济带"国家大学网络质量保障行动计划，建立我国国家资格框架和学校资质认证制度，强化政府、社会、办学者的共同监管，对通过质量保障体系审核的学校，给予颁发全国统一认可的学历学位证书资格。将委托专业机构和社会组织开展独立、公正、专业的中国与"丝绸之路经济带"50国高等教育区域合作质量评估，纳入双方各级政府购买服务范畴，保证教育评估服务的质量和效益。建立独立的自评、专家组、外部评估的质量监督机制，从项目驱动转向标准驱动与项目驱动相结合，逐步走向以标准和标准提升推动共同体建构。

### 3. 规范引导评估行为

强化合作绩效管理，适时签订中国与"丝绸之路经济带"50国高等教育区域合作质量认证的相关政策文件，就其合作质量监督评估做出法律规定。加强行业组织调控，制定《中国—"丝绸之路经济带"国家高等教育区域合作社会组织评估管理办法》，建立健全双边高等教育社会评估机构和委托教育评估项目管理办法等行业性规章制度，鼓励成立高等教育评估的行业组织。健全信息公开制度，强化社会监督和舆论监督，努力提升构建"丝绸之路经济带"高等教育共同体高质量、规范化服务水平。

### 四 高等教育区域合作的行动逻辑框架

依据帕森斯"唯意志论行动理论"，行动者在一定的现实社会情景中，确立行动目标，制定并遵循行动规范，选择和应用相应手段，通过"努力"的能动作用，以实现行动目标。[①] 由此，构成了一个完整的社会行动概念框架。

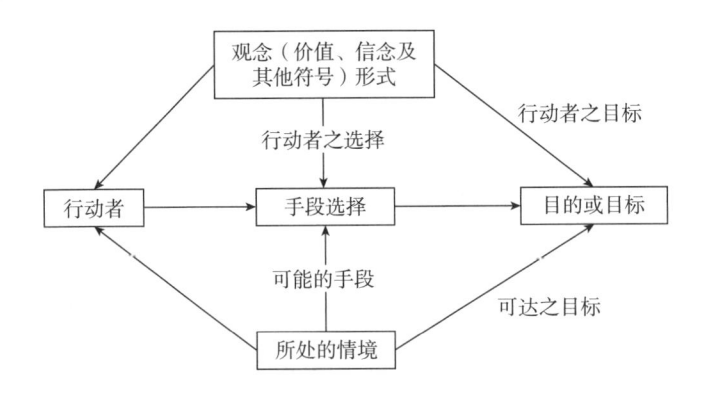

图 7-1 课题研究思路的路径解析

基于帕森斯社会行动理论的分析视角，深化"丝绸之路经济带"国家高等教育合作，构建"丝绸之路经济带"高等教育共同体，本书研究的行动逻辑框架如下：

---

① Parsnns T., *The Structure of Social Action*, New York: Free Press, 1968, p. 44.

(一) 明确本书研究的认识路径

本书研究顺应世界经济一体化、高等教育国际化发展潮流，对接"一带一路"倡议，推动建设人类命运共同体，推进区域高等教育交流合作，构建"丝绸之路经济带"高等教育共同体，为促进"丝绸之路经济带"沿线50国经济社会一体化发展提供人文支撑，选取帕森斯社会行动理论作为研究的分析视角，坚持辩证唯物主义反复性、无限性、上升性认识观，遵循"认识问题→分析问题→解决问题"的认识路线，从"丝绸之路经济带"沿线50国经济、政治、社会、文化、生态发展的实际行动情景出发，深入剖析"丝绸之路经济带"沿线50国高等教育区域合作行动条件、行动手段，准确把握高等教育区域合作面临的挑战，以此为基础，提出问题解决的行动方案。

(二) 确立本书研究的技术路线

本书研究以"丝绸之路经济带"沿线50国高等教育区域合作发展战略为研究对象，以深化"丝绸之路经济带"沿线国家高等教育合作，构建"丝绸之路经济带"高等教育共同体为行动目标引领，以区域一体化理论、非均衡发展理论、新经济增长理论等为指导，紧密结合党的十八届三中全会"推进'丝绸之路经济带''海上丝绸之路'建设，形成全方位开放新格局"①的精神，在帕森斯社会行动理论的分析框架内，从探析世界经济一体化、"丝绸之路经济带"建设国家倡议、国家主体功能区战略、高等教育国际化发展潮流等宏观背景入手，以实证分析为主要手段获取相关原始信息，利用国际比较借鉴国内外高等教育区域合作的经验，结合"丝绸之路经济带"国家高等教育区域合作发展实际，采用政策分析、案例探讨、定量研究的方法，探析"丝绸之路经济带"高等教育区域合作的组织架构、运行模式与发展战略。

1. 制定区域合作的行动目标

深化"丝绸之路经济带"50国高等教育合作，构建"丝绸之路

---

① 《中共中央关于全面深化改革若干重大问题的决定》（2013年11月12日中国共产党第十八届中央委员会第三次全体会议通过）。

经济带"高等教育共同体，首先要编制好"丝绸之路经济带"高等教育区域合作中长期规划，制定三个区域范围（第一步加强国内丝绸之路沿线各省区高等教育区域合作与发展；第二步开展中国和上海合作组织国家高等教育区域国际合作与发展，包括中国和中亚五国、俄罗斯的合作发展；第三步实行扩大丝绸之路高等教育区域国际合作与发展）高等教育区域合作"三步走"发展战略。以建立亚欧非认同价值理念为先导，以塑造21世纪世界公民为引领，以建设世界知识中心为目标，共同推动包容性发展，厚植中国与"丝绸之路经济带"国家战略合作伙伴关系的民意基础，进一步增强在共同构筑和谐世界方面的感召力、影响力和推动力。

其一，建立亚欧非认同价值理念。建立以文化认同价值观为核心的亚欧非认同价值理念，推进文化认同和身份认同，是深化"丝绸之路经济带"国家高等教育合作，构建"丝绸之路经济带"高等教育共同体的重要根基、根本保障。立足于"丝绸之路经济带"文化基础，通过更高层次、更高水平的高等教育区域合作，培育"丝绸之路经济带"身份认同、文化认同和价值认同意识，培育沿线国家公民对"丝绸之路经济带"的归属感，增强不同民族和文化的凝聚力，促进沿线国家在国际事务中的地位和影响力的提高，提升"丝绸之路经济带"国家高等教育整体的吸引力和竞争力，为共同打造人类命运共同体提供全新的人文支柱，厚植坚实文化土壤。

其二，确立战略互信伙伴关系。当前，面对外部诸多不确定性因素的消极影响，特别是美国、日本等国家的无端滋事和挑唆搅局，中国与"丝绸之路经济带"沿线国家如何相处，对双方来说都是新课题。中国与"丝绸之路经济带"沿线国家应坚持不冲突不对抗、相互尊重、合作共赢原则[①]，进一步就事关双方战略互信的重大问题沟通对表，继续加强全方位互利合作，积极推进人文交流，努力推动"丝绸之路经济带"高等教育共同体构建，为共同建设更加紧密的中国—"丝绸之路经济带"国家共同体提供人文新支柱。

---

① 王毅：《不冲突不对抗 相互尊重合作共赢》，《光明日报》2013年9月22日第8版。

其三，塑造21世纪世界公民。实现联合国《2030年可持续发展议程》所确定的各项目标，塑造21世纪世界数字公民、诚信公民、契约公民、包容公民、文化公民，需要中国与"丝绸之路经济带"国家相互合作，积极行动，努力应对行动内外情景变化。中国与"丝绸之路经济带"国家应立足教育的"全球共同利益"，积极调整国家相关法律政策，优化教育合作行动规范，拓宽受教育通道渠道，增强学习方式的灵活性、便捷性，满足中国与"丝绸之路经济带"50国甚至全球所有公民终身学习的需要，将终身教育向上延伸到高等教育各领域，贯穿每个公民人生发展的全过程。

其四，建设世界知识中心。世界知识中心，是以塑造21世纪公民为价值取向的世界知识教育共同体。建设世界知识中心，是推动落实联合国《2030年可持续发展议程》的新平台，是构建"丝绸之路经济带"高等教育共同体的终结目标，更是促进全球治理问题研究和交流的新事业。中国及"丝绸之路经济带"沿线50国政府应制定积极的应对政策，创立灵活多样的高等教育体系，加强各类型、多层次教育智库建设，注重对欧亚非高等教育改革发展问题的国别研究、热点难点研究和区域合作研究，为推进国际高等教育治理现代化，推动人类命运共同体建设，提供"丝绸之路经济带"国家方案、思路和模式。

2. 设计区域合作的行动框架

深化中国与"丝绸之路经济带"沿线50国高等教育区域合作，构建"丝绸之路经济带"高等教育共同体，必须签订区域合作政策文件，创立分层定期会议机制，强化效益质量监督评估，完善信息反馈沟通制度。增强区域合作行动的顶层设计，注重策略谋划，规范行动运作流程，推动共同体建设不断走向纵深。

具体而言，涵括健全区域合作的组织架构，涵括建立区域国家行政首长联席会议制度、政府秘书长协调制度，以及相关职能管理机构；签订区域合作政策制度，涵括弹性学习制度、多元化学位制度、干部交流挂职制度、科研成果合作推广制度、资源数据网上共享制度等；建立分层定期会议机制，创新创立区域合作与发展长效机制，涵括部门协调工作机制、产学研合作机制、多元筹资机制、风险投资机制和人才流动机制等；完善区域合作支持体系，涵括政府支持、技术支持、契约支持等；强化区域合作与绩效评估，注重质量监督认证，完善信息反馈沟通制度等。

3. 规划区域合作的行动内容

顺应高等教育国际化发展趋势，遵循共同体建设的基本原则，规划设计深化"丝绸之路经济带"沿线50国高等教育合作、构建"丝绸之路经济带"高等教育共同体的实施内容，为推动共同体构建指明行动方向。

构建学历学位资格框架，实施区域学分累积制度，推动跨校课程合作开发，推进跨境人员自由流动，建立质量评估保障体系，打造合作交流公共平台等。

## 第二节 高等教育区域合作的模式架构[①]

以塔尔科特·帕森斯社会行动理论、人类命运共同体理论、战略联盟理论为观照，坚持"政府推动、市场运作、高校主体、互利互惠、合作发展"原则，弘扬"和平合作、开放包容、互学互鉴、互利共赢"[②]的丝绸之路精神，构建"政府主导、科教支撑、多轮驱动"经济带高等教育区域合作模式，推进经济带高等教育区域合作行稳致远，落地生花。

### 一 政府主导

推进经济带高等教育区域合作，政府主导，就是要求"经济带沿线50国中央政府与地方政府联合组建经济带高等教育区域合作实施

---

[①] 李化树、何雨桑、叶冲：《论西部高等教育区域合作发展模式构建——基于"政府主导、科技支撑、多元驱动"的视角》，《西南交通大学学报》（社会科学版）2017年第4期。

[②] 推进"一带一路"建设工作领导小组办公室负责人：《和平合作 开放包容 互学互鉴 互利共赢——推进"一带一路"建设工作领导小组办公室负责人就"一带一路"建设有关问题》，《人民日报》2015年3月30日。

工作领导小组,加强组织领导,统筹经济带沿线50国高等教育合作相关事宜。合作50国国家各省(州)级教育、发展改革、财政、人力资源和社会保障部门要加强对高等教育区域合作的规划设计,完善区域合作相关政策法规、工作体制、运行机制"。① 充分发挥中央部委的综合协调作用,畅通沟通渠道,建立与"丝绸之路经济带"沿线各省(州)的定期协商机制,共同研究解决"丝绸之路经济带"高等教育发展战略规划、"丝绸之路经济带"教育现代化的工作机制和推进方式、"丝绸之路经济带"现代高等教育体系构建、"丝绸之路经济带"高等教育资源优化配置,推进"丝绸之路经济带"沿线高等教育科学发展。②

(一)体制"创新者"角色

作为经济带沿线50国中央政府,以及各级地方政府,要努力建立区域合作创新高等教育区域合作的体制与机制,"从建立区域合作体制、建设区域创新体系、创新服务体系完善、发挥中介组织第三方作用、推动国家大学科技园与高新区建设,到充分重视和发挥合作高校在促进合作创新知识生产、转移和创新人才培养、创新科技成果研发、转化与生产等方面的重要作用,为经济带高等教育区域合作提供强有力的体制机制支撑"。③

(二)利益"驱动者"角色

采取多种措施,完善区域合作相关政策制度的支持体系,为参与合作主体建立起利益补偿机制。完善区域合作投入调控政策、运作调控政策、产出调控政策和转化调控政策,推动"丝绸之路经济带"沿线国家高校积极参与合作。国家及地方政府必须保证合作的科学技术经费和研究与开发的投入,创造合作发展有效有序运行的机制,"合理配置区域内的高等教育资源,促使其围绕特定的目标组织高效运

---

① 李化树、何雨桑、叶冲:《论西部高等教育区域合作发展模式构建——基于"政府主导、科技支撑、多元驱动"的视角》,《西南交通大学学报》(社会科学版)2017年第4期。
② 张继龙:《区域高等教育合作:美国的经验与启示》,《江苏高教》2014年第6期。
③ 李化树、何雨桑、叶冲:《论西部高等教育区域合作发展模式构建——基于"政府主导、科技支撑、多元驱动"的视角》,《西南交通大学学报》(社会科学版)2017年第4期。

作。对合作成果进行科学评价,对合作实践进行实时调控"。① 同时,对经济带沿线50国高等教育合作成果转化进行引导、规范、调节,以确保其有效地促进西部经济增长和社会发展。加强法律保障,形成区域合作发展的长效机制。

(三)组织"调控者"角色

推进"丝绸之路经济带"国家高等教育区域合作,中央政府、省区地方政府等各级组织,协商一致,协同发展,谋求共同合作利益。政府作为经济带高等教育区域合作的公共管理部门,承担区域统筹职能,制定合作协议,建立合作制度,完善合作机制,优化各合作主体资源配置,强化合作绩效评估监督,推动区域合作有序有效运行,为经济带高等教育区域合作提供组织保障。

## 二 科教支撑

科教创新,科技研发,成果转化,是推动"丝绸之路经济带"高等教育区域合作的重要引擎和根本动力,唯有科技和大学集群的科学构建及有效运行,才能为"丝绸之路经济带"高等教育区域合作提供持续科技支撑、智力支持。科教支撑,就是推进经济带50国校、科、园深度结合,对接"一带一路"倡议、欧盟容克欧元战略投资计划、俄罗斯欧亚经济联盟战略、哈萨克斯坦"光明之路"新经济战略、"非洲发展新伙伴计划","构建经济带区域科技创新体系,发挥高等教育动力站功能作用,驱动经济带经济社会的协调可持续发展。为此,要从体制、机制、平台和评价监督等多方位,立体构建经济带高等教育合作的科教支撑体系,促进经济带国家高等教育的高效运行与良性循环"。②

(一)打造高校科技创新引擎

推进经济带国家高等教育区域合作,必须依靠一流的科技成果及技术人才做支撑。高校正是从事科技创新的专门机构,是高新技术产

---

① 李化树、何雨桑、叶冲:《论西部高等教育区域合作发展模式构建——基于"政府主导、科技支撑、多元驱动"的视角》,《西南交通大学学报》(社会科学版)2017年第4期。
② 同上。

业聚集区。推进经济带原始创新、集成创新以及引进吸收再创新，必须充分调动"丝绸之路经济带"国家高校人力资源、设施设备、图书资料等资源优势，制定对接经济一体化、教育集群化发展的科技创新发展战略。"推进高校合作申报国家重大科研项目，开展联合项目攻关，努力提升科技成果转化率，实现合作各方利益共享，为促进经济带高等教育深度高效合作提供强力科技支撑"。[1]

(二) 推进产学研用集成创新

集成创新，就是将诸多创新要素重新进行组合、匹配、耦合，使其产生独特的创新能力，促进创新系统的整体功能质的变化，提升整体竞争优势。在经济带高等教育区域合作进程中，实现集成创新，就是要发挥高等教育中介作用，促进产学研用深度融合。

（1）建立政、产、学、研一体化的科研体系。"丝绸之路经济带"国家要充分依托已有的科研机构、高等院校和高新企业，组建一批国省重点科研机构，建立健全以高等院校和行业企业科研机构为主体的科研体系，为经济带经济社会发展提供科技支撑。

（2）完善校企科研机构互动的技术开发体系。"丝绸之路经济带"沿线省（州）必须结合国家经济转型、产业结构优化升级的实际，以沿线区域国家大学科技园、创业园和国家高新技术产业开发区为重点，推进校科合作、校企合作，建立技术开发体系。改革创新校企科研机构互动的管理体制和运行机制。

（3）构建以中介组织为主的科技创新服务体系。"丝绸之路经济带"国家要积极鼓励、引导和扶持各类科技中介机构，重新组织中介科技服务体系。不断完善中介服务政策制度，积极创新管理体制，努力提升服务水平。

（4）健全校企互动的人力资源开发体系。"丝绸之路经济带"国家的创新发展离不开各级各类创新型、复合型高素质人才。因此，要深入推进新时代西部大开发战略、"一带一路"倡议、长江经济带战

---

[1] 郭广生、肖念、金保华、高阿娜：《"校地联盟"：地方高水平大学与区域科技合作新机制》，《中国高校科技》2015年第8期。

略、粤港澳大湾区战略实施，及其与欧盟容克欧元战略投资计划、俄罗斯欧亚经济联盟战略、哈萨克斯坦"光明之路"新经济战略、"非洲发展新伙伴计划"的对接，必须创新人力资源观念，构建参与国际竞争、符合国际标准的制度环境，完善相关人才发现、培养、使用和考核政策，努力打造一支强大的高素质人才队伍。

（三）建设技术产权交易市场

"丝绸之路经济带"沿线各省（州）应通过政府引导、企业拉动、交易机构主动参与建设一个给功能套、运行有效的技术交易市场，为经济带50国高等教育区域合作搭建交易平台。同时，"要积极打造产权交易市场，促进经济带资源的合理流动。要加强产权运行的制度建设，积极建立一个统一、开放、有序的经济带产权交易市场"。①

（四）搭建信息咨询服务中心

进入新时代，面对"互联网＋信息技术"、人工智能等的冲击，社会各领域对信息服务质量要求越来越高，其需求也由潜在的需求迅速向现实的需求转化。"丝绸之路经济带"沿线50国要充分利用互联网、大数据、云计算等新技术，建立区域政府宏观决策调控的信息中心，建设服务经济带经济社会发展、教育合作交流各种大型数据库，强化高等教育区域合作的信息收集、传递、分析和处理，推动数据资源共享，为"丝绸之路经济带"国家高等教育区域合作提供咨询服务。

### 三 多轮驱动

所谓"多轮驱动"，是指中国和"丝绸之路经济带"沿线50国，因地制宜，按照根据经济带发展定位、环境条件，实施差异化发展战略，灵活采用政府主导，经济、科教、文化、生态驱动模式，使其高等教育更好地适应和满足"丝绸之路经济带"经济社会发展需求，推动"丝绸之路经济带"经济社会科学发展、持续发展。由于经济带50国发展动力、历史传统、发展定位等不尽相同，高等教育发展历

---

① 李化树、何雨桑、叶冲：《论西部高等教育区域合作发展模式构建——基于"政府主导、科技支撑、多元驱动"的视角》，《西南交通大学学报》（社会科学版）2017年第4期。

史、模式、路径相差各异,其发展的动力也是多种因素综合作用的结果,"需要综合协调发展和培育各种发展要素,共同推进经济带高等教育创新发展,所以经济带国家高等教育区域合作,必须走政府主导,科教支撑,多轮驱动之路"。①

(一)突出政府主导作用

政府主导作用,就是发挥政府在引导作用、牵引作用和扶持作用。整体而言,目前,"经济带经济社会发展水平低,自然环境条件恶劣,科技创新能力低,基础设施落后,与东部、中部相比差距较大"。② 与此同时,经济带内部也还存在发展的不平衡性和差异性,经济带中线区域较之北线区域,科技实力雄厚,基础设施完备,自然条件优越,是"丝绸之路经济带"区域发展的引领者和发动机。2016年,中线的西亚人均 GDP 达到 17628.35 美元,中东欧地区人均 GDP 为 10117.9 美元。为此,在"丝绸之路经济带"高等教育合作行动中,必须正确处理好合作主体之间的协调关系,充分发挥"丝绸之路经济带"沿线国家中央及地方政府、教育行政部门、高等学校、科研院所、行业企业等各类合作主体的作用,努力产生整体效益。其中,必须正确处理政府和其他合作主体的关系,充分发挥政府在资源配置中的独特主导作用。政府要积极通过顶层设计、规划谋划、信息服务、督查评估等引领经济带区域高等教育的合作。由"丝绸之路经济带"沿线国家政府主导的经济带高等教育区域合作,它的最大优势就是发挥中央集权作用,把高等教育科学发展规划落地落实,增强高等教育与经济、行业、企业的联系,确保区域高等教育投入、规划和评估三个优先,推动以中央政府管理为主、中央和地方相结合的高等教育宏观管理体制的高效运行,推进落后地区高等教育的快速发展。坚持按照国家方针政策制度办事,以项目经费、绩效评估投入为驱动力的政府主导模式的运行机制,实现区域性、长期性、要素性协调统

---

① 吴岩、刘永武、李政:《建构中国高等教育区域发展新理论》,《中国高教研究》2010年第2期。

② 李化树、何雨桑、叶冲:《论西部高等教育区域合作发展模式构建——基于"政府主导、科技支撑、多元驱动"的视角》,《西南交通大学学报》(社会科学版)2017年第4期。

一。"经济带的自然环境、人文环境和政策环境，决定了政府始终是经济带高等教育区域合作发展模式科学建构及有效运行的主导者、引领者"。① 除此以外的合作主体，唯有和政府协调配合，才能有效发挥主体作用。

（二）推进多轮驱动发展

在遵循"丝绸之路经济带"国家高等教育与区域经济社会协调发展基本关系规律的基础上，"丝绸之路经济带"区域经济社会发展存在极大的不平衡性和差异性，其高等教育区域合作应该因地制宜，灵活采用科教、文化、经济、生态多元驱动模式，合力施策，融合发展。

（1）科教驱动模式。实施该模式，即是以中国与"丝绸之路经济带"沿线国家中央与地方各级政府为主导，以规划、财政、税收、交通、人事、环境、卫生、教育、文化等宏观政策调控为主要手段，"发挥中国与经济带沿线国家中央与地方两级政府引导作用，进一步明确政府权力边界，制定政府权力清单，整合科教文化资源，确立区域高等教育合作的战略目标，发挥科技创新的后发优势，打造新的经济增长极、增长带，辐射带动经济带经济社会的整体发展"。② 从当前经济带50国情况看，中国成都、重庆、贵阳、西安、兰州，俄罗斯莫斯科、圣彼得堡，乌克兰的基辅，沙特阿拉伯的利雅得，印度的孟买，是"丝绸之路经济带"特大型中心城市，基础设施条件好，科技创新能力强，高等教育发达，是"丝绸之路经济带"商贸、金融、科技、教育、文化、旅游中心，交通便利、信息发达、基础雄厚、科技实力凸显，区域高等教育的集聚效应凸显，具备了科教驱动模式的要素条件。为此，这些特大型中心城市要集聚区域内高等院校、科研机构、行业企业、科教创新创业园，围绕"丝绸之路经济带"建设，通过优先发展区域高等教育，集聚推动"双一流"建设，发展一批高水

---

① 李化树、何雨桑、叶冲：《论西部高等教育区域合作发展模式构建——基于"政府主导、科技支撑、多元驱动"的视角》，《西南交通大学学报》（社会科学版）2017年第4期。

② 同上。

平大学和重点优势学科，构建一批现代大学科技园和大学生创业园区，强力支撑所在国家高新区建设发展。"全力打造四川大学、电子科技大学、西南交通大学、重庆大学、西安交通大学、西北工业大学、西安电子科技大学、西北农林科技大学、兰州大学、兰州交通大学、新疆大学、青海大学国家大学科技园，以及莫斯科大学、圣彼得堡大学、基辅大学、利雅得大学、孟买大学等国家大学科技园区"。① 发挥区域高等教育在推进知识传承创新、专业人才培养、科技研发创造、文化传承创新、对外合作开放中的功能，打造"丝绸之路经济带"高等教育发展增长极，辐射、带动"丝绸之路经济带"沿线国家高等教育的发展，服务"一带一路"倡议与欧盟容克欧元战略投资计划、俄罗斯欧亚经济联盟战略、哈萨克斯坦"光明之路"新经济战略对接需求，将目前活跃的东盟经济圈，发达的欧洲经济圈，以及二者之间发展潜力巨大的广大腹地国家连成一片，形成网络，打造经济合作大走廊、大通道，促进沿线国家、地区经济合作发展，为"丝绸之路经济带"国家经济一体化、整体化做出应有贡献。②

（2）文化驱动模式。该发展模式，就是中国与"丝绸之路经济带"沿线国家中央与地方政府要传承与挖掘丝绸之路历史的丰厚积淀，从推进国家现代化的战略高度，"把区域文化建设作为区域创新发展的重要战略支撑，强化区域文化发展顶层设计、谋篇布局，推进区域文化事业繁荣、文化创意产业发展，以文化为统领，助推区域高等教育交流合作、共利共赢"。③ 就目前情况看，由于多种原因，"丝绸之路经济带"北线、中线与南线地区相比，北线和南线区域国家的文化还较为落后，难以形成区域合作发展的人文环境支撑，一定程度上给区域创新能力和创新水平提高造成负面影响。当前，全球性问题牵动各方，地缘战略竞争激烈，中东局势再度恶化，世界加速进入经

---

① 张铭钟：《西北五省（区）高等教育与区域经济互动模式构建》，中国矿业大学出版社 2011 年版，第 116—139 页。

② 李化树、叶冲：《我国高等教育区域合作与发展的基本框架——欧洲高等教育区建设的启示》，《教育发展研究》2015 年第 21 期。

③ 同上。

济动荡、格局调整、体系变革的新阶段。要解决"丝绸之路经济带"特别是中亚、西亚地区的政治稳定、边疆安全、经济社会发展问题,就必须形成合作价值认同、身份认同、文化认同的人文环境。"大力发展经济带和谐文化,以增进共识、统一思想、化解矛盾、凝聚力量,高度重视营造良好的经济带创新文化环境"。① 经济带地理环境相似,民族属性相同,可以构建具有一定共性的文化圈层,塑造内涵丰富、特色鲜明的区域文化模式。中国和"丝绸之路经济带"沿线国家要着力经济带文化的大繁荣、大发展,重视区域文化事业发展、文化产业开发的战略规划,创造与培育新型文化,继承与发扬优秀的传统文化,学习与传播先进的外来文化,为经济带实现协调发展、科学发展提供动力源,创造更为宽广的精神空间。努力打造成都、重庆、西安、兰州、乌鲁木齐、莫斯科、圣彼得堡、基辅、利雅得、孟买区域文化中心,以区域文化辐射力提升经济带50国可持续发展能力和水平。注重文化人才培育,强化文化传承创新,"着力集聚经济带沿线50国各族群的语言、文学、历史、宗教、伦理、道德、艺术、哲学、经济、社会、政治、科学、技术等文化资源,通过翻译、诠释、交流、沟通、融合,批判地继承与创造地转化,扬弃与发展,发展少数民族特色文化,产生区域新文化"。② 大力开发经济带艺术文化、媒体文化、游乐文化等地域文化资源,例如来自印度佛教文化系统的宗教戏剧《舍利弗传》《弥勒会见记》《释迦因缘戏剧》等,也有西域文化系列的歌舞戏《钵头》《兰陵王》《苏幕遮》《合生》《上云乐》《柘枝》《丝路花雨》《大梦敦煌》《霓裳羽衣舞》《乐舞飞天》等,青海的"花儿"、新疆的《福乐智慧》、维吾尔族《木卡姆》、柯尔克孜族史诗《玛纳斯》、蒙古族史诗《江格尔》等优秀的西域文化产业资源,要将其区域文化资源优势转化为经济带经济优势,优化改造经济带文化生态,提升经济带文化软实力,增强经济带可持续发展能力。

---

① 李化树、叶冲:《我国高等教育区域合作与发展的基本框架——欧洲高等教育区建设的启示》,《教育发展研究》2015年第21期。

② 同上。

(3) 经济驱动模式。该发展模式,就是中国与"丝绸之路经济带"沿线国家要将"一带一路"倡议与欧盟容克欧元战略投资计划、俄罗斯欧亚经济联盟战略、哈萨克斯坦"光明之路"新经济战略有效对接,按照各国基金带、经济区、经济圈、基金走廊发展的总体布局规划,"遵循市场经济发展规律,引入市场机制,以市场为导向,培育各类市场,推进经济带技术创新,为合作各方经济实现科学发展提供持久动力,以经济带经济一体化带动其高等教育区域合作发展"。[1]

经济驱动模式,主要适用于经济发展环境优越、经济发展活力四射、经济发展水平需求强烈的地区,而且它要以市场经济体系完善、市场机制成熟和区域间能实现经济互利合作为其基本条件,通过市场调剂引领,支撑经济活动空间向经济区、都市圈、城市群集聚,进而推进经济带高等教育的合作。该模式要求立足"丝绸之路经济带"经济发展实际,不断扩大高等教育办学规模,优化学科专业结构,积极培养适应经济发展的应用型、技术技能型、创新创业型人才,努力提高劳动者受教育水平和科技创新能力,服务区域经济建设发展。就"丝绸之路经济带"自身而言,其中线区域的西亚,横亘伊朗高原、阿拉伯半岛、美索不达米亚平原、小亚细亚半岛,土壤肥沃,资源丰厚,是目前世界上石油存储量最大和出口最多的地区,有"世界石油宝库"的称号,区域经济发达,人均国民生产总值居世界前列。2016年,"丝绸之路经济带"沿线50个国家人均GDP平均值为10527.17美元,其中西亚的人均GDP最高,为17628.35美元。西亚地区高等教育生均财政支出占人均GDP最高的阿曼,为42.8%。就中国西部区域而言,"川渝经济区、广西北部湾经济区、关中—天水经济区,经过多年的发展,已经形成了经济较为发达、市场机制较为成熟、区域间经济合作较为融洽的命运共同体,适用于经济驱动型高等教育合作发展模式"。[2] 其中,川渝经济区涵括了渝东南、渝东北、川东北、

---

[1] 李化树、叶冲:《我国高等教育区域合作与发展的基本框架——欧洲高等教育区建设的启示》,《教育发展研究》2015年第21期。

[2] 张铭钟:《西北五省(区)高等教育与区域经济互动模式构建》,中国矿业大学出版社2011年版,第116—139页。

川东南的主要区县。广西北部湾经济区涵盖了南宁、北海、钦州、防城港4个市。关天经济区涵盖了关中平原地区及甘肃省天水地区,共六市一区。以大西安(含咸阳)为中心城市,宝鸡为副中心城市,天水、铜川、渭南、商洛、杨凌、庆阳、平凉、陇南等为次核心城市的中国西部发达的城市群和产业集聚带。川渝经济区、关中—天水经济区,目前是整个西部区域产业基础最好、经济实力最强、发展潜力最大、发展前景看好的区域。西亚区域、中国川渝经济区和关中—天水经济区,要进一步明确"坚持以市场为主导、实施经济驱动"的原则,充分发挥市场在资源配置中的决定性作用,通过市场作用,引导高等教育区域布局结构调整,强化人才结构与市场需求结构的有效对接,努力发挥区域高等教育在知识传播、人才培养、科技创新、服务社会、文化传承、对外合作开放等方面的综合作用。

(4)生态驱动模式。生态驱动模式,就是中国与"丝绸之路经济带"沿线国家政府从区域环境保护和生态发展的战略高度出发,科学规划,整体把握"丝绸之路经济带"经济社会发展,推动经济带高等教育区域合作。"生态驱动模式,以区域内自然环境保护为前提,通过强化政府的扶持和合作,特别是各级政府间的财政转移支付、生态补偿,推进区域生态发展,促进区域社会经济可持续发展"[①]。从目前"丝绸之路经济带"发展条件看,丝绸之路北线和南线的中亚、南亚区域国家,整体地理环境恶劣,经济社会发展水平差,基本建设较为薄弱,区域发展差距明显,主要面临生态保护的艰巨任务。2016年,中亚地区人均GDP为3114.72美元,南亚地区人均GDP仅为1604.24美元。南亚15—24岁青年劳动参与率为43.56%,中亚为40.75%。因此,从总体上谋划,"丝绸之路经济带"高等教育区域合作,宜以政府扶持、生态驱动作为其基本模式。"丝绸之路经济带"沿线国家俄罗斯远东地区、中国—中亚经济走廊、中巴经济走廊等区域,自然条件恶劣,土地沙化严重,生态环境保护任务艰巨。生态驱动,要求

---

① 吴岩、刘永武、李政:《建构中国高等教育区域发展新理论》,《中国高教研究》2010年第2期。

"丝绸之路经济带"要确立经济发展的新视角、高等教育发展的新思维、区域社会发展的新模式，以生态发展新理念为统领，以市场这只无形的手为调剂，正确处理区域眼前与长远、局部与整体、愿景与现状之间的关系，做好经济带空间规划设计，统筹兼顾，分类指导，推动"丝绸之路经济带"高等教育与经济带环保、人口、经济、教育、科技、卫生、文化等良性运行，以工促农，以城带乡，力争在生态工业、生态旅游、生态文化、生态农业等方面得到突破发展。"丝绸之路经济带"沿线国家中央政府要积极引导区域各级地方政府，以经济带生态保护、生态环境建设、生态科技研发、生态文化创新为目标，谋划经济带高等教育科学发展协调发展战略，编制"丝绸之路经济带"高等教育发展中长期规划，加大对"丝绸之路经济带"高等教育发展财政转移支付力度，不断完善服务性、应用性"丝绸之路经济带"高等教育体系，促进经济带高等教育结构、人才结构与经济带生态结构、产业结构、文化结构相耦合，推进"丝绸之路经济带"产学研用一体化发展，努力为经济带国家经济社会发展提供人才、知识和智力支持。

（三）协调处理合作关系

建立"四轮驱动"的经济带50国高等教育合作发展模式，需要经济带沿线50国中央政府简政放权，权力下放，努力发挥中介机构作用，妥善处理政府主导与高校自主、地方政府主体与中介机构参与、中央政府与省（州）级政府协同、省（州）域与区域配合、集聚发展与整体提升等区域高等教育合作若干重大关系问题。

推进"丝绸之路经济带"高等教育区域合作，"必须科学确立区域合作的重点、难点、热点和关键点，协调处理好主要与次要矛盾的关系，妥善协调各种模式，形成行动合力，以实现合作共赢、互利发展"[①]。处理好当前与长远利益的关系。"丝绸之路经济带"高等教育合作的地域不同，合作模式的主导驱动力则不同，无论采用科教驱动

---

[①] 吴岩等：《高等教育强国梦——中国高等教育区域发展新论》，高等教育出版社2013年版，第174—180页。

模式，还是文化驱动模式、经济驱动模式、生态驱动模式，都要谋求核心利益，正确处理长期、短期利益问题，处理好政府主导与高校自主的关系。"政府通过政策、法规、制度制定，引导高等院校科学发展、协调发展；高校主体作用的发挥需要在政府政策引导、宏观指导、信息服务、督查评估下运行"①。"随着市场在资源配置中决定性作用日益凸显，政府职能随之发生转变，相应的高校的主体地位也得到提升，最终促使经济带国家高等教育区域合作由行政主导向多元治理转变，形成政府、高校、市场和社会共同主导区域高等教育发展的权力利益博弈机制"。②

## 第三节  高等教育区域合作的战略设计

以塔尔科特·帕森斯社会行动理论、人类命运共同体理论和战略联盟理论为观照，分析"丝绸之路经济带"高等教育区域合作行动过程的各要素，一方面，确立经济带高等教育区域合作目标，制定高等教育区域合作规划，优化区域合作要素集聚，完善经济带高等教育区域合作行动条件；另一方面，调整经济带高等教育区域合作行动条件，破除阻碍区域合作的体制机制性障碍，转化区域合作的行动手段，引导区域合作外在的行为规范取向回归科学理性，是深化"丝绸之路经济带"50国高等教育区域合作、构建"丝绸之路经济带"高等教育共同体的战略选择。

### 一  编制区域合作发展战略规划

确立"丝绸之路经济带"国家高等教育区域合作战略目标，强化"丝绸之路经济带"国家高等教育区域合作行动目标的规划设计、谋篇布局，是深化中国—"丝绸之路经济带"国家战略合作伙伴关系，

---

① 刘剑虹、熊和平：《区域经济结构与区域高等教育的多元发展》，《教育研究》2013年第4期。
② 丁晓昌：《长三角高等教育联动发展的实践与思考》，《中国高教研究》2010年第8期。

推动"丝绸之路经济带"高等教育共同体建设的首要任务。

（1）编制区域合作发展中长期规划

高等教育区域合作战略规划，是对中国与"丝绸之路经济带"沿线国家实施高等教育区域合作的谋划、安排、部署或展望，是对双方深化合作、互利共赢的顶层设计和行动纲领。中国与"丝绸之路经济带"沿线国家要高度重视区域合作的战略规划设计，切实做好区域合作发展中长期规划。

"丝绸之路经济带"建设，远景目标是构建区域合作新模式，与沿线国家形成"利益共同体"和"命运共同体"，为推进沿线国家、地区务实合作，互利共赢，深化与亚欧非各国乃至全世界高校的交流合作注入新动力。

深化中国与"丝绸之路经济带"国家高等教育区域合作，构建"丝绸之路经济带"高等教育共同体，涵括包容开放、守望相助的精神共同体、区域交流合作的利益共同体和上升到国家利益层面的命运共同体。所以，从国家战略层面应确立以下共同目标：推动"一带一路"倡议与亚欧非发展规划对接，建设世界知识中心；弘扬丝绸之路精神，着力打造中国—"丝绸之路经济带"国家利益共同体；落实全球治理新理念，共商共建中国—"丝绸之路经济带"国家命运共同体。

基于上述区域合作发展目标，在中国—中亚五国、中国—阿拉伯联盟、中国—欧盟、中国—中东欧"16＋1"合作框架下，中国与"丝绸之路经济带"沿线国家要着手编制《"丝绸之路经济带"国家高等教育区域合作规划纲要（2020—2030年）》，签署双边、多边和次区域合作的《中国—"丝绸之路经济带"国家高等教育合作框架协议》。从区域合作行动上，建立中国—"丝绸之路经济带"国家行政首长联席会议、区域合作秘书处和后续工作组、区域专项部门协调组和综合监督与保障机构，设立由国家相关部委和"丝绸之路经济带"国家经济、教育、文化、科技等部门领导、专家组成的中国—"丝绸之路经济带"国家高等教育合作协调管理委员会。从思想意识形态领域，践行文化血脉相亲，推进习俗文化交融，注重共同体意识培育，强化身份认同，增强法治意识，系统梳理中国、"丝绸之路经济带"国家已出台的教育合作协议、协定、联合声明、备忘录等政策法规，研究制定高等教育区域合作行动规则，推动双边高等教育合作交流规范化运行。

中国和"丝绸之路经济带"国家要精心谋划高等教育在经济带建设中的战略布局和行动策略，对区域高等教育合作组织、合作领域、合作机制、实施阶段、行动路径等做出规划设计，开展全方位、宽领域、多形式的高等教育区域合作，推动经济带沿线国家高等教育一体化发展，推进跨文化、文明、信仰的广泛交流传播，更好地服务经济带沿线国家、地区经济社会的可持续发展。

（2）制定区域合作"三步走"战略

中国与"丝绸之路经济带"国家地域相邻，历史交往源远流长，为深化双方高等教育区域合作奠定了坚实物质基础。同时，中国与"丝绸之路经济带"国家拥有不同的国情、历史和文化，双方又存在文化性格、民族特性、宗教信仰差异。由此，在尊重各国自主自愿的基础上，贯彻平等、自由、合作、开放的精神，确立合作交流的基本原则，满足各自的利益诉求，切实增强地缘政治关系的沟通协调，增信释疑，消除误解误判，才能不断地深化中国与"丝绸之路经济带"沿线国家高等教育合作，以此为契机推动双边高等教育快速健康发展。

遵循高等教育内外发展的基本规律，顺应高等教育国际化、大众化、信息化改革潮流，深化中国与"丝绸之路经济带"沿线国家高等教育区域合作，应贯彻尊重差异、合作共赢、协商一致、优势互补和非歧视性五项基本原则，坚持问题导向、目标导向和发展导向，制定区域合作行动时间表、路线图，有步骤、分阶段推进区域合作行稳致远，落地落实。

第一步，推进国内丝绸之路沿线各省（州）高等教育区域合作。对接"一带一路"倡议、全国主体功能区规划、西部大开发战略，顺应高等教育国际化发展潮流，推进各省（州）高等教育区域合作。一是区域内高等院校合作。建立区域高等教育共同体，构建区域高校战略联盟,强化同质、同类高等院校之间的联合,推进教育资源共享,提升区域内高等院校内生动力、核心竞争力。二是跨区域高等院校合作。教育行政部门要发挥区域合作关系协调、信息畅通、政策引导者的角色作用,而跨区域合作高校则要承担相关合作协议制定、合作方案设计、合作项目选择、合作措施落实的责任。三是高等院校与非高等教育机构(政府、科研院所、行业、企业)合作。旨在深化产学研合作,强化产教融合,落实行业企业办学主体责任,推进合作高等院校科技转化,提升服务区域经济社会发展的能力水平。

第二步,推进上海合作组织国家高等教育区域合作。贯彻落实2008年《上海合作组织教育部长宣言》,完善《上海合作组织成员国政府间教育合作协定》,办好上海合作组织大学,继续开展好上海合作组织成员国"教育无国界"教育周。在"一带一路"倡议实施的宏观背景下,优化和完善上海合作组织成员国之间的多层面协商对话机制,推动实施成员国高校之间人员流动、学分学位互认、终身学习资格框架制定,携手促进上海合作组织成员国优质高等教育资源共享,构建上海合作组织国家高等教育共同体,夯实上海合作组织国家高等教育区域合作民意基础,为推动中国与中亚国家经济一体化发展提供人文支撑,夯实民意基础。

第三步,推进中国—"丝绸之路经济带"国家高等教育区域合作。以丝绸之路沿线各省(州)高等教育区域合作、上海合作组织国家高等教育区域合作为基础,全面推进中国—"丝绸之路经济带"国家高等教育区域合作。确立中国—"丝绸之路经济带"国家高等教育区域合作目标,编制中国—"丝绸之路经济带"国家高等教育区域合作规划,完善中国—"丝绸之路经济带"国家高等教育区域合作政策,健全上海合作组织成员国元首理事会会议、政府首脑理事会会议、中国—欧盟领导人年度会晤、中国—海湾合作委员会(海合会)成员国战略对话、上海合作组织教育部长会议、"G8+6"教育部长会议、中国—阿拉伯国家部长会议、中国—欧盟国家教育部长会议、中国—欧盟高等教育论坛、"一带一路"高校联盟主题论坛、中欧教育政策智库论坛、中国—阿拉伯国家大学校长论坛、中国—中亚国家大学校长论坛、上海合作组织成员国"教育无国界"教育周等中国—"丝绸之路经济带"国家高等教育区域合作对话合作工作机制，优化丝绸之路大学联盟、上海合作组织大学等中国—"丝绸之路经济带"国家高等教育区域合作组织机构，创新丝绸之路教育合作交流会、中国—"丝绸之路经济带"研究中心、"一带一路"国际化人力资源联盟和"丝路国际学院"等中国—"丝绸之路经济带"国家高等教育区域合作平台，强化中国—"丝绸之路经济带"国家高等教育区域合作绩效评估，努力构建"丝绸之路经济带"高等教育共同体，为推进全球治理现代化，建设人类命运共同体，共创人类社会的美好未来做出新贡献。

## 二 建立区域合作发展组织机构

建立区域合作发展组织机构，创新区域合作协调机制，构建经济带的全球治理、区域治理新秩序，对经济带高校合作组织进行统一规划和管理，引导协调"丝绸之路经济带"高等教育合作发展，努力提升务实合作水平，为经济带建设提供智力支撑、人才支持。

（一）经济带行政首长联席会议制度

利用 APEC 峰会、G20 峰会、金砖国家峰会、亚信会议、上合组织峰会和博鳌论坛等平台，主持和召开专项会议，就"丝绸之路经济带"高等教育区域合作问题进行磋商和沟通。以 2001 年 6 月成立的欧亚经济论坛为基础，拓展、提升中国—欧盟高等教育论坛、"一带一路"高校联盟主题论坛、中欧教育政策智库论坛、中国—阿拉伯国家大学校长论坛、中国—中亚国家大学校长论坛层次和水平，建立"丝绸之路经济带"国家行政首长联席会议、教育部长会议、教育论坛机制，建构经济带国家高等教育多层次、多边磋商联络形式及合作平台，创新教育合作的机制、模式。定期召开经济带国家行政首长联席会议，决定高等教育合作重大事项。联席会议的主要职责是制定联合办学章程，协商签订《"丝绸之路经济带"高校合作框架协议》，研究经济带高校合作规划制定，审议、决定经济带高校合作的指导性文件，督察评估合作计划的实施效益，协调解决合作中的各种矛盾纠纷。

## （二）区域合作秘书处和后续工作组

推进"丝绸之路经济带"高等教育区域合作，应该有专门的组织机构，承担具体落实工作。为此，要成立由"丝绸之路经济带"沿线 50 国高等院校、相关科研院所、行业企业、中介组织共同组成的高等教育区域合作的专门机构——秘书处，负责区域合作日常事务管理，落实联席会议决定决议，宣传推广合作成果。后续工作组要配合秘书处，负责根据下次联席会议的安排，完成会议各项议程准备工作，并负责两次联席会议召开期间推进"丝绸之路经济带"沿线 50 国高等教育区域合作的具体事务工作。后续工作组的负责人，由中国方面担任。

## （三）区域专项部门协调组

推进"丝绸之路经济带"沿线 50 国高等教育区域合作，实施项目合作研发、人才合作培养、资源合作开发，需要根据合作项目内容，设立相关专项组织机构，负责协调各个具体工作组的行动，细化落实联席会议制定的各项计划，做出的各种决议决定。为确保工作组工作的正常运行，专项部门协调机构还要承担筹集合作经费的任务，负责制定联合体的实施细则，协调解决合作过程中的各种问题，加强对各类合作项目实施的管理。

## （四）综合监督和保障机构

设立"丝绸之路经济带"沿线高等教育区域合作综合监督和保障机构，主要职责是督察各协作组工作落实情况，为各类合作项目的顺利推进提供后勤保障。综合监督和保障机构主要是发挥评估监督职能，协调各种人力资源、物力资源以及财力资源的合理配置，确保"丝绸之路经济带"沿线高等教育区域合作项目落地落实，区域合作顺利推进。

### 三 健全区域合作发展政策制度

在正确处理主权让渡与不干涉内政原则、缺乏主导国与推进制度建设两个平衡关系的基础上，着力加强制度建设，推进机制创新，努力提升"丝绸之路经济带"高等教育区域合作发展成效，最大限度地强化合作激励的有效性。

(一)政策法规保障制度

"丝绸之路经济带"高等教育区域合作发展,要以构建"丝绸之路经济带"高等教育共同体,增强经济带50国高等教育内生动力、核心竞争力,推动区域经济一体化发展为目标,协商签订《"丝绸之路经济带"50国高等学校合作框架协议》,打破行政区划和市场分割,将经济带高等教育作为统一整体进行顶层设计和谋篇布局,以深化区域经济合作为依托,进一步拓宽区域内、跨区域、跨部门高等教育合作范围,提升"丝绸之路经济带"50国高等教育区域合作层次和水平。加快经济带高等教育合作发展的政策法规体系建设,制定机制协调与仲裁、文化交流与人力建设等方面的规则,搭成经济带基本的内部治理框架,制定具有指导性作用的法规条文。优化、完善《中国对欧盟政策文件》《上海合作组织成员国政府间教育合作协定》《深化互利共赢的中欧全面战略伙伴关系——中国对欧盟政策文件》《中国对阿拉伯国家政策文件》等,确保"丝绸之路经济带"高等教育合作发展依法依规、有序有效推进。"丝绸之路经济带"沿线50国政府,要主动承担起推进沿线国家高等教育合作交流的主体责任,在研发经费投入、教育培养培训、财政税收、信息联通、资金融通、土地房屋租赁等方面,加大政策扶持力度,提供政策支持保障。要强化对高等教育交流合作的评估监督,加强政策引导,信息服务,推动实施第三方评估。

(二)课程学分转换制度

以我国与"丝绸之路经济带"沿线23个国家已经建立的高等教育学历、学位制度为基础,到高等教育区域合作第二阶段的2035年,努力实现高等教育学历、学位互认全覆盖。建立和推广"丝绸之路经济带"沿线国家高校之间课程认证和学分转换制度,拓宽合作领域,打破高等教育发展的地域性障碍,实现教育资源优势互补,提高高等教育区域合作的运行效率。

(三)投资专利保护制度

根据"丝绸之路经济带"50国高等教育区域合作的特殊性质,经济带沿线国家政府应该适时调整投资机制,完善投资、专利保护配套措施。积极搭建合作项目研发、合作成果转化、合作信息共享平台，在项目融资、税费减免以及成果转化方面给予政策支持。

（四）成果推广转化制度

参与"丝绸之路经济带"50国高等教育区域合作的行业企业、高等院校以及科研院所，要以"丝绸之路经济带"所蕴含的区域资源作为研发内容，构建科研成果转化系统，规范科技成果评估机构，建立研、产、销一体化联合体，实现科技成果的有效转化。合作国家政府应当通过鼓励科技咨询、经纪人以及评估机构的介入，推动综合化的科技服务体系建设，促进高新科技成果转化，提升高等教育服务经济社会的能力水平。

**四 创新区域合作发展体制机制**

全面落实"丝绸之路经济带"高等教育区域合作的战略构想，需要注重价值引领，加强顶层设计，强化科学谋划，创新经济带高等教育区域合作的体制和运行机制，推进"丝绸之路经济带"高等教育区域合作落地落实，取得实效。

（一）构建部门协调机制

借鉴世界其他国家国际开发署、国际合作署等开发机构设置经验，设立中国国际开发署，协调"一带一路"倡议等的国内外政策。在中国国际开发署之下，设立由国家相关部委领导和"丝绸之路经济带"沿线50个国家经贸委、教育部、文化部、科技部等部门专家组成的"丝绸之路经济带"高等教育区域合作协调管理委员会，负责制订经济带高等教育区域合作规划，协调双边、多边合作交流。经济带沿线50国要鼓励建立各类半官方、中介及跨地区的民间组织，为合作组织提供法律支援、项目咨询、人员培训等各种服务。

（二）创立多元筹资机制

截至2016年，"丝绸之路经济带"沿线国家中，低收入国家2个，中低收入国家14个，中低收入国家与低收入国家的高等教育财政支出占教育财政支出比例分别为15.71%与13.38%，分别低于50国均值3.57个和5.9个百分点。从2000年至2016年，"丝绸之路经济带"沿线50个国家的高等教育生均财政支出占人均GDP整体呈下降趋势，2000年50国的均值达到41.08%，至2016年下降到24.27%，下降了16.81个百分点。为此，要大力发展经济，夯实经济带国家高等教育合作的经济基础。要设立"丝绸之路经济带"高等教育合作发展专项基金，拓宽融资渠道，争取政府政策支持。企业要积极开展市场融资，搭建科技成果转化平台，为合作高等院校提供教育基金，建立教育培训基金，支持科技人员的后续发展和深造。

（三）创建人才流动机制

截至2016年，"丝绸之路经济带"沿线国家中，中高收入国家的高等教育入境流动率是2.92%，比高收入国家低7.91个百分点。中低收入国家的高等教育入境流动率为2.52%，比中高收入国家低0.4个百分点。中国的高等教育入境流动比例为0.28%，低于中高收入国家2.64个百分点，低于"丝绸之路经济带"4.93个百分点。"丝绸之路经济带"50个国家高等教育出境流动比例为10.62%，中东欧与西亚地区的高等教育出境流动比例分别为8.71%与8.66%。东亚地区的高等教育出境流动比例最低，为3.63%。中国高等教育出境流动比例为1.85%，低于东亚地区的平均值1.78个百分点，低于"丝绸之路经济带"50个国家平均水平的8.77个百分点，高等教育入境流动仍处于较低水平。基于此，要继续实施好"丝绸之路留学行动计划""丝绸之路青年领袖计划"，充分利用"丝绸之路大学联盟"平台，举办好"丝绸之路暑期夏令营"，加强学生交流往来。创办"丝绸之路经济带"沿线国家孔子学院、孔子课堂，强化对外汉语推广。从政府宏观层面着手，建立健全"丝绸之路经济带"沿线国家人才流动机制，通过鼓励政策促进合作组织人员的沟通和交流。高校应建立有利于合作组织间人员流动的人事管理制度，积极采取激励科研人员以及教师流动的措施，鼓励他们积极参加合作交流的相关工作。建立企业人才流动机制，增强高等院校与企业产业的深度融合，加强区域合作组织之间各类资源的合理流动。

（四）搭建信息沟通机制

根据"丝绸之路经济带"沿线50国高等教育区域合作涉及的内容、范围、领域，构建信息沟通机制，设立区域合作协调部门、区域合作监督部门等组织机构，健全信息沟通渠道，优化信息沟通内容，促进教育资源在各类合作组织之间的合理快速流动。发挥高等教育区域合作服务中心、社会媒体、科研成果推广机构等第三方服务功能，强化市场需求调研，注重市场技术情报信息服务。

（五）建立评估反馈机制

"丝绸之路经济带"沿线50国高等教育区域合作效益如何，存在什么问题，需要及时予以评估分析。为此，要成立"丝绸之路经济带"高等教育区域合作评估监督机构，建立健全评估反馈机制，对合作项目、合作主体职责、合作效益进行评估监控，优化合作交流的发展环境。

**五 搭建区域合作发展资源平台**

推进"丝绸之路经济带"高等教育区域合作，需要集聚人力、资金、信息等各类资源，夯实区域合作的人力基础、物质基础。要创新"丝绸之路经济带"高等教育资源共享体系，搭建高等教育区域合作资源共享平台，实现合作主体资源共享、优势互补、合作共赢，发挥资源最大效益，支撑高等教育区域合作的全面实施。

（一）人才第一资源共享平台

建立人才队伍建设规划，加强"丝绸之路经济带"联盟高校人才队伍建设规划设计，出台《"丝绸之路经济带"联盟高校人才队伍建设中长期规划纲要（2020—2030年）》《"丝绸之路经济带"联盟高校拔尖人才选拔、引进、奖励管理办法》等政策文件。建立人才引进使用机制，人才培训、使用、奖励机制，推动人才培养培训，努力提高经济带建设人才队伍专业化水平。建立经济带高校专家库，建设学术共同体，健全经济带专家教授互聘制度，充分发挥其在项目评审、科技研发中的决策咨询作用。积极开发经济带高等院校教师资源，设立"联合教授"席位，建设经济带共同师资市场，推动优质师资广泛流动，提升经济带高校师资队伍的核心竞争力。设立"丝绸之路"中国政府奖学金项目，扩大向沿线国家提供奖学金新生名额。实施好"丝绸之路留学行动计划"，扩大国外留学生招生比重，定期开展经济带国家教师、学生之间的国际互访交流，加强专题和科学技术的合作研究，努力为各类拔尖创新人才搭建国际化的成长发展平台。

（二）物质设施资源共享平台

推进"丝绸之路经济带"50国高等教育区域合作，必须搭建互融互通的物质资源共享平台，提供坚实的物质保障。优化整合合作高等院校物质资源，包括校舍建筑、体育场馆、图书资料、实验室及设施设备、计算机、学生活动中心等，推动经济带50国高等院校实现资源共享、优势互补、共同发展。要积极鼓励经济带50国高等院校之间、高校与科研机构以及高校与行业企业之间开展合作，提升区域公共基础设施共享程度，打造经济带高等教育共同体。优化资源开发服务模式，提升科研能力和成果转化能力，推动跨校协同创新，提高合作发展的科学化水平。推动经济带50国高等院校与国家级、省级重点实验室的相互开放，共同构建区域科研共享平台，营造优良的科研环境。通过建立高校重点实验室、工程中心，整合优质资源，促进经济带高等教育互联互通，推动区域内高校、科研机构、企业以及行业组织的持续健康发展。

（三）课程教学资源共享平台

课程资源，是"丝绸之路经济带"50国高等教育合作共享的重要资源。要积极开发经济带沿线国家高等院校各类课程资源，建立课程互选、学分互认制度，建设经济带共同课程资源库，提高优质课程资源利用率。开展课程资源共享有以下四个途径：①互选课程。合作高校的学生，可以根据自身实际需要，在不同的院校跨学科选择相同类型的特色课程。②衔接课程。合作的本科和研究生院校，设计纵向的课程替代，让本科生进入研究生阶段专心科研，同时也避免重修课程造成资源浪费。③联合开发课程。合作高校或高校与科研院所、企业之间，可以实行联合开发课程的方式，发掘区域资源的特色优势进行优质课程资源开发，为培养综合型和应用型人才提供系统知识服务。④流动专题讲座。组织专业方向的"高级讲师团"，开展流动讲座，共享主题讲座，最大限度地利用合作高校的教学资源。

（四）网络信息资源共享平台

主动应对"互联网＋"时代挑战，借助数字化、信息化、网络化、智能化的发展环境，搭建"丝绸之路经济带"高等院校互联互通的"网上港口"。完善经济带网络信息基础设施建设，利用大数据、云计算等新技术，建设"丝绸之路经济带"高校信息数据库，建立"丝绸之路经济带"高等教育信息发布制度，接受公众监督、查询和评价，提高经济带高等教育合作互动的可预测性。构建经济带高校办学资源的互通机制，实现信息资源的网络共享，特别是图书文献资源、课程资源以及就业信息等，提供校际间高水平便捷的信息资源"一站式"服务，切实增强经济带高校信息的服务功能。组织实施经济带高校"校园网工程""校校通工程"等一系列重大项目，加强经济带高校网络环境与硬件基础设施建设，建立经济带高校信息数据中心，精心开展门户设计、集成系统设计以及其他应用设计，形成网络合作学习空间，打造成为合作高校管理人员、交流教师以及互换学生共享的核心服务系统。

# 参考文献

## 一 中文文献

### （一）著作

[1] ［德］韦伯：《学术与政治》，广西师范大学出版社2010年版。

[2] ［荷］德维特等：《拉丁美洲的高等教育：国际化的维度》，李锋亮、石邦宏、陈彬莉译，教育科学出版社2011年版。

[3] ［美］布鲁贝克：《高等教育哲学》，浙江教育出版社1987年版。

[4] ［美］伯顿·克拉克：《高等教育系统——学术组织的跨国研究》，浙江大学出版社1994年版。

[5] ［美］杜威：《民主主义与教育》，人民教育出版社1990年版。

[6] ［美］德里克·博克：《走出象牙塔——现代大学的责任》，浙江教育出版社2001年版。

[7] ［美］帕森斯：《社会行动的结构》，张明德、夏遇南、彭刚译，译林出版社2003年版。

[8] ［美］克拉克·克尔：《大学的功用》，江西教育出版社1993年版。

[9] ［美］库姆斯：《世界教育危机》，赵宝恒等译，人民教育出版社2001年版。

[10] ［美］科塞：《社会冲突的功能》，孙立平等译，华夏出版社1989年版。

[11] ［美］马塔·格哈特：《帕森斯学术思想评传》，李康译，北京大学出版社2009年版。

[12] ［美］希尔斯：《学术的秩序：当代大学论文集》，商务印书馆2007年版。

[13] [美] 亚伯拉罕·弗莱克斯纳:《现代大学论》,浙江教育出版社 2001 年版。
[14] [英] 皮特·斯科特:《高等教育全球化:理论与政策》,周倩、高耀丽译,北京大学出版社 2009 年版。
[15] [英] 约翰·亨利·纽曼:《大学的理想》,湖北教育出版社 1995 年版。
[16] 保尔·朗格朗:《终身教育引论》,周南照、陈树清译,中国对外翻译出版公司 1988 年版。
[17] 联合国教科文组织:《学会生存——教育世界的今天和明天》,教育科学出版社 1985 年版。
[18] 联合国教科文组织:《教育——财富蕴藏其中》,教育科学出版社 1992 年版。
[19] 联合国教科文组织:《教育的使命——面向二十一世纪的教育宣言和行动纲领》,教育科学出版社 1998 年版。
[20] 陈鲁雁、徐彬:《中国—南亚商务论坛——首届教育分论坛纪实》,云南人民出版社 2013 年版。
[21] 郭丽君:《中国跨国高等教育质量保障体系研究》,社会科学文献出版社 2014 年版。
[22] 黄成授、陈洁:《亚洲史的创新范式:中国与东盟的合作共赢》,广西人民出版社 2011 年版。
[23] 何天淳、刘宝利:《东亚峰会框架下的高等教育合作》,云南大学出版社 2011 年版。
[24] 郝瑜、孙二军:《区域高等教育发展战略与政策保障——基于建设"高教强国"的视角》,社会科学文献出版社 2014 年版。
[25] 阚丽:《中等职业教育与高等职业教育协调发展研究》,企业管理出版社 2014 年版。
[26] 胡赤弟:《理论实践模式——宁波市高等教育协同发展 2014 宁波高等教育研究论坛文集》,浙江大学出版社 2015 年版。
[27] 江苏省教育厅:《长三角教育联动发展研究文集》,南京师范大学出版社 2010 年版。

[28] 经济合作与发展组织：《高等教育与区域立足本地制胜全球》，教育科学出版社 2012 年版。

[29] 林志杰：《中国—东盟预科教育比较研究文集》，北京理工大学出版社 2012 年版。

[30] 林金辉、傅国华：《中外合作办学与高水平大学建设第三届全国中外合作办学年会（2012 年）"中外合作办学与高水平大学建设"国际学术会议》，厦门大学出版社 2013 年版。

[31] 罗良针、张阳：《省域高等教育体系结构调整研究》，江西人民出版社 2014 年版。

[32] 楼世洲：《塞内加尔高等教育研究》，浙江人民出版社 2014 年版。

[33] 李枭鹰：《中国—东盟高等教育区域性合作研究》，广西师范大学出版社 2015 年版。

[34] 李化树：《建设欧洲高等教育区（EHEA）——聚焦博洛尼亚进程》，人民出版社 2014 年版。

[35] 李化树：《建设西部高等教育区——西部高等教育区域合作与发展模式研究》，人民出版社 2016 年版。

[36] 林金辉：《中外合作办学规模质量效益研究》，厦门大学出版社 2016 年版。

[37] 李训、林川、陈伟：《国际商务人才培养实践基于"一带一路"背景的探索》，社会科学文献出版社 2018 年版。

[38] 秦瑞莲：《高等学校创新创业教育模式研究》，辽宁大学出版社 2010 年版。

[39] 强海燕：《东南亚教育改革与发展（2000—2010）》，广东高等教育出版社 2010 年版。

[40] 唐滢：《中国云南与东南亚、南亚高等教育国际化研究》，社会科学文献出版社 2017 年版。

[41] 王新凤：《欧洲高等教育区域整合研究聚焦博洛尼亚进程》，社会科学文献出版社 2013 年版。

[42] 王全旺：《区域高职教育发展之劳动力市场适切性探究》，人民日报出版社 2015 年版。

[43] 王家庭、曹清峰、孙哲:《我国西南地区与东南亚国家跨国区域合作开发研究》,南开大学出版社 2015 年版。

[44] 魏一明、张占仓:《中英"一带一路"战略合作研究》,社会科学文献出版社 2016 年版。

[45] 王喜娟、张进清:《新加坡、马来西亚高等教育改革与发展》,广西师范大学出版社 2017 年版。

[46] 夏鲁惠、王宪华、原松华:《21 世纪中国高等教育区域化发展报告》,山东大学出版社 2013 年版。

[47] 徐天伟:《面向东盟的云南高等教育国际化发展战略研究》,中国社会科学出版社 2015 年版。

[48] 亚当·斯密:《国民的财富的性质和原因的研究》,商务印书馆 1979 年版。

[49] 杨吉兴:《区域教育发展战略研究——湘鄂渝黔桂五省际边境区域教育发展新思路》,华中科技大学出版社 2010 年版。

[50] 姚慧琴、徐璋勇、安树伟、赵勋:《中国西部发展报告 2015 版》,社会科学文献出版社 2015 年版。

[51] 赵庆年:《区域高等教育差异发展问题研究》,华南理工大学出版社 2010 年版。

[52] 张建新:《21 世纪初东盟高等教育》,云南人民出版社 2010 年版。

[53] 张海英:《高等教育合作与经济发展互动关系研究》,天津大学出版社 2014 年版。

(二) 学位论文

[1] 赵晓颖:《西部高等教育区域合作与发展战略研究》,硕士学位论文,西华师范大学,2015 年。

[2] 丁庆:《中国—东盟高等教育合作研究》,硕士学位论文,西华师范大学,2016 年。

[3] 郭明玉:《地方政府对区域高等教育发展的影响研究》,硕士学位论文,大连理工大学,2015 年。

[4] 毛仕舟:《CAFTA 背景下广西与东盟跨境高等教育与区域经济互

动模式研究》，硕士学位论文，广西大学，2015 年。
[5] 白翠敏：《京津冀高等教育协同发展战略研究》，硕士学位论文，山东财经大学，2015 年。
[6] 张海英：《高等教育合作与经济发展互动关系研究》，博士学位论文，天津大学，2014 年。
[7] 刘静：《我国区域高等教育协同发展及其对综合水平的影响》，硕士学位论文，湖南大学，2014 年。
[8] 申建良：《中国新疆与中亚国家高等教育合作研究》，博士学位论文，新疆农业大学，2014 年。
[9] 孙丽：《云南省与东南亚高等教育合作的绩效研究》，硕士学位论文，昆明理工大学，2010 年。
[10] 刘磊：《云南省面向南亚发展跨境高等教育的机遇与能力建设研究》，硕士学位论文，云南财经大学，2016 年。
[11] 李婧：《欧洲高等教育区资格框架研究》，硕士学位论文，北京师范大学，2010 年。
[12] 胡莎莎：《区域高等教育国际化策略研究：以宁波市为例》，硕士学位论文，宁波大学，2013 年。
[13] 张蕾蕾：《长三角区域高等教育联动改革与协调发展的行动路线研究》，硕士学位论文，苏州大学，2013 年。
[14] 杨海怡：《上海高等教育中外合作办学模式的研究》，硕士学位论文，上海师范大学，2013 年。
[15] 郑海蓉：《中国跨国高等教育质量保障体系研究》，博士学位论文，华中科技大学，2013 年。
[16] 刘泽芳：《区域高等教育资源的网格化整合机制研究》，硕士学位论文，电子科技大学，2014 年。
[17] 陈文东：《高等教育信息资源共享中的政府角色研究》，硕士学位论文，湖南师范大学，2014 年。
[18] 张进清：《跨境高等教育研究》，博士学位论文，西南大学，2012 年。
[19] 孙维克：《中国—东盟高等教育服务贸易研究：基于新制度经

济学的视角》，硕士学位论文，广西大学，2013年。

[20] 金英：《东盟一体化进程中高等师范教育的国际化研究》，硕士学位论文，广西师范学院，2014年。

[21] 曾健坤：《高等教育国际化背景下我国地方院校开展中外合作办学对策研究》，硕士学位论文，湖南师范大学，2010年。

[22] 李楠：《高等教育省级统筹权力结构优化研究》，硕士学位论文，湘潭大学，2010年。

[23] 刘坤：《中国、越南、新加坡高等教育管理体制比较研究》，硕士学位论文，广西师范学院，2010年。

[24] 丁礼：《"两型社会"视角下的长株潭高等教育资源整合与共享研究》，硕士学位论文，湖南大学，2011年。

[25] 杨萌：《高等教育全球化视角下的博洛尼亚进程：分析与借鉴》，硕士学位论文，山东经济学院，2011年。

[26] 马本龙：《构建长春市高校区域体育教学联盟的研究》，硕士学位论文，东北师范大学，2010年。

[27] 李祝启：《区域性高校文献资源共享体系研究：以安徽高校文献资源共享体系为例》，硕士学位论文，安徽大学，2010年。

[28] 晏志新：《江西省高校办学国际化发展现状与对策研究》，硕士学位论文，南昌大学，2012年。

[29] 芦雪晨：《面向东盟的广西高等教育国际化路径研究——基于服务贸易的视角》，硕士学位论文，广西师范学院，2015年。

[30] 李阳：《西部地区高等教育中外合作办学研究》，博士学位论文，厦门大学，2016年。

[31] 王璐：《粤港高校合作办学机制研究》，博士学位论文，中山大学，2013年。

[32] 张磊：《长三角区域高等教育竞争力评价与提升战略研究》，硕士学位论文，苏州大学，2010年。

[33] 丁庆：《中国—东盟高等教育合作研究》，硕士学位论文，西华师范大学，2016年。

[34] 黄春秀：《中泰跨境高等教育项目质量保障的研究——以广西项

目为例》，硕士学位论文，华东师范大学，2016年。

[35] 周海飞：《越南财政性高等教育投资的研究——基于桂越教育合作的视角》，硕士学位论文，广西大学，2015年。

[36] 李宏茜：《云南与东南亚高等教育合作的供给与需求研究：以泰国、马来西亚、老挝为例》，硕士学位论文，昆明理工大学，2010年。

[37] 陈郢：《北部湾经济区建设中北海钦州高等教育发展战略研究》，硕士学位论文，广西师范大学，2011年。

[38] 李碧：《中国—东盟背景下广西高校与泰国合作办学问题研究》，硕士学位论文，广西大学，2013年。

[39] 韦洁璨：《20世纪50年代以来越南高等教育政策法规研究》，硕士学位论文，广西民族大学，2013年。

[40] 黄阳坚：《广西发展高等教育服务贸易的研究》，硕士学位论文，广西大学，2010年。

[41] 刘荣愉：《中国与印尼高校合作办学研究：以广西民族大学为例》，硕士学位论文，广西民族大学，2013年。

[42] 朱晶晶：《中国新闻传播教育区域合作战略研究》，硕士学位论文，湖北民族学院，2018年。

[43] 柳一超：《高等教育区域合作的机理研究》，硕士学位论文，华南理工大学，2017年。

[44] 孟亚歌：《非盟高等教育区域合作及启示》，硕士学位论文，西华师范大学，2016年。

（三）期刊论文

[1] 李化树、叶冲：《我国高等教育区域合作与发展的基本框架——欧洲高等教育区建设的启示》，《教育发展研究》2015年第21期。

[2] 李汉邦、李少华、黄侃：《论京津冀高等教育区域合作》，《北京教育》（高教版）2012年第6期。

[3] 李枭鹰、牛军明：《中国—东盟高等教育区域合作的战略审视》，《高教探索》2015年第8期。

[4] 房文红、王坤：《中日韩高等教育区域合作现状、机遇及挑战》，

《比较教育研究》2016年第10期。

［5］李化树、赵晓颖：《高等教育区域合作与发展研究综述》，《成都中医药大学学报》（教育科学版）2015年第1期。

［6］张艳红、黎佳：《院校层面的广西—东盟高等教育区域合作研究——以广西大学为例》，《东南亚纵横》2015年第9期。

［7］李化树、何雨桑、叶冲：《论西部高等教育区域合作发展模式的构建——基于"政府主导、科技支撑、多元驱动"的视角》，《西南交通大学学报》（社会科学版）2017年第4期。

［8］宋燕青、李化树、赵晓颖：《西部高等教育区域合作发展战略推进措施》，《云南开放大学学报》2014年第3期。

［9］李化树、叶冲：《"丝绸之路经济带"国家高等教育改革发展综述》，《成都中医药大学学报》（教育科学版）2016年第6期。

［10］唐朝纪：《一部指导高等教育区域合作与发展的力作——评〈建设西部高等教育区——西部高等教育区域合作与发展模式研究〉》，《四川文理学院学报》2016年第1期。

［11］郑红梅、许刚：《京津冀地区高等教育合作创新机制研究》，《中国成人教育》2013年第10期。

［12］茹宗志、张鹤、胡少明：《"关—天经济区"高等教育区域合作发展的可行性与对策研究》，《宝鸡文理学院学报》（社会科学版）2010年第6期。

［13］房文红、王坤：《中日韩高等教育区域合作的现状、问题及对策》，《文化学刊》2017年第6期。

［14］杨俏村：《日本高等教育区域合作战略研究——对京津冀高等教育合作的启示》，《才智》2016年第31期。

［15］王鲜萍：《关于高等教育区域合作绩效评价指标体系的探讨》，《江苏高教》2010年第3期。

［16］施佳欢：《试析长三角地区高等教育区域合作》，《当代教育论坛》（管理研究）2011年第9期。

［17］张亚斌、曹凯：《京津冀远程教育合作发展的文化基点与服务导向》，《河北广播电视大学学报》2018年第1期。

［18］张雪、静丽贤、孙晖、陈岩：《基于大学联盟视角的京津冀区域高等教育合作》，《河北联合大学学报》（社会科学版）2015年第3期。

［19］李化树、叶冲、孟亚歌：《论非盟高等教育空间创建及启示》，《比较教育研究》2016年第12期。

［20］李化树、叶冲：《论东盟高等教育共同空间构建及启示》，《比较教育研究》2015年第3期。

［21］李化树：《论我国高等教育区域合作与发展的观念创新——以欧洲高等教育区建设为视角》，《四川文理学院学报》2014年第4期。

［22］刘卫、钟莉：《广西—东盟高职教育区域合作的SWOT分析》，《商业会计》2014年第15期。

［23］郭强：《美国高等教育区域合作与交流模式及其启示——解读〈美国西部州际高等教育委员会2009年度报告〉》，《中国高教研究》2010年第1期。

［24］李化树、魏红梅、叶冲：《全面深化教育领域综合改革的整体构想》，《成都中医药大学学报》（教育科学版）2017年第1期。

［25］佘晓燕、李付学：《中国与东盟会计教育区域合作研究》，《东南亚纵横》2010年第7期。

［26］黄建榕、柳一超：《面向社会服务的高等教育区域合作——以英格兰东北部为例》，《现代教育管理》2018年第1期。

［27］李寒梅：《"红三角"区域高等教育协同合作路径研究》，《韶关学院学报》2016年第5期。

［28］田汉族、王超：《京津冀高等教育合作困境的制度分析》，《首都师范大学学报》（社会科学版）2016年第5期。

［29］李哲：《借鉴国外教育区域合作经验推动京津冀高职教育协同发展》，《教育教学论坛》2015年第25期。

［30］方泽强：《三十年来高等教育区域化研究综述》，《高等理科教育》2014年第2期。

［31］李安萍、陈若愚、潘剑波：《研究生教育创新计划区域合作的

探索与实践——以"长三角研究生教育创新计划"为例》,《高等农业教育》2014 年第 5 期。

[32] 李化树:《论我国高等教育区域合作与发展的组织架构——以欧洲高等教育区建设为视角》,《四川文理学院学报》2015 年第 1 期。

[33] 刘俊霞:《西北五省区与中亚五国高等教育跨区域合作构想》,《现代教育管理》2016 年第 8 期。

[34] 张继龙:《区域高等教育合作:美国的经验与启示》,《江苏高教》2014 年第 6 期。

[35] 闫志利、王伟哲:《国内外区域职业教育一体化对京津冀的启示》,《教育与职业》2015 年第 8 期。

[36] 刘畅、许可、李鹏:《京津冀高等教育协同发展现状及思考》,《湖北函授大学学报》2016 年第 4 期。

[37] 李盛兵:《中国与"一带一路"国家的高等教育合作:区域的视角》,《华南师范大学学报》(社会科学版) 2017 年第 1 期。

[38] 刘跃峰、李化树:《区域振兴背景下高校合作与发展策略》,《四川理工学院学报》(社会科学版) 2012 年第 1 期。

[39] 张连春、付秀芬、夏建军:《京津冀高等教育协同发展机制研究》,《河北经贸大学学报》(综合版) 2016 年第 2 期。

[40] 吴岩、王晓燕、王新凤、王俊、杨振军:《探索京津冀区域高等教育发展新模式——学习〈国家中长期教育改革和发展规划纲要(2010—2020 年)〉的思考》,《中国高教研究》2010 年第 8 期。

[41] 邵玉华:《我国四大经济区域高等教育资源配置现状比较》,《重庆与世界》(学术版) 2015 年第 1 期。

[42] 周洪宇:《以区域和国际合作提升中国教育发展水平》,《世界教育信息》2016 年第 18 期。

[43] 金洪培:《"一带一路"建设与地方民族高校的新使命》,《东疆学刊》2016 年第 4 期。

[44] 李莉:《论西部高校与中亚国家发展合作战略的建构》,《当代

教育与文化》2015年第2期。

[45] 姜光铭、张继河：《湘赣鄂跨区域高等职业教育合作发展可行性研究》，《中国农业教育》2015年第1期。

[46] 高晓峰、常学洲、宋强：《欧洲高等教育区建设对我国高等教育发展的启示》，《石家庄铁道大学学报》（社会科学版）2015年第4期。

[47] 单春艳、宋芳：《日、韩、俄等东北亚国家高等教育发展态势及启示》，《高等农业教育》2014年第3期。

[48] C. P. S. 乔汉、刘伟：《南亚区域合作联盟各成员国高等教育发展历程的简要回顾与展望》，《中国地质教育》2014年第2期。

[49] 杨振强：《京津冀高等职业教育一体化发展研究》，《成人教育》2014年第8期。

[50] Choltis Dhirathiti、张成霞：《构建高等教育合作关系：东盟大学联盟在东南亚的实践经验》，《东南亚纵横》2013年第11期。

[51] 刘克勤：《论高职院校的联合体式区域合作》，《教育发展研究》2013年第3期。

[52] 朱有明：《东中西部高等职业教育协调均衡发展研究》，《无锡商业职业技术学院学报》2013年第2期。

[53] 姚晶：《基于区域合作的高校对外汉语专业人才培养与就业研究》，《鸡西大学学报》2012年第2期。

[54] 张才圣：《中国—东盟区域合作中人才培养模式研究——以广西为视角》，《传承》2012年第8期。

[55] 于欣力、郑蔚：《开启区域合作大门拓展学校发展空间——云南大学国际化发展的区域性优势与区域化战略》，《学园》2011年第5期。

[56] 谭灵芝：《区域高等教育合作研究》，《中南林业科技大学学报》（社会科学版）2011年第6期。

[57] 朱建成、王鲜萍：《粤港澳高等教育一体化研究》，《战略决策研究》2011年第3期。

[58] 陈伟：《区域高等教育合作的新探索——以澳门大学建设横琴校

区为例》,《复旦教育论坛》2010 年第 4 期。
[59] 丁晓昌:《长三角高等教育联动发展的实践与思考》,《中国高教研究》2010 年第 8 期。
[60] 郭秀晶、桑锦龙、高兵、郭志成:《京津冀区域高等教育合作的行动研究与战略构想》,《北京教育》(高教) 2010 年第 12 期。
[61] 于翠翠:《"一带一路"战略视域下的高等教育发展模式研究》,《中国成人教育》2017 年第 4 期。
[62] 侯晓丽、张红颖:《加拿大高等教育区域合作战略研究》,《现代职业教育》2016 年第 1 期。

## 二 外文文献

[1] Glover P., *Shared Boundaries: A Case Study of the Development of Collaborative Relationships between Closely Situated Public Community Colleges and Public Four-year Institutions*, University of Missouri-Saint Louis, 2008.

[2] Anthony Welch, "The Limits of Regionalism in Indonesian Higher Education", *Asian Education and Development Studies*, 2012 (1).

[3] Ching-Mei Hsiao, "Transnational Education Marketing Strategies for Postsecondary Program Success in Asia: Experiences in Singapore, Hong Kong, and Mainland China", *The University of South Dakota*, USA, 2003.

[4] Corbeil A., "The Experiences of International Students in Transnational Higher Education Programs in Singapore", *University of Toronto*, 2006.

[5] Deni Friawan, "Recent Development to Higher Education in Indonesia: Issues and Challenges", ASAIHL *International Conference in Sukhothai Thammathirat Open University on April*, 2008: 8-9.

[6] B. Wolfe, R. Haveman, *Accounting for the Social and Non-market Benefits of Education*, Symposium on the Contribution of Human and Social Capital to Sustained Economic Growth and Well Being, 2000 (3).

[7] Caffrv J., Isaacs, H. H., *Estimating the Impacts of a College or University on the Local Economy*, Washington, D. C.: American Council

on Education, 1971.

[8] European Communities, "ASEAN – EU University Network Programme (AUNP): Overview: A Cooperation Programme for EU and ASEAN Higher Education institutions", *Robert Langhorst & Company Booksellers*, 2011.

[9] Feuer, Hart Nadav, "Recovering from Runaway Privatization in Cambodian Higher Education: The Regulatory Pressure of ASEAN Integration", *Sojourn: Journal of Social Issues in Southeast Asia*, 2016 (2).

[10] Hart N., "Feuer, Anna – Katharina Hornidge. Higher Education Cooperation in ASEAN: Building towards Integration or Manufacturing Consent?", *Comparative Education*, 2015 (3).

[11] Nuruzzaman Arsyad, Peter Hwang, "Multinational Expansion of ASEAN Firms: The Role of Technological, Political, and Knowledge Resources", *Journal of Asia Business Studies*, 2014 (2).

[12] Bologna Declaration: The European Higher Education Area, Conference of European Ministers Responsible for Higher Education, Bologna, Italy, 19 June, 1999.

[13] Dale, R., "*Globalisation, Knowledge Economy and Comparative Education*", Comparative Education, 2005 (412).

[14] Suwanvong, Danuvat, Chaijaroenwattana, Bussabong, "A Framework for the Development of Strategies Administrative of Higher Education Institutions for The Three Southern Border Provinces in Thailand: An Emphasis for Sustainable Development and the Asian Community", *Research in Higher Education Journal*, 2012 (18).

[15] Dang, Que Anh., "ASEM – the Modern Silk Road: Travelling Ideas for Education Reforms and Partnerships between Asia and Europe", *Comparative Education*, 2013 (1).

[16] Anthony Welch, "China – ASEAN Relations in Higher Education: An Analytical Framework", *Emerging International Dimensions in East Asian Higher Education*, 2014.

[17] Welch, Anthony, "China – ASEAN Relations in Higher Education: An Analytical Framework", *Frontiers of Education in China*, 2012 (4).

[18] Paipan Thanalerdsopit, Komsak Meksamoot, Nopasit Chakpitak, Pitipong Yodmongkol, Anchalee Jengjarern, "The ASEAN Economic Community 2015: A Case Study of Challenges in Thai higher Education", *International Journal of Management in Education*, 2014 (4).

[19] Zeng, Qian, Adams, John, Gibbs, Andy, "Are China and the ASEAN Ready for a Bologna Process? – Factors Affecting the Establishment of the China – ASEAN Higher Education Area", *Educational Review*, 2013 (3).

[20] Scott P. (ed.), *The Globalisation of Higher Education*, Buckingham: SRHE/Open University Press, 1998.

[21] Rui, Yang, "Internationalization, Regionalization, and Soft Power: China's Relations with ASEAN Member Countries in Higher Education", *Frontiers of Education in China*, 2012 (4).

[22] Molly N. N. Lee, "Regional Cooperation in Higher Education in Asia and the Pacific", *Asian Education and Development Studies*, 2012 (1).

[23] Umemiya, Naoki, "Regional Quality Assurance Activity in Higher Education in Southeast Asia: Its Characteristics and Driving Forces", *Quality in Higher Education*, 2008 (3).

[24] "A Study on the Mechanism of Quality Assurance of Higher Education in ASEAN at the Beginning of the 21st Century", *Advances in Education*, 2011 (1).

[25] Robertson, Susan, "'Europe/Asia' Regionalism, Higher Education and the Production of World Order", *Policy Futures in Education*, 2008 (6).

[26] Welch, Anthony, "Evolving ASEAN – Australia Relations in Higher Education. Towards a Regional Knowledge Network?", *International Education Journal: Comparative Perspectives*, 2016 (1).

[27] César de Prado Yepes, "Regionalisation of Higher Education Serv-

ices in Europe and East Asia and Potential for Global Change", *Asia Europe Journal*, 2007 (1).

[28] Department of Education and Science (1991), Education and Training for the 21stcentury, Vol. 1 HMSO, London.

[29] Glenys Patterson, *The Learning University*, *The Learning Organization*, 1999, 6 (1).

[30] Wen Wen, "China's Approach Toward HE Regional Cooperation with ASEAN", *The Palgrave Handbook of Asia Pacific Higher Education*, 2016.

[31] Peter Tan Keo, Alexander Jun, "Higher Education Institutions and ASEAN: Current Trends and Implications for Future Innovation and Change", *The Palgrave Handbook of Asia Pacific Higher Education*, 2016.

[32] Stephen P., "Heyneman International Education Quality", *Economic of Education Review*, 2004 (4).

[33] Atcharaporn Yokkhun, Khanittha Inthasaeng, Fudailah Duemong, Wichian Chutimasakul, Borworn Papasratorn, "Cultural Difference and Perceived CIO Role Effectiveness in Higher Education in ASEAN", *Advances in Information Technology*, 2012.

[34] Dyer J. H., singh H., "The Relational View: Cooperative Strategy and Sources of Interorg – anizational Competitive Advantage", *The Academy of Management Review*, 1998, 23 (4).

[35] Robert M. Grant, *Charles Baden – Fuller: A Knowledge Accessing Theory of Strategic Alliances*, 2005, 41 (1).

[36] Kazuo Kuroda, Takako Yuki, Kyuwon Kang, Institutional Perception on East Asian Regional Framework of Cross – Border Higher Education, 2015 (3).

[37] V. Selvaratnam, S. Gopinathan, "Higher Education in Asean towards the Year 2000", *Higher Education*, 1984 (1): 67 – 83.

[38] Gana, R., *Estimating the Regional Economic Impact of a University*

*by Regression Analysis*, Honolulu, HI: the Decision Sciences Annual Meeting, 1994.

[39] Riekard, J., *Faculty and Student Perspectives of an Academic Partnership between Two Small Liberal Arts Colleges*, University of Pennsylvania, 2009.

[40] Tristan Bunnell, "The Growing Momentum and Legitimacy behind an Alliance for International Education", *Journal of Research in International Education*, 2006 (5): 155 – 176.

[41] Knight J., "Higher Education and Diplomacy", CBIE Briefing Note, 2014.

[42] Pepin, L., *The History of European Cooperation in Education and Training. Europe in the Making—an example*, European Commission, Office for Official Publication of the European Communities, 2006.

[43] ASEAN Secretariat, "Mid – Term Review of the ASEAN Socio – Cultural Community Blueprint (2009 – 2015)", 2014.

[44] John Brennan, *Standards and Quality in Higher Education*, American Journal of Hypertension, 1999.

[45] Altman, J. L., *Indiana University – Southeast's Impact on the Local Economy*, New Albany, IN: Indiana University Southeast, 1985.

[46] Susan Robertson "'Europe/Asia' Regionalism, Higher Education and the Production of World Order", *Policy Futures in Education*, 2008 (6).

[47] Backhaus K., Whiteman, C. H., "The Regional Economic Impact of the University of Iowa", *Institute for Economic Research*, 1994 (7).

[48] Peterson P. M. G., "Diplomacy and Education: A Changing Global Landscape", *International Higher Education*, 2014 (75).

[49] Yasushi Hirosato, "Subregional Collaboration in Higher Education: Harmonization and Networking in the Greater Mekong Subregion (GMS)", *Springer Netherlands*, 2014.

[50] Glover, P., *Shared Boundaries: A case Study of the Development of Collaborative Relationships between Closely Situated Public Community Colleges and Public Four-year Ianstitutions*, University of Missouri - Saint Louis, 2008.

[51] Peter Wright, *Quality Assurance in Higher Education: The UK Experience Since 1992 - Roger Brown*, Higher Education Quarterly, 2006.

[52] Wendy W. Y. Chan, "International Cooperation in Higher Education: Theory and Practice", *Journal of Studies in International Education*, 2004 (8).

[53] Burger, Thomas, "Talcott Parsons, the Problem of Order in Society, and the Program of an Analytical Sociology", *American Journal of Ociology*, 1977 (2).

[54] Parsnns, T., *The Structure of Social Action*, New York: Free Press, 1937, p.44.

[55] Camille Brugier, "China's Way : The New Silk Road", *European Union Institute for Security Studies*, 2014 (14): 1-4.

[56] Justyna Szczudlik-Tatar, "China's New Silk Road Diplomacy", PISM Policy Paper, 2013 (34): 22.

[57] Philip G. Altbach, "India's Higher Education Challenges", *Asia Pacific Education Review*, 2015 (4): 503-510.

[58] Mona Khare, "Employment, Employability and Higher Education in India: The Missing Links", *Higher Education for the Future*, 2015 (1): 39-62.

三 其他文献

[1] 中共中央办公厅、国务院办公厅：《关于深化教育体制机制改革的意见》，2017年。

[2] 教育部：《推进共建"一带一路"教育行动》，2016年。

[3] 中共中央办公厅、国务院办公厅：中办、国办《关于做好新时期教育对外开放工作的若干意见》，2016年。

[4]《中国对阿拉伯国家政策文件》，2016年。

［5］国家发展改革委员会、外交部、商务部：《推动共建"丝绸之路经济带"和21世纪海上丝绸之路的愿景与行动》，2015年。

［6］国务院：《统筹推进世界一流大学和一流学科建设总体方案》，2015年。

［7］《中国国家留学基金管理委员会与以色列高等教育委员会合作协议》，2015年。

［8］中国、俄罗斯：《关于"丝绸之路经济带"建设和欧亚经济联盟建设对接合作的联合声明》，2015年。

［9］《中非合作论坛——约翰内斯堡行动计划（2016—2018年）》，2015年。

［10］《中国和海合会成员国战略对话2014年至2017年行动计划》，2014年。

［11］《中共中央关于全面深化改革若干重大问题的决定》，2013年。

［12］《中欧合作2020战略规划》，2013年。

［13］《上海合作组织大学章程》，2011年。

［14］国务院：《国家中长期教育改革和发展规划纲要（2010—2020年）》，2010年。

［15］教育部：《留学中国计划》，2010年。

［16］《上海合作组织教育部长宣言》，2008年。

［17］中国、吉尔吉斯斯坦：《中国教育部和吉尔吉斯斯坦教育部教育合作协议》，2006年。

［18］中国、塔吉克斯坦：《中国国家教委和塔吉克斯坦教育部合作协议》，2006年。

［19］《上海合作组织成员国政府间教育合作协定》，2006年。

［20］国务院：《中华人民共和国中外合作办学条例》，2003年。

［21］中国、哈萨克斯坦：《中国教育部和哈萨克斯坦教育科学院教育合作协议》，2003年。

［22］《中国对欧盟政策文件》，2003年。

［23］教育部、外交部、公安部：《高校接受外国留学生管理规定》，2000年。

# 后　　记

　　《合作共建"丝绸之路经济带"高等教育共同体》——"丝绸之路经济带"高等教育区域合作发展战略研究，系我主持的项目"丝绸之路经济带"高等教育区域合作发展战略研究的研究成果，西华师范大学重点学科建设专项经费资助项目研究成果。

　　在本书研究撰写和出版过程中，四川省人大原常委、四川省教育厅原副厅长、四川省高等教育学会原常务副会长唐朝纪教授，西华师范大学党委书记王安平教授，西华师范大学党委副书记、校长王元君教授，西华师范大学党委副书记刘利才教授，西华师范大学副校长陈涛教授、刘进教授、龙汉武教授、李敏教授，成都师范学院校长陈宁教授，南充市人大常委会副主任、南充职业技术学院党委书记徐远火研究员，四川省社科联规划评奖办公室黄兵主任，四川省教育科学研究院规划办公室主任王真东教授，对本书的撰写给予了极大帮助。中国社会科学出版社编辑部刘晓红编辑在本书的编审工作方面付出了大量心血。

　　课题组杨璐僖（重庆师范大学外国语学院副教授、重庆师范大学跨文化交际研究中心主任、硕士研究生导师）、叶冲（四川文理学院发展规划处助理研究员）、曹兆文（重庆理工大学经济与贸易学院教授、硕士研究生导师）、魏红梅（西华师范大学四川省教育发展研究中心副主任、副教授、硕士研究生导师）、沈华（电子科技大学公共管理学院以色列研究中心主任、教授、硕士研究生导师）、王方国（西华师范大学学生工作处处长、副教授）参与了课题研究工作。重庆邮电大学国际学院讲师何雨桑，西华师范大学四川省教育发展研究中心办公室主任付净及工作人员马惠，我指导的研究生范丽娜、罗皓月、王曦等在收集资料和图表制作方面给了我很大帮助。叶冲、魏红梅、王方国撰写了本书第二章，叶冲负责对全书做技术处理。杨璐僖、沈华撰写了本书第三章，何雨桑翻译了本书前言。值本书付梓之际，谨向他们表示诚挚的谢意。在课题研究和本书的撰写过程中，参阅了中国社会科学网、中国政府网、联合国开发计划署（UNDP）网站、联合国教科文组织（UNESGO）、经济合作与发展组织（OECD）及世界银行（The World Bank）等机构和网站相关资料，吸收了同行的许多研究成果，在此一表谢忱。

"始生之物，其形必丑；其作始也简，其将毕也巨"。由于学问粗疏，资料所限，贻笑大方之处，恳请方家雅正。

不忘初心，方得始终。寻道，问学，永远在路上。

李化树谨识
2019 年 10 月 1 日于西华师范大学华凤校区